Ivar Bang

Chemie und Biochemie der Lipoide

bremen university press

Ivar Bang

Chemie und Biochemie der Lipoide

ISBN/EAN: 9783955621735

Auflage: 1

Erscheinungsjahr: 2013

Erscheinungsort: Bremen, Deutschland

@ Bremen-university-press in Access Verlag GmbH, Fahrenheitstr. 1, 28359 Bremen. Alle Rechte beim Verlag und bei den jeweiligen Lizenzgebern.

bremen
university
press

Chemie und Biochemie

der

Lipoide

Von

Dr. med. Ivar Bang

o. Professor der medizinischen und physiologischen Chemie an der Universität Lund

Wiesbaden

Verlag von J. F. Bergmann

1911

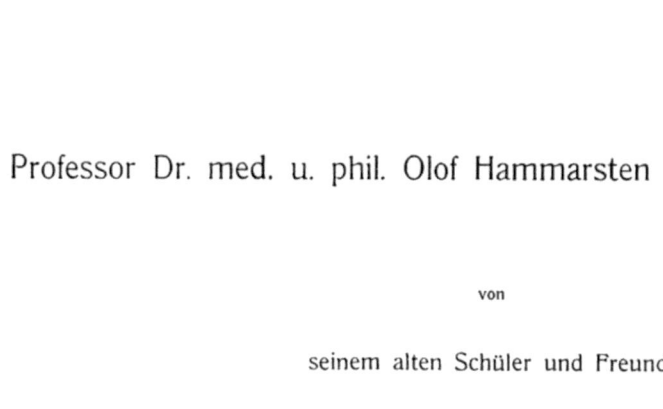

Professor Dr. med. u. phil. Olof Hammarsten

von

seinem alten Schüler und Freund.

Vorwort.

Einer freundlichen Aufforderung des Herrn Verlegers zufolge lasse ich hiermit eine zusammenfassende Darstellung der Chemie und Biologie der Zell-Lipoide erscheinen. Dieselbe stützt sich teilweise auf die beiden früher von mir in den Ergebnissen der Physiologie veröffentlichten Aufsätze, ist jedoch nicht nur im einzelnen wesentlich verändert, sondern geht vor allem in vielen Punkten erheblich über das früher gebotene hinaus.

Vor allem wurden mehrere wichtige Abschnitte hier näher besprochen, deren Erörterung damals aus äusseren Gründen unterblieben war. Ich nenne nur die Chemie der Gehirnphosphatide, der Zerebroside und der Fette, die Rolle der Lipoide als Nährstoffe, die Bedeutung der Lipoide für die Narkose-lehre und ihre Bedeutung für die lebendige Zelle überhaupt. Diese Abschnitte wurden diesmal, ihrer Wichtigkeit entsprechend, gewürdigt. Daneben sind selbstverständlich alle die bedeutsamen Arbeiten, die in den letzten 3 bis 4 Jahren — seit Erscheinen meiner genannten Publikationen — zu unserem Thema veröffentlicht wurden, in entsprechender Weise herangezogen und berücksichtigt worden.

Endlich wurde die frühere Darstellung durchweg nach kritischer Er-wägung sorgfältig verbessert bezw. eingehend umgearbeitet.

Schliesslich erlaube ich mir Herrn Dr. Grünhut, welcher die sprach-liche Korrektur übernommen hat, meinen herzlichsten Dank für seine mühsame und gewissenhafte Arbeit auszusprechen. Er hat sich nicht allein mit der Verbesserung des sprachlichen Ausdruckes begnügt, sondern auch von dem Inhalt selbst — sogar den Ziffern — genaue Rechenschaft gegeben und also meine grössten Erwartungen übertroffen.

Inhalt.

	Seite
Einleitung	1
Chemie der Lipoidstoffe	5
Definition	5
Allgemeine Eigenschaften	9
Systematik	10
I. Die Fette.	11

Eigenschaften 13, Nachweis und Bestimmung 16.

II. Die Cholesterine	20

Eigenschaften 22, Reaktionen 22, Darstellung 22, Formel 23, Konstitution 23, Derivate 23. Verbindungen 25, Saponinverbindungen 27.

III. Die Phosphatide	27

Darstellung und Bestimmung 28, nach Hoppe-Seyler 28, nach Thudichum 31, nach Strecker 33, nach Bergell 33, nach Erlandsen 37, nach Fränkel 41.

Spezielle Chemie der Phosphatide	45
A. Ungesättigte Phosphatide	47
1. Monaminomonophosphatide	47
Lezithin	47

Geschichte 47, Definition 48, Darstellung 50, Vorkommen 52, Elementaranalysen 53, Konstitution 54, Eigenschaften 54, Verbindungen 55, Kobralezithid 57. Lezithin-Kohlenhydrat-Verbindungen 57, Jekorin 60, Lezithin-Eiweiss-Verbindungen 62, Vitellin 62.

Kephalin	66

Geschichte 66, Definition 66, Zusammensetzung 66, Konstitution 67. Darstellung 67, Vorkommen 67, Eigenschaften 67, Verbindungen 67, Oxykephalin 68, Peroxykephalin 68, Kephaloidin 68. Oxykephaloidin 68.

Paramyelin	68
Vesalthin	69
2. Monaminodiphosphatide	69
Cuorin	69
Leberphosphatid	70
Diaminophosphatid aus Eigelb	71

Seite

    3. Triaminodiphosphatide 71

        Sahidin 71

        Nierenphosphatid 72

  B. Gesättigte Phosphatide 72

    1. Diaminomonophosphatide 72

        Sphingomyelin 72

        Aminomyelin 73

        Apomyelin 73

        Diaminophosphatid aus Muskeln 73

        Diaminophosphatid aus Eigelb 74

        Diaminophosphatid aus Pferdepankreas 75

    2. Triaminomonophosphatide 75

        Neottin 75

        Carnaubon 76

    3. Protagon 76

  C. Ungenügend charakterisierte Phosphatide 78

    Anhang zu den Phosphatiden: Pflanzenphosphatide 79

IV. Die Zerebroside 80

        Phrenosin 80

        Kerasin 80

        Zerebron 81

        Zerebrin und Homozerebrin 81

        Pyosin und Pyogenin 82

V. Anhang: Lipoide unbekannter Konstitution 82

Verteilung der Lipoidstoffe in der Zelle 84

Biochemie der Lipoidstoffe 89

A. Die biochemische Bedeutung der einzelnen Lipoidstoffe . . . 90

  1. Die Lipoide als Nahrungsmittel 91

  2. Die Bedeutung der Lipoide für die Fermentlehre 92

    Möglichkeit des Auftretens als Enzyme 93

    Lipoidstoffe als Enzym-Aktivatoren 93

    Lipoidstoffe als Kinasen 95

    Lipoidstoffe, welche eine Fermentbildung hervorrufen 98

    Lipoidstoffe als Hemmungskörper für Enzyme 99

  3. Die Bedeutung der Lipoide für die Immunitätslehre 102

    Die Lipoidstoffe als Gifte 103

      a) Toxisch wirkende Gifte 103

      b) Lytisch wirkende Gifte 105

    Die Lipoidstoffe als Aktivatoren bezw. Kinasen 112

      a) Anorganische Stoffe, welche aktiviert werden können 112

        1. Salze 112, 2. Säuren 112, 3. Alkalien und Ammoniak 113.

      b) Organische Stoffe, welche aktiviert werden können 113

      c) Hämolytika aus dem Pflanzenreich von unbekannter Konstitution . 114

Seite

d) Hämolytika tierischen Ursprunges von unbekannter Konstitution . 114

   1. Pankreashämolysin 114

   2. Kobragifthämolysin 114

      Vorbemerkungen über das Gift 114, Wirkungen des Giftes auf das Blut 115. Kobralezithid 119, Vorgang bei der Hämolyse 121.

   3. Hämolysine des Blutes 126

      a) Immunisatorisch erzeugte Hämolysine 126

        Immunkörper 126, Komplement 129, Vorgang bei der Hämolyse 135.

      b) Präformiert vorkommende Hämolysine des Blutes . . 137

Die Lipoidstoffe als Hemmungskörper 138

  a) Als Hemmungskörper gegen Toxine 138

  b) Als Hemmungskörper gegen Lysine 140

    Wassermanns Reaktion 145

Die Lipoidstoffe als Antigene 151

B. Die Bedeutung der Lipoidstoffe für die lebendige Zelle 158

Die Permeabilität der Lipoidmembran 158

Die indifferenten Narkotika 169

Die Alkaloide 172

Die Toxine 174

Die Erregbarkeit der Lipoidmembran 178

Autorenregister 183

Einleitung.

Kein Satz der Physiologie wird in dem Maße als unbedingt richtig anerkannt, wie derjenige, dass das Eiweiss die wichtigste Verbindung der organischen Welt ist. Schon durch den Namen Protein hat man das auszudrücken versucht. Das Eiweiss umschliesst das Rätsel des Lebens, »nur das Eiweiss ist lebendig« (Pflüger), und mit der Erforschung desselben geht die Physiologie direkt an ihre Aufgabe: die Erforschung des Lebens.

Ist dies aber wirklich unbedingt sicher erwiesen? Steht es über jedem Zweifel, dass die Physiologie hierbei auf dem richtigen Wege sich befindet? Der gewöhnlichen Auffassung nach ist das lebendige Eiweiss eine ausserordentlich labile Verbindung mit einer entsprechenden Reaktionsfähigkeit, und diese Verbindung geht mit dem Tode in eine stabile Modifikation über. Dank den glänzenden Untersuchungen der letzten Jahre über die Eiweisschemie sind wir jetzt ziemlich gut über die rationelle Zusammensetzung des toten Eiweisses unterrichtet: es setzt sich aus verschiedenen, miteinander amidartig verbundenen Aminosäureresten zusammen.

Dass das lebendige Eiweiss hiervon wesentlich verschieden sei, ist a priori unwahrscheinlich. Ferner ist es nicht bewiesen, und nach meiner Ansicht geradezu unwahrscheinlich, dass das Organeiweiss an sich intra vitam überhaupt die präsumierte Labilität besitzt.

Als Beweis für eine solche Labilität wird öfter angeführt, dass das Eiweiss postmortal koaguliert, d. h. aus einer labilen in eine stabile Modifikation übergeht. Die Eiweisskörper aber, von denen wir wissen, dass sie postmortal koagulieren, sind meistens auch nicht intravital lebendig. Weiter sind die meisten von ihnen nicht Organeiweiss, also auch gar keine Zellbestandteile. Im Gegenteil: nachweislich koagulieren jedenfalls mehrere für die Zelle charakteristische Eiweisskörper — Nukleoproteide — nicht.

Ferner lässt sich für eine, und zwar für die höchstorganisierte (obwohl am wenigsten differenzierte) Zelle mit ziemlicher Wahrscheinlichkeit beweisen, dass das lebendige wie das tote Eiweiss ein und dieselbe Modifikation darstellen muss.

Die Köpfchen der Spermatozoen von Fischen und anderen Tieren enthalten als einzige Eiweissverbindungen Protamine. Zwar soll nach Miescher auch ein anderer Eiweisskörper, Karyogen, in sehr kleinen Mengen vorkommen, doch ist das nach Schmiedebergs Untersuchungen nicht richtig. Die Protamine sind stark basische Stoffe, die sich in Form salzartiger Verbindungen mit Nukleinsäure aus der toten Zelle abscheiden lassen. Sämtliche sauren und basischen Affinitäten der Verbindung sind dann gesättigt. Käme das Protamin intravital in einer anderen, »lebendigen« Modifikation vor, so müssten die vielen stark sauren Affinitäten der Nuklein-säure frei sein. Dies ist aber nicht der Fall und kann auch nicht sein, da in der Zelle kein disponibles Alkali übrig ist. Da man weiter kaum annehmen kann, dass die Nukleinsäure — eine substituierte Phosphorsäure — intravital in einer »lebendigen« Modifikation vorkommt, so bleibt nichts anderes übrig, als anzunehmen, das Protamin komme intravital in der gleichen Modifikation vor, wie postmortal. Das Protamin ist aber keine labile Substanz, im Gegen-teil es ist einer der stabilsten Eiweisskörper, welche man überhaupt kennt.

Weiter entsprechen die basischen Affinitäten des Protamins höchst wahr-scheinlich seinem Gehalt an Diaminosäuren. Wenn aber das Protamin als amidartige Verbindung der Aminosäuren intravital existieren kann und muss, warum sollte dies nicht auch mit den übrigen Eiweisskörpern der Fall sein, deren Konstitution doch prinzipiell dieselbe ist?

Ich schliesse aus allem diesem, dass das Eiweissproblem wahrscheinlich das Problem des Lebens nicht ohne weiteres direkt in sich begreift, und von diesem Standpunkte aus führen die Eiweisskörper den Namen »Protein« vielleicht mit Unrecht. Der oben zitierte Satz: »Nur das Eiweiss ist lebendig« ist also nicht nur nicht bewiesen, sondern er ist nicht einmal wahrscheinlich. Hiermit soll selbstverständlich nicht gesagt sein, dass das Eiweiss nichts mit dem Leben zu tun habe. Im Gegenteil, man kann ohne weiteres davon ausgehen, dass auch das Eiweiss, vielleicht besonders mit anderen Körpern verbunden, zu einigen oder vielen der Lebenserscheinungen beiträgt, welche zusammen das Leben darstellen. Es ist aber nicht bewiesen, dass die wesent-lichen, hauptsächlichen Lebensmomente von den Eiweisskörpern abhängig sind.

. In jeder Zelle existiert aber eine andere Kategorie von Stoffen, welche die postulierte Labilität und Reaktionsfähigkeit besitzen, welche sich mit dem Tode verändern, welche in abweichenden Fällen aus sehr abweichenden Substanzen bestehen und trotzdem intravital wahrscheinlich als biochemische Einheit vorkommen, Stoffe, welche intim mit den Eiweisskörpern verbunden sind, welche in vitro Eiweiss- und anderen Körpern neue Eigenschaften ver-leihen können, und mit denen endlich einige der wichtigsten biologischen Eigenschaften der lebendigen Zelle direkt verknüpft sind.

Diese Körper sind die Lipoidstoffe.

Wenn man nach meiner Ansicht auf der einen Seite die Bedeutung des Eiweisses als Träger des Lebens überschätzt hat, so hat man vielleicht andererseits die Bedeutung der Lipoidstoffe in dieser Beziehung unterschätzt.

Vom naturwissenschaftlichen Standpunkte aus ist es unzweckmäßig, von dem Leben selbst zu sprechen, da doch nur die Lebenserscheinungen der Beobachtung als Objekt zugänglich sind. Das Leben an sich stellt hier eigentlich nur eine metaphysische Abstraktion dar. Nur die Körper oder die Verbindungen, welche diese Lebenserscheinungen beherrschen, sind für uns lebendig.

Beim ersten Anblick scheint die Aufgabe, die Lebenserscheinungen in bestimmte Atomkomplexe zu verlegen, völlig unlösbar. Müssen wir doch, um die Verbindungen zu charakterisieren, teilweise erst die Zellen zerlegen, und es ist nicht ausgemacht — ja nicht einmal wahrscheinlich —, dass die gefundenen Fragmente genau mit den intravitalen Verhältnissen übereinstimmen, wenn auch z. B. für die Nukleoproteide diese Voraussetzung zutrifft. Teils lässt sich auch voraussagen, dass einige Bestandteile in der Zelle nicht frei vorkommen, sondern miteinander näher verbunden sind. Einige Forscher stellen sich sogar jede Zelle als ein Riesenmolekül vor.

Einige dieser Schwierigkeiten sind durch die Einführung der physikalischen Chemie in die Biologie überwunden, und es ist seitdem — in erster Linie dank Overtons glänzenden Untersuchungen — gelungen, bestimmte Lebenserscheinungen auf bestimmte Zellbestandteile zurückzuführen.

Die betreffenden Zellbestandteile sind die Lipoidkörper und es fragt sich also, welche Lebenserscheinungen mit ihnen in Verbindung stehen.

Ausser der mehr oder weniger hervortretenden anatomischen Abgrenzung der Zelle gegen ihre Umgebung — Bindegewebsmembran, Zellulosemembran u. dgl. — besitzt jede Zelle (vielleicht mit Ausnahme·der Fettzellen) auch eine physiologische Abgrenzung gegen die Aussenwelt, gleichfalls eine Membran, welche zwar kaum histologisch erwiesen werden kann, welche aber trotzdem nachweislich vorkommt und welche aus Lipoidkörpern bestehen muss (Overton).

Alles, was in die Zelle geht und was aus der Zelle wandert, ist von der Lipoidmembram, welche eine halbdurchlässige semipermeable Grenzschicht darstellt, abhängig. Die Membran bildet sozusagen den Verschluss der Zelle, durch welche die Stoffe ein- und auswandern. Andererseits ist dieser Verschluss für gewisse Stoffe nicht passierbar, und dieselben können demgemäß nicht in die Zelle eindringen. Schliesslich ist bei gewissen Zellen der Verschluss für bestimmte Stoffe nur in einer Richtung passierbar: diese Stoffe können z. B. ohne Schwierigkeit eindringen, dagegen nicht auswandern — oder umgekehrt.

Die Lipoidmembran ist deshalb ein ausserordentlich wichtiger biologischer Faktor der Zelle, und ihre Integrität ist von vitaler Bedeutung. Wird die

1*

Lipoidmembran vernichtet, so ist zugleich das Leben der Zelle in Frage gestellt. Umgekehrt zerfällt die Lipoidmembram selbst mit dem Tode der Zelle.

In der Lipoidmembran haben wir also ein ausgesprochen lebendiges Gebilde, welches die Nahrungsaufnahme sowie alle Sekretionen und Exkretionen beherrscht. Alle Intoxikationen in weiterem Umfang und folglich die Wirkung der Narkotika, Antipyretika, Antiseptika, Toxine usw. sind von der Lipoidmembran abhängig, denn eine Vergiftung können nur diejenigen Stoffe bedingen, welche in die Zelle einzuwandern vermögen. Die Osmose der Salze, Säuren, Alkalien und des Wassers in die Zelle wird durch die Lipoidmembran regiert. Hiermit im allernächsten Zusammenhang steht das elektrische Verhalten der Zelle und ihre Erregbarkeit überhaupt.

Die Lipoidkörper kommen auch sonst in der Zelle vor, oft sogar in erheblicher Menge, ja man kann davon ausgehen, dass nur der geringste Teil der Zell-Lipoide sich in der ausserordentlich zarten Lipoidmembran befindet. Über die Verteilung derselben in Protoplasma und Zellkern ist nur wenig bekannt.

Wahrscheinlich besitzen auch diese intrazellularen Lipoidstoffe grosse Bedeutung für das Zellleben, denn es ist bekannt, dass die Aufnahme von fremden Stoffen in die intrazellularen Lipoidkörper markante Änderungen des Zellebens hervorruft. Diese Änderungen sind teils irreversibel, teils sind sie aber auch reversibler Natur. Weiter ist erwiesen, dass diese Lipoidkörper einen hervorragenden Einfluss auf verschiedene Zellfunktionen ausüben können. Es ist denkbar, ja sogar bis zu einem gewissem Grade wahrscheinlich, dass die Zelle ihre intrazellularen Lipoidstoffe, welche vielleicht im Ruhezustand als inaktive Verbindungen mit anderen Zellbestandteilen vorkommen, mobilisieren und hierdurch vitale Vorgänge entweder in Gang setzen oder zum Stillstand bringen kann. Dieses Problem lässt sich experimentell erforschen, indem man reine Lipoidstoffe auf Zellen oder aktive Zellkomplexe (Enzyme) einwirken lässt.

Schliesslich besitzen die Lipoide eine nicht zu unterschätzende Bedeutung als Nahrungsstoffe.

Unser Thema zerfällt demgemäß in drei Abschnitte. Der erste Abschnitt umfasst die Permeabilität und Reaktionsfähigkeit der Lipoidmembran, der zweite die biologische Bedeutung der einzelnen Lipoidkörper, und der dritte die Bedeutung der Lipoide als Nahrungsstoffe.

Lässt derart das Problem sich genügend scharf formulieren, so muss man alsbald zugestehen, dass die wissenschaftliche Bearbeitung der weit ausschauenden Aufgaben bis jetzt höchst unvollständig und lückenhaft ist. Dies darf jedoch nicht wundernehmen, wenn man bedenkt, dass das Thema kaum 5—10 Jahre auf der Tagesordnung gestanden hat, während z. B. die Eiweisschemie und Biochemie 100 Jahre bearbeitet worden ist.

Doch lässt sich schon aus dem, was auf diesem Gebiete geerntet worden ist, ohne Übertreibung voraussagen, dass die Biochemie der Lipoide in Zukunft in erster Linie stehen wird.

Ausser den erwähnten Abschnitten, welche die biologische Bedeutung der Lipoidstoffe umfassen, müssen wir selbstverständlich auch die reine Chemie der Lipoide berücksichtigen.

Unser Thema zerfällt demgemäß in zwei Teile: die Chemie und die Biochemie der Lipoidstoffe.

Die Chemie der Lipoide.

Definition.

Wie der Name besagt, sind Lipoide fettähnliche Stoffe, und die Ähnlichkeit ist nach Overton[1]), welcher die Bezeichnung eingeführt hat, physikalischer Natur, sie bezieht sich nämlich auf das Lösungsvermögen für gewisse Stoffe, hauptsächlich die indifferenten Narkotika der aliphatischen Reihe. Für solche Stoffe besitzen die Lipoide dasselbe Lösungsvermögen wie Fett.

So konnte Overton[2]) nach umfassenden Untersuchungen feststellen, »dass alle solche Verbindungen, welche in ... fetten Ölen und ähnlichen Lösungsmitteln leicht löslich sind, resp. leichter löslich sind als in Wasser, durch den lebendigen Protoplast mit grosser Schnelligkeit eindringen, während für solche Verbindungen, welche zwar im Wasser leicht, in ... fettem Öl gar nicht oder nur wenig löslich sind, der Protoplast nicht merklich oder nur äusserst langsam durchlässig ist.«

Für die Narkotika haben bekanntlich Overton[1]) und H. Meyer[3]) eine analoge Tatsache gefunden: die Stärke eines Narkotikums wird in erster Linie von dem Teilungskoeffizienten desselben zwischen Wasser und fettem Öl abhängen.

Obwohl Overtons Bestimmungen der Teilungskoeffizienten der Narkotika bezw. der den Protoplast durchdringenden Substanzen zwischen Öl und Wasser sehr dafür sprachen, dass die Lipoidstoffe Fette sind, hat doch Overton seine Zweifel über die Individualität derselben als gewöhnliche fette Öle geäussert, wie schon der Name Lipoidstoffe andeutet.

Vielmehr hegt Overton[2]) die Auffassung, dass »das Cholesterin oder eine cholesterinartige Verbindung (etwa ein Cholesterinester) resp. ein Gemisch solcher Verbindungen die imprägnierenden Substanzen sein

----

[1]) Overton, Studien über die Narkose. Jena 1901.
[2]) Overton, Vierteljahrsschr. d. Naturforsch. Gesellsch. in Zürich 44, 88. 1899.
[3]) Meyer, Archiv f. exp. Pathol. u. Pharm. 42, 109. 1898.

dürften.« Er gibt weiter noch zu, dass es wohl denkbar ist, dass »Lezithin
und in gewissen Fällen fettes Öl ebenfalls beteiligt sind.« (Das Fett doch
hauptsächlich als Cholesterinester!)

Die Argumente, welche Overton zugunsten dieser Auffassung angeführt
hat, sind wesentlich folgende: 1. Algenfäden können tagelang in einer 2prom.-
Natriumkarbonatlösung gehalten werden, ohne dass eine Schädigung eintritt;
eine solche Lösung müsste verseifend einwirken, wenn das Imprägnations-
substrat, d. h. die Lipoidmembran, ein fettes Öl wäre. 2. Gegen die Annahme,
dass Fett die Lipoidmembran wäre, sprechen die Verhältnisse bei den warm-
blütigen Tieren, deren Blut stets ziemlich stark (?) alkalisch reagiert und bei
denen andererseits wegen der höheren Temperatur des Blutes ein Verseifungs-
prozess beschleunigt sein würde. 3. Die Blutkörperchen scheinen kein fettes
Öl zu enthalten. — Diese Argumente sind nicht vollständig überzeugend.
Die Blutkörperchen enthalten etwas, obwohl nicht viel Fett. Das Blut reagiert
nicht stark alkalisch und die Zellen besitzen überall die Fähigkeit, sich in
verschiedener Weise gegen Hydrolyse zu schützen. Um so grössere Beweiskraft darf man dagegen dem folgenden Argument Overtons beimessen:
4. Die Salze der basischen Anilinfarben sind in Olivenöl fast oder ganz
unlöslich, dagegen ist die Plasmahaut für diese Farbstoffe durchlässig. Ferner
hat Overton[1] feststellen können, dass dieselben sowohl in Cholesterin als
auch in Lezithin löslich sind. Zuletzt hebt Overton noch hervor, dass
Cholesterin und Lezithin primäre Zellbestandteile sind, welche man niemals
in den Zellen vermisst.

Nach Overton hat man also unter Lipoidstoffen das Cholesterin und
das Lezithin zu verstehen. Hierzu kommt noch das Protagon. Zu derselben
Auffassung ist H. Meyer[2]) gekommen, eine Bestätigung, die um so wertvoller
ist, als Meyers Untersuchungen ohne Kenntnis von Overtons Arbeiten
angestellt waren und von etwas anderen Gesichtspunkten ausgingen. Durch
die Definition der Lipoidstoffe als Cholesterin und Lezithin ist die Theorie
von Overton und H. Meyer in nahe Beziehung zu den alten Hypothesen
von Bibra und Harless und von Hermann[3]) gebracht, welch letzterer
schon 1874 die Frage aufwarf, ob nicht vielleicht Lezithin, Cholesterin und
Fett den gemeinsamen Angriffspunkt für die Narkotika darstellen. Der
fundamentale Unterschied besteht darin, dass Hermann von der Löslichkeit der betreffenden Substanzen in gewissen Narkotika ausgeht, während
Overton und Meyer umgekehrt die Löslichkeit der Narkotika in dem
Cholesterin-Lezithin-Gemisch zum Ausgangspunkt nehmen. Die Übereinstimmung besteht darin, dass ebenso wie Narkotika in den Lipoidstoffen löslich sind, auf der anderen Seite die letztgenannten

---

[1]) Overton, Jahrbüch. f. wissenschaftl. Botanik **34**, 669. 1900.

[2]) Meyer, Archiv f. exp. Pathol. u. Pharm. **42**, 109. 1898.

[3]) Hermann, Archiv f. Anat. u. Physiol. Physiol. Abt. 1866.

auch in den Narkotika löslich sind. Es ist wichtig, diese Tatsache feststellen zu können, weil sie den Ausgangspunkt der chemischen Darstellung der Zell-Lipoide bildet. Die indifferenten Narkotika werden, wenn sie in kleiner Menge (wie bei der Narkose) vorkommen, sich in den Lipoidstoffen der Zelle lösen. In reichlicher Menge zugesetzt, verursachen sie eine Auflösung der Zelle, indem hierbei die Lipoidstoffe herausgelöst werden. Die Verbindung, welche man vorzugsweise zur Auflösung der Lipoidstoffe verwendet, ist Äther.

Die Definition der Lipoidstoffe kann folglich derartig formuliert werden: Lipoide sind solche Verbindungen, welche in organischen Lösungsmitteln, wie Äther, Alkohol, Chloroform und Benzol, löslich sind.

Durch diese Formulierung des Lipoidbegriffes werden einige Schwierigkeiten beseitigt, welche Overtons ursprünglicher Definition desselben als Cholesterin-Lezithin-Gemisch anhaften. Die hämolysinbildenden und hämolysinfixierenden Lipoidstoffe der Erythrozyten sind weder Cholesterin noch Lezithin (auch nicht Protagon), dagegen werden sie alle durch Äther aus den Blutzellen extrahiert. Eine nicht geringe Schwierigkeit hat die leichte Durchgangsfähigkeit des Wassers durch die Lipoidmembran bewirkt. Cholesterin ist nicht in Wasser löslich, auch das Lezithin ist nicht leicht löslich, ja es ist sogar zweifelhaft, ob eine echte Lösung des Lezithins in Wasser vorkommt. Zwar hat Overton darauf hingewiesen, dass verschiedene Cholesterinester bedeutende Mengen Wasser aufzunehmen vermögen, die Blutkörperchen aber enthalten keine Cholesterinester (wohl aber das Serum). Ein Gemisch von Cholesterin-Lezithin nimmt ebenfalls Wasser auf, es ist aber sehr zweifelhaft, ob eine solche Verbindung in der Lipoidmembran der Blutkörperchen vorkommt, und selbst wenn dies der Fall wäre, so kann dadurch kaum die ausserordentlich leichte Permeabilität für Wasser erklärt werden. In dem Ätherextrakt der Erythrozyten kommen aber Verbindungen vor, welche sehr leicht in Wasser löslich sind, und welche nachweislich aus der Lipoidmembran herstammen. (Forssman und Verf.[1]).

Durch Äther werden demnach viel mehr Substanzen als Cholesterin, Lezithin und Protagon extrahiert. Meine Definition hat folglich gegenüber jener Overtons die Vorteile: a) dass sie sämtliche bis jetzt als Lipoidstoffe anerkannten Verbindungen umfasst, b) dass sie physiologisch wirksame Lipoidstoffe von noch unbekannter Natur berücksichtigt, indem c) nichts über die chemische Individualität der gelösten Verbindungen präjudiziert wird.

a) Dieser Definition nach umfasst der Lipoidbegriff weit mehr als ursprünglich damit bezeichnet ist. Ausser den in chemischer Beziehung unbekannten Verbindungen, welche nachweislich vorkommen können, kommen hauptsächlich folgende Zellbestandteile in Betracht: Neutralfett und Fettsäuren, Farbstoffe besonders Lipochrome, Cholesterin und Cholesterinester, Phosphatide, Zerebroside und Zerebrinoside (Protagon) nebst verschiedenen weniger allgemein vorkommenden Körpern wie aromatischen Verbindungen, Alkaloiden usw.

Es fragt sich, ob der Lipoidbegriff hiermit erschöpft ist oder ob nicht möglicherweise andere Zell-Lipoide vorkommen könnten, welche nicht in Äther und dergleichen Lösungsmitteln löslich sind. Die Lipoide, welche die indifferenten Narkotika aufnehmen, müssen sämtlich löslich sein. Dagegen ist es unmöglich zu beurteilen, inwieweit alle Bestandteile der Lipoidmembran durch Äther aufgelöst werden können. Wären sie nicht sämtlich löslich, so müsste man entweder annehmen, dass die Plasmahaut noch andere Stoffe als die Lipoide enthält, oder man müsste die Definition preisgeben. Die Entscheidung hierüber ist rein konventionell. Im letzteren Falle kann man ebensogut das Wort Lipoidstoff aufgeben, denn »fettähnlich« sind mehrere Lipoide nur in der Beziehung, dass ihre Löslichkeitsverhältnisse dem Fette entsprechen wie z. B. das Cholesterin, dessen Konstitution und übrige Eigenschaften nichts mit Fetten zu tun haben. Dagegen fordert die Definition nicht, dass alle Lipoide in einem und demselben Lösungsmittel z. B. Äther löslich sein sollen. Von den Lipoiden der Blutkörperchen z. B. sind tatsächlich mehrere bekannt, welche in Äther gar nicht löslich sind, wohl aber in anderen ähnlichen Lösungsmitteln, wie Benzol.

b) Auf der anderen Seite fragt es sich, ob nicht die Definition zu viele Körper umfasst, etwa auch solche, die gar nicht zu den Lipoiden gehören. Unter diesen kommen z. B. die Lipochrome, Riechstoffe und andere Extraktivstoffe in Betracht, doch liegt gar kein Grund vor, alle diese auszuschliessen. Die Farbstoffe z. B. kommen wahrscheinlich oft mit den übrigen Lipoidstoffen verbunden vor und stimmen auch in mehreren Beziehungen mit diesen überein, worauf später eingegangen wird.

Die Formulierung des Begriffs Lipoide als Zellbestandteile, welche durch Äther und ähnliche Lösungsmittel extrahiert werden können, darf deswegen als eine adäquate Definition angesehen werden.

c) Gegen diese von mir aufgestellte Definition der Lipoide ist eingewendet worden, dass sie keine chemische Definition ist. Dies mag zwar richtig sein. Ich habe auch selber von Anfang an davon Abstand genommen, indem ich ja ausdrücklich bemerkt habe, dass nichts über die Individualität der Lipoide hierdurch präjudiziert wird. Dies ist aber ein Vorteil der gegebenen Definition, indem man unter dem Namen Lipoide schon nach Overton so heterogene Körper wie Phosphatide und Cholesterin zusammenfasst. Die Definition ist also in erster Linie aus praktischen Gründen aufgestellt, und sie umschliesst gleichzeitig nicht nur 'eine Identitätsreaktion der Gesamtlipoide, sondern weist auch auf die Darstellungsmethoden der Lipoide.

Übrigens stehen die als Lipoide jetzt zusammengefassten Körper einander auch in chemischer Beziehung nicht fern (in physiologischer sind sie, wie bemerkt, nahe verwandt). Phosphatide und Zerebroside sind sicher chemisch recht nahe verwandt, und diese beiden wichtigsten Gruppen der Lipoide sind tatsächlich als substituierte Fettarten zu betrachten. Weiter abseits stehen die Cholesterine, indem sie als aromatische Alkohole den Fetten, Phosphatiden und Zerebrosiden fern stehen; da sie aber mit Fettsäuren Ester von Typus der Neutralfette bilden — und solche Ester kommen im Organismus weit verbreitet vor — kann man doch noch von einer gewissen Verwandtschaft mit den anderen substituierten Fettarten sprechen.

Grössere Bedeutung kann man allerdings der Definition als einer direkten chemischen Begriffserklärung nicht beimessen, indirekt hat sie aber auch in chemischer Beziehung eine prinzipielle Bedeutung. Als Lipoidstoffe werden zwar vielerlei Körper zusammengefasst, ausgeschlossen bleiben aber die Eiweisskörper. Dies negative Kriterium ist überhaupt die wichtigste Seite der Definition: die Lipoide haben nichts mit dem Eiweiss zu tun. Wenn ich schon anfangs diese beiden in physiologischer Beziehung einander gegenüber gestellt habe, so erscheint es nunmehr sehr wichtig, dass die Definition der Lipoide uns zugleich ein Mittel der exakten Trennung zwischen beiden gibt. Die Eiweisskörper sind eben nicht in organischen Lösungsmitteln löslich, sondern werden durch deren Einwirkung denaturiert, während jedenfalls die weitaus meisten Lipoide (einzige Ausnahme: das Komplement Alexin) mit unveränderten Eigenschaften darin löslich sind.

Bei der prinzipiellen Wichtigkeit dieser Tatsache muss man aber ausdrücklich hervorheben, dass Lipoide, besonders Phosphatide die Eigenschaft besitzen, verschiedenen fremden Substanzen, darunter auch Eiweisskörper, eine indirekte Löslichkeit in organischen Solventien zu erteilen, die sie an sich nicht besitzen, wahrscheinlich indem sie mit denselben in Verbindung (Adsorption oder assoziable chemische Verbindung) treten. Bei einer entsprechenden Wahl der Lösungsmittel kann man übrigens doch, besonders bei der fortgesetzten Trennung der einzelnen Fraktionen, diese Verunreinigungen los werden.

Allgemeine Eigenschaften der Lipoide.

Wie ihr Name besagt, sind die Lipoide fettähnlich. Sie bilden fett- oder wachsartige Massen, welche sich fettig anfühlen. Sie schmelzen beim Erwärmen und erstarren wieder beim Abkühlen; jedoch kommen hiervon Ausnahmen vor. Sie sind gewöhnlich in Wasser ganz unlöslich, bilden aber beim Schütteln Emulsionen, welche meistens beim Stehen wieder verschwinden. Die Phosphatide bilden übrigens öfter auch dauerhafte Emulsionen. Die Lipoide sind in organischen Lösungsmitteln löslich, doch ist die Löslichkeit der verschiedenen Lipoide recht verschieden, manche sind in gewissen Lösungsmitteln leicht, in anderen schwer löslich. Dies verschiedene Verhalten wird mit Vorteil zur Trennung der einzelnen Lipoidstoffe benutzt. Die Lipoide besitzen in hohem Grade die Fähigkeit, durch ihre Gegenwart die Löslichkeitsverhältnisse anderer Körper zu verändern, sie können insbesondere auf die Löslichkeit anderer Lipoide einwirken und es ist nicht unwahrscheinlich, dass hierbei eine Adsorption oder assoziable chemische Verbindung der Stoffe stattfindet. Dies Verhalten bedingt eine grosse Schwierigkeit bei der Darstellung der einzelnen Lipoide.

Die Lipoide sind p r i m ä r e Zellenbestandteile, sie kommen in jeder Zelle vor. Sie sind für das Leben der Zelle unentbehrlich. Unter den einzelnen Lipoiden findet man solche, welche überall vorkommen wie z. B. das Cholesterin, während andere nur in gewissen Organen gefunden werden, z. B. einzelne Phosphatide. Weiter existiert auch eine Artspezifität, indem gewisse Lipoide z. B. in Organen der einen Tierart vorkommen, bei anderen Tierarten aber fehlen. Schliesslich ist eine — wahrscheinlich strukturisomere — Artspezifität einzelner Lipoide nachgewiesen worden.

Systematik der Lipoidstoffe.

Schon aus der Definition des Lipoidbegriffes geht ganz klar hervor, dass man unter ihnen, als Körpern, lediglich mit übereinstimmender Löslichkeit, sehr verschiedenartige Verbindungen vorfinden muss, besonders wenn man bei der Begriffsbestimmung von den quantitativen Löslichkeitsverhältnissen absieht. So ist es auch tatsächlich der Fall. Demgemäß ist es notwendig, mehrere Kategorien von Lipoidstoffen aufzustellen.

Bei der Gruppeneinteilung der Lipoide machen sich recht verschiedene Auffassungen geltend. Über die Aufstellung zweier Gruppen, der Phosphatide und der Zerebroside. herrscht kein Zweifel. Meistens rechnet man auch die Cholesteringruppe hinzu, obwohl z. B. Abderhalden die Cholesterine ausgenommen hat. Doch ist dies wohl nicht richtig, denn halten wir den Lipoidbegriff als eine p h y s i o l o g i s c h e Einheit aufrecht, dann gehören entschieden die Cholesterine dazu, und lässt man den physiologischen Gesichtspunkt ausser acht, dann kann man ebenso gut den Lipoidbegriff aufgeben. Vollständig übereinstimmend verhalten sich die Fettarten und besonders die Fettsäuren. Es kann z. B. kein Zweifel darüber sein, dass viele biologische Eigenschaften der Phosphatide geradezu von ihrem Gehalt an Fettsäuren abhängig sind, und dass man sogar oft die Phosphatide mit gleicher Wirkung durch entsprechende reine Fettsäuren ersetzen kann. Da nun also die Fettarten ähnliche physiologische Funktionen wie andere Lipoide besitzen, und da sie weiter dieselbe Löslichkeit wie diese besitzen, ist es logisch notwendig und auch praktisch vorteilhaft, dieselben zu den Lipoiden zu rechnen. Infolgedessen müssen wir die Lipoidstoffe in 4 Gruppen einteilen:

1. Die Fette, N- und P-freie Lipoidstoffe der aliphatischen Reihe; sie enthalten nur C, H und O.

2. Die Cholesterine, N- und P-freie Lipoidstoffe der aromatischen Reihe; sie enthalten nur C, H und O.

3. Die Phosphatide, N- und P-haltige Lipoidstoffe; sie enthalten ausserdem C, H und O.

4. Die Zerebroside, N-haltige aber P-freie Lipoide; sie enthalten ausserdem C, H und O.

Ausser diesen 4 wohlcharakterisierten Gruppen ist es aber notwendig, noch eine fünfte Gruppe aufzustellen, welche die chemisch noch nicht oder doch nur schlecht charakterisierenden Lipoide enthalten soll. In dieser Gruppe finden wir einige Verbindungen mit wichtigen biologischen Eigenschaften.

I. Die Fette.

Die Fette bestehen hauptsächlich aus Neutralfetten mit nur sehr kleinen Mengen freier Fettsäuren. Die Neutralfette sind ihrerseits Ester des dreiatomigen Alkohols Glyzerin mit einbasischen Fettsäuren. Diese Ester sind meistens Triglyzeride d. h. die drei Hydroxylwasserstoffatome des Glyzerins sind durch die Radikale der Fettsäuren ersetzt und die allgemeine Formel ist also $C_3H_5O_3R_3$. Doch sind auch Mono- und Diglyzeride bekannt, obwohl sie als Naturprodukte keine Bedeutung besitzen. Bei den Triglyzeriden sind die 3 Radikale gewöhnlich identisch, und man kann demgemäß die Ester nach den Radikalen als Tripalmitin, Tristearin, Triolein usw. charakterisieren. Die Eigenschaften der Neutralfette werden auch von den vorkommenden Fettsäuren bestimmt. Sie stimmen im wesentlichen mit den Eigenschaften der Fettsäure selbst überein. Tristearin ist wie die Stearinsäure selbst schwerlöslich, Triolein dagegen leicht löslich wie die Ölsäure selbst usw.

Daneben kommen auch gemischte Ester vor, d. h. solche, bei denen in dem Triglyzerid verschiedene Fettsäureradikale enthalten sind. Riedel[1]) hat in dem Milchfett gemischte Glyzeride von flüchtigen und nicht flüchtigen Fettsäuren nachgewiesen.

Diese Tatsachen haben schon insofern ein gewisses Interesse, als in dieser Beziehung die Neutralfette an die Phosphatide erinnern. Bei den Phosphatiden, welche auch Glyzerin (oder einen anderen Alkohol) und Fettsäureradikale enthalten, findet man sowohl Mono- wie Di- und Triester. Weiter kommen

---

[1]) Riedel, Molkerei-Ztg., Hildesheim 18. 263. 1904.

auch hier gemischte und nicht gemischte Ester vor und schliesslich werden die Eigenschaften der Phosphatide im hohen Grade durch die vorkommenden Fettsäureradikale bestimmt. Ferner stimmen die Phosphatide, welche nur gesättigte (oder Oxy-)Fettsäuren enthalten, betreffs Löslichkeit, Schmelzpunkt usw. mit dem Tripalmitin und Tristearin bezw. Palmitinsäure und Stearinsäure überein, während Phosphatide mit ungesättigten Fettsäuren gewöhnlich weit leichter löslich und nicht so fest sind. Ähnliche Übereinstimmung zeigen auch Fettsäureester mit einem anderen Alkohol als Glyzerin, z. B. die Cholesterinfettsäureester, von welchen die Ölsäureverbindung die leichtest lösliche ist[1]).

Die tierischen Fette sind ihrer Hauptmasse nach Ester der drei Fettsäuren Stearin-, Palmitin- und Ölsäure. Von sonstigen nicht flüchtigen Fettsäuren sind als Ester im Tierkörper bekannt: Laurinsäure ($C_{12}H_{24}O_2$), Myristinsäure ($C_{14}H_{28}O_2$), Arachinsäure ($C_{20}H_{40}O_2$) und Carnaubasäure ($C_{24}H_{48}O_2$), letztgenannte jedoch nur als Bestandteil eines Phosphatids (Carnaubin), im Wollfett und Carnaubawachs. In etwas grösserer Menge kommen besonders im Milchfett Buttersäure ($C_4H_8O_2$), Kapron- ($C_6H_{12}O_2$), Kapryl- ($C_8H_{16}O_2$) und Kaprinsäure ($C_{10}H_{20}O_2$) vor. Von ungesättigten Verbindungen sind in kleiner Menge Glyzeride der Säuren der Linolsäurereihe ($C_nH_{2n-4}O_2$) und Linolensäurereihe ($C_nH_{2n-6}O_2$), vielleicht auch der Reihe $C_nH_{2n-8}O_2$ bekannt. In wie weit sie aber als Neutralfett im Tierkörper vorkommen (in Pflanzenfetten sind sie gewöhnlich) dürfte sehr zweifelhaft sein. Als Bestandteile der Phosphatide kommen sie sicher vor. Es ist aber bei ihrer Darstellung (Verseifung und Isolierung der Fettsäuren als Seifen, gewöhnlich Bleiseifen) auf die Phosphatide keine Rücksicht genommen worden; Hartley[2]) z. B. stellte aus der Leber Fettsäuren mit einer Jodzahl von 200 dar, ohne dass hierbei die Phosphatide berücksichtigt wurden. Oxyfettsäuren sind dagegen im Fett sicher erwiesen.

In den Phosphatiden sind mehrere der oben genannten Fettsäuren nachgewiesen, nämlich Myristin-, Palmitin-, Stearin-, Carnauba- und Ölsäure. Hierzu kommen weiter Säureradikale der Linol- und Linolensäurereihe. Es scheint, als ob die ungesättigten Fettsäuren unter den Phosphatiden mehr verbreitet sind, und als ob Phosphatide mit ungesättigten Fettsäuren in relativ grösserer Menge als die entsprechenden Neutralfette vorkommen. Die Phosphatide enthalten auch Oxyfettsäuren.

Die Neutralfette bestehen aus wechselnden Mengen der Triglyzeride Tripalmitin, Tristearin und Triolein nebst kleinen Mengen anderer Glyzeride und freien Fettsäuren. Ihre Konsistenz ist je nach dem relativen Gehalt

---

[1]) Walrat und Zetin sind andere Beispiele. Diese sind Monoester der gewöhnlichen Fettsäuren mit höheren einatomigen Alkoholen.

[2]) Hartley, Journ. of Physiol. 36, 17. 1907.

an Triolein verschieden: fest, halbfest oder flüssig (bei 18°). Die Triglyzeride stellen Lösungsmittel anderer Fettarten dar. Überwiegt das Triolein, so wird Tripalmitin und Tristearin hierin gelöst. Kommt wenig Triolein vor, dann wird es seinerseits von den festen Fetten gelöst, und die ganze Mischung ist fest (Talg). Die Fette sind weiter Lösungsmittel für viele andere Stoffe, wie Narkotika (Alkohol, Äther, Chloroform etc.), und werden umgekehrt selbst davon gelöst. Cholesterin wird von Triolein gelöst, Phosphatide weniger gut, vielleicht garnicht.

Das Fett hat in den verschiedenen Körperteilen eine wesentlich verschiedene, von den relativen Mengenverhältnissen der verschiedenen Komponenten abhängige Konsistenz. Henriques und Hansen[1]) fanden bei verschiedenen Tieren zunächst unter der Haut das am leichtesten, innerlich das am schwersten schmelzbare Fett. Bei Kaltblütern ist das Fett überhaupt schwer schmelzbar, und man kann demgemäß als allgemeines Gesetz folgern, dass Körperbezirke, welche einer Abkühlung ausgesetzt sind, schwer schmelzbares Fett enthalten. Eine ähnliche Variation der Mengenverhältnisse der Komponenten findet man auch bei den Phosphatiden. Erlandsen[2]) fand z. B. grosse quantitative Unterschiede der verschiedenen Phosphatide bei den Herz- und Extremitätsmuskeln.

Das Fett der verschiedenen Tierarten ist recht verschieden. Man findet Unterschiede sowohl in Beziehung auf die Mengenverhältnisse als auch in Beziehung auf die Art der einzelnen Triglyzeride. Ähnliche Verhältnisse findet man bei den Phosphatiden. Hier sind sogar wie es scheint artspezifische Phosphatide nachgewiesen worden. Zwischen Pflanzen- und Tierfett existieren noch schärfer hervortretende Unterschiede. Dasselbe ist auch für die Phosphatide der Pflanzen und Tiere der Fall. Bei den Cholesterinen kommen auch ähnliche Unterschiede vor.

Es sind also schon bei den einfachsten Lipoiden, den Fettarten, sogar erhebliche topographische und Artunterschiede nachgewiesen, welche einer biologischen Bedeutung nicht entbehren.

Eigenschaften der Fette. Die Neutralfette sind in reinem Zustande farblos, geruch- und schmacklos. Tristearin und Tripalmitin sind fest, Triolein ist ein farbloses Öl von 0,914 spez. Gew., welches bei — 6° kristallinisch erstarrt. Tristearin schmilzt zunächst bei + 55°, erstarrt bei weiterem Erhitzen wieder und schmilzt dann endgültig bei + 71,5°. Unrein soll es bei + 55° schmelzen. Tripalmitin schmilzt bei + 62°. Nach anderen Angaben[3]) schmilzt es erst einmal bei + 50,5°, erstarrt aber bei weiterem Erwärmen und schmilzt neuerdings bei + 66,5°. Die Neutralfette sind unlöslich in Wasser, dagegen in Äther, Benzol, Chloroform, Azeton, Schwefel-

[1]) Henriques und Hansen, Scand. Arch. f. Physiol. 11, 160. 1900.

[2]) Erlandsen, Zeitschr. f. physiol. Chemie 51, 71. 1907.

[3]) Benedikt-Ulzer, Analyse d. Fette, 4. Aufl. 1903. S. 59..

kohlenstoff, Petroleumäther u. a. leicht löslich. Tristearin ist in kaltem
Alkohol fast unlöslich und im kalten Äther sehr schwer löslich. Tripalmitin
ist in kalten Alkohol sehr schwer löslich, leichter dagegen in Äther. Triolein
ist in abs. Alkohol weit löslicher als Palmitin und Stearin, in verdünntem
Weingeist ist es unlöslich. Bei Gegenwart von Olein lösen sich Palmitin und
Stearin auch etwas in kaltem Alkoholäther auf. Triazetin findet sich in
kleiner Menge in einigen Fetten (Chevreul). Es ist eine Flüssigkeit, mischbar
mit Alkohol, Äther, Chloroform und Benzol, dagegen nicht mit Petroleumäther. Tributyrin, eine butterartige Masse, ist in organischen Solventien
leicht löslich. Trimyristin ist fest, schmilzt bei $+55^0$, und löst sich leicht
in Alkohol, Benzol und Chloroform.

Fette bilden mit Wasser eine unbeständige Emulsion, bei Gegenwart
von Seife, Gummi oder Eiweiss hingegen eine feine und dauerhafte, indem
die Fettkügelchen sich mit einer Membran des betreffenden Stoffes umgeben
und dadurch nicht zusammenfliessen können.

Fette sind nicht flüchtig, sie sieden bei ca. 300^0 unter teilweiser Zersetzung und verbrennen mit leuchtender und russender Flamme.

Die Fettsäuren verhalten sich im ganzen wie die Neutralfette.
Buttersäure und Kapronsäure sind flüssig und mit Wasser mischbar
(Kapronsäure schwer). Kaprinsäure ist bei gewöhnlicher Temperatur fest,
ihr Schmelzpunkt liegt bei $+31,3^0$. 1 Teil Kaprinsäure löst sich in 1000 Teilen
siedenden Wassers. Myristinsäure, Palmitinsäure und Stearinsäure
verhalten sich wie ihre Glyzeride. Ihre Alkalisalze sind wasserlöslich, die
übrigen Salze unlöslich. Reine Ölsäure ist farb- und geruchlos, sie erstarrt
bei $+4^1$ und schmilzt dann bei $+14^0$, ihr spez. Gew. ist gleich 0,898. Sie
lässt sich mit Wasserdampf destillieren und soll reines Lakmuspapier nicht
röten. An der Luft wird sie gelblich, riecht ranzig und rötet dann Lakmuspapier. Sie ist in Wasser nicht ganz unlöslich, dagegen sogar in kaltem,
verdünnten Alkohol löslich, sie addiert Halogene und geht hierdurch in
Stearinsäurederivate über: $C_{17}H_{33}COOH + Br_2 = C_{17}H_{33}Br_2COOH$ (Dibrom-
stearinsäure); ihre Jodzahl ist 89,96. Durch Reduktion mit Zink und
Salzsäure geht Ölsäure unter Wasserstoffaddition in Stearinsäure über. Von
Salpetersäure wird sie lebhaft oxydiert. Permanganat bildet in alkalischer
Lösung Dioxystearinsäure ($C_{18}H_{36}O_4$) vom Schmelzpunkt $136,5^0$, welche
in kaltem Alkohol und Äther schwer löslich ist. Mit salpetriger Säure geht
Ölsäure bei gewöhnlicher Temperatur in die isomere Elaidinsäure über.
Von der Ölsäure sind auch sonstige Isomere bekannt. Wahrscheinlich sind
einige in Phosphatiden gefundene Ölsäuren Isomere der gewöhnlichen Ölsäure.
Mit konzentrierter Schwefelsäure und etwas Rohrzucker (oder mit Furfurol)
gibt Ölsäure eine prachtvoll rote oder rotviolette Flüssigkeit (Raspails
Reaktion). Mit Eisessig, ein wenig Chromsäure und Schwefelsäure gibt Ölsäure
allmählich eine violette oder kirschrote Farbe mit zwei Spektralstreifen in Grün

(Lifschütz' Reaktion). Ölsäure ist autooxydabel. Ölsäure bildet beim Kochen mit Alkohol (Methyl- und Äthylalkohol) und Schwefelsäure Ester, welche in Vakuum verhältnismäßig leicht überdestillieren (bei ca. 130°). Die Alkalisalze sind im Wasser leicht löslich, werden aber durch Eintragen von Salz, z. B. Kochsalz, ausgeschieden. Das Bleisalz ist unlöslich in Wasser, in Alkohol schwer löslich, dagegen in Äther und Benzol löslich. Das Barium-salz ist in 5°/₀ Alkohol enthaltendem Benzol, nicht aber in reinem Benzol löslich und unterscheidet sich hierdurch von dem Bariumsalz der Linol- und Linolensäure. Zu der Ölsäurereihe ($C_n H_{2n-2} O_2$) gehören mehrere aus Tieren und Pflanzen dargestellte Fettsäuren. Aus dem Dorschlebertran sind Döglingsäure ($C_{19} H_{36} O_2$), Jekorinsäure ($C_{19} H_{36} O_2$) und Gadoleinsäure ($C_{20} H_{38} O_2$), daneben auch eine Säure $C_{16} H_{30} O_2$ nach-gewiesen worden. Aus Pflanzen sind Rapinsäure ($C_{18} H_{34} O_2$) und Eruka-säure oder Brassicasäure ($C_{22} H_{42} O_2$) dargestellt. Die letztgenannte kommt auch im Trane vor, vielleicht auch als Stoffwechselprodukte der Bakterien.

Linolsäure ($C_{18} H_{32} O_2$) ist von Hazura[1]) aus Pflanzenöl (Hanföl u. a.) dargestellt, von Rollett[2]) aus Mohnöl, von Parnas[3]) aus Hirnkephalin (wahr-scheinlich eine Isomere der gewöhnlichen); Cousin[4]) wies sie in verseiftem Eigelblezithin nach. Sie ist auch im Tierfett nachgewiesen [Kurbatoff[5]), Farnsteiner[6]), Hartley[7])], wahrscheinlich als Spaltungsprodukt der bei-gemischten Phosphatide. Anderseits wird auch Nahrungsfett unverändert in den Fettdepots magaziniert; Linolsäure aus Pflanzennahrung könnte also hier sehr wohl vorkommen.

Sie ist ein in der Kälte nicht erstarrendes Öl. Die Kephalinsäure er-starrt nach Parnas bei —8° und schmilzt wieder bei —4°. Sie reagiert schwach sauer; durch Reduktion entsteht Stearinsäure, bei Oxydation mit Kaliumpermangat in alkalischer Lösung Tetraoxystearinsäure ($C_{18} H_{36} O_6$), die in Äther unlöslich, in heissem Alkohol löslich ist und den Schmelzpunkt 173° besitzt. Die Linolsäure addiert 4 Atome Brom unter Bildung von wohlkristallisiertem Linolsäuretetrabromid. Ihre Jodzahl ist 181,22. Der Methylester destilliert unter 11 mm Druck bei 207° bis 208° (Rollett), die Kephalinsäureverbindung bei etwas geringerer Temperatur, die freie Säure unter 16 mm Druck bei 230° (Rollett).

Die Alkalisalze sind wasserlöslich; das Bariumsalz ist in Benzol, Äther und Petroleumäther löslich und unterscheidet sich dadurch von demjenigen

[1]) Hazura, Monatshefte f. Chemie 7, 637. 1886. 8, 147, 156 und 260. 1887. 9. 180 und 469. 1888.
[2]) Rollett, Zeitschr. f. physiol. Chemie 62, 410. 1909.
[3]) Parnas, Biochem. Zeitschr. 20, 411. 1909.
[4]) Cousin, Journ. d. Pharm. et d. Chem. (6), 18, 102. 1903.
[5]) Kurbatoff, Malys Jahresb. 1892, S. 32.
[6]) Farnsteiner, Zeitschr. f. Unters. d. Nahrungs- u. Genussmittel 2, 1, 1899.
[7]) Hartley, Journal of Physiol. 26, 17. 1908.

der Ölsäure (und Palmitin- bezw. Stearinsäure). Das Bleisalz ist in Äther und Benzol löslich. Die Salze sind amorph.

Linolensäure ($C_{18}H_{30}O_2$) wurde von Hazura und Erdmann und Bedford[1]) aus Leinöl dargestellt; sie ist auch bei der Verseifung von Leber, Niere, Herzmuskel (Hartley), Lezithin (Cousin) und anderen Phosphatiden, Fischtran u. a. nachgewiesen. Sie ist ein nicht erstarrendes Öl. Durch Reduktion entsteht Stearinsäure, bei Oxydation mit Permanganat entsteht Hexaoxystearinsäure $C_{18}H_{36}O_8$, die in Äther unlöslich, in heissem Alkohol schwer löslich ist und den Schmelzpunkt 203° besitzt. Mit Brom bildet sie Hexabromstearinsäure; diese kristallisiert gut, ist schwer löslich und lässt sich wie die übrigen Bromfettsäuren durch Zink und Salzsäure zu Linolensäure (bezw. den entsprechenden Fettsäuren) regenerieren. Ihre Jodzahl ist 273,8. Der Äthylester destilliert in hohem Vakuum bei 132—133° als farbloses Öl.

Das Bariumsalz ist in Benzol, Äther und Petroleumäther löslich.

Zum Nachweis von Fett in einer tierischen Flüssigkeit oder in Geweben muss man dasselbe zunächst — gewöhnlich durch Äther — extrahieren. Der Rückstand nach Verdunsten des Äthers wird auf Neutralfett durch die Akroleinprobe und auf Fettsäuren durch Rotfärben eines von Alkannatinktur blauviolett gefärbten Alkoholäthergemenges geprüft. Es ist aber zu bemerken, dass auch viele Phosphatide Glyzerin enthalten und dass deshalb die Akroleinprobe nicht entscheidend ist. In zweifelhaften Fällen kann man den Ätherrückstand mit Azeton behandeln; das Fett geht hierbei in Lösung und die Phosphatide bleiben grösstenteils zurück. Von Cholesterin kann das Fett nach vorheriger Verseifung getrennt werden, das Cholesterin bleibt bei dieser unverändert und kann durch Äther herausgelöst werden, während die Seifen, als in Äther unlöslich, zurückbleiben. Eine Mischung von Neutralfett mit Cholesterinfettsäureester ist schwer zu trennen, doch sind die Cholesterinester viel schwerer in Alkohol und Äther löslich als Neutralfett. (Über Windaus' Digitoxinreaktion siehe später.)

Die quantitative Bestimmung der Fette und der Fettsäuren ist schwer exakt auszuführen, da die Phosphatide dieselben Löslichkeitsverhältnisse aufweisen. Zwar kann man durch Azeton trennen, doch gehen nicht unerhebliche Mengen der Phosphatide (bisweilen sogar grosse Mengen) in das Azetonextrakt über. Anderseits ist es kaum möglich, das Gesamtfett ganz vollständig aus den Geweben herauszulösen ohne vorherige Destruktion derselben durch Säuren, Alkalien oder Enzyme. Hierdurch werden aber auch sowohl das Fett wie die Phosphatide zerlegt, und man hat schliesslich keinen Anhaltspunkt, zu beurteilen, wieviel von den zu bestimmenden Fettsäuren von Fett oder von Phosphatiden (und Zerebrosiden) herstammt.

---

[1]) Erdmann und Bedford, Ber. d deutsch. chem Gesellsch 42, 1324 1909.

Versucht man also die nativen Verbindungen herauszulösen, so ist die Ausbeute nicht quantitativ. Man kann demnach bei der quantitativen Extraktion nach Destruktion das Fett nicht von den übrigen fettsäurehaltigen Körpern trennen. Studiert man aber diese Angaben etwas genauer, so sind die Ergebnisse nicht völlig überzeugend. Es ist zwar ganz richtig, dass man die Gesamtlipoide durch direkte Extraktion ohne vorherige Behandlung der Organe mit Alkali oder dergleichen nicht vollständig extrahieren kann, es ist aber durchaus nicht erwiesen, dass die letzten Reste, welche nicht herausgelöst werden, Fett sind. Im Gegenteil, man darf mit Wahrscheinlichkeit folgern, dass sie nicht Fett, sondern Phosphatide sind. Wissen wir doch ganz bestimmt, dass einzelne Phosphatide nur sehr langsam aufgelöst werden können. Hammarsten[1]) extrahierte das Vitellin des Barsch-Eies, welches vorher mit Äther und Alkohol erschöpft worden war, während zweier Monate immer erneut mit Alkohol. Der P-Gehalt wurde hierbei immer kleiner und kleiner. Liebermann[2]) versetzte P-freies Eiweiss mit Lezithin (Phosphatidgemisch) und konnte nach Extraktion mit kochendem Alkohol während 3 Tagen die Phosphatide nur sehr unvollständig auflösen. Dagegen ist nicht bekannt, dass Fett sich ebenso verhält. Im Gegenteil, man darf eher davon ausgehen, dass das Fett nicht fest an das Organeiweiss gebunden ist. Wenn man also nach vorangegangener Alkohol-Ätherbehandlung das Organ z. B. mit Alkali auszieht und nach Zusatz von Säure eine kleine Menge Fettsäuren durch Ausschütteln mit Äther erhält, dann bleibt die Frage noch ganz offen, wie weit diese Fettsäuren von Fett oder Phosphatiden herrühren. Systematische Untersuchungen hierüber fehlen ganz, was zu bedauern ist, da die Frage von Wichtigkeit und ihre Bearbeitung gar nicht besonders schwierig ist. Aus der Vergleichung der Ergebnisse bei Anwendung verschiedener Fettextraktionsmethoden lassen sich jedoch gewisse Folgerungen ziehen. Man hat sich nicht ganz klar gemacht, was man bei einer Fettbestimmung eigentlich zu erzielen wünscht: entweder die Bestimmung des Fettes allein oder diejenige der Gesamtlipoide. Dies geht schon aus der Bezeichnung der Methoden hervor. Kumagawa und Suto[3]) sprechen von einem »Verfahren zur quantitativen Bestimmung des Fettes«, sie bestimmen dagegen die Gesamtmenge der Lipoide. Als solche ist auch ihre Methode: Kochen der Organe mit Alkali und Ausschütteln der Fettsäuren und des Cholesterins mit Äther nach Ansäuern, zu empfehlen. Das Cholesterin lässt sich dann nach bekannter Methode leicht von den Fettsäuren trennen.

Bei der Ausarbeitung einer Methode zur Bestimmung des Fettes allein wäre es am zweckmäßigsten, ein Verfahren ausfindig zu machen, nach

---

[1]) Hammarsten, Skand. Archiv f. Physiol. 17, 113. 1905/06.
[2]) Liebermann, Arch. f. d. gesamt. Physiol. 54, 573. 1893.
[3]) Kumagawa und Suto, Biochem. Zeitschr. 8, 212. 1908.

welchem man von Anfang an nur das Fett und keine anderen Lipoide auflösen könnte, also eine elektive Extraktionsmethode. Dies scheitert aber an der
Tatsache, dass die Löslichkeitsverhältnisse anderer Lipoide mit dem Fette
übereinstimmen. Die Extrakte enthalten auch immer neben Fett Phosphatide
(Zerebroside) und Cholesterin. Abgesehen von dem letztgenannten, kann man
durch P- und N-Bestimmungen den Gehalt dieser Verunreinigungen annähernd
ermitteln.

Hieraus lässt sich berechnen, wieviel wirkliches Fett extrahiert worden
ist. Es ist also durchaus nicht so, dass die Methode, welche das grösste
Extrakt liefert, auch die beste Fettextraktionsmethode darstellt. Bei vergleichenden Untersuchungen fanden z. B. Kumagawa und Suto, dass
Alkohol die grösste Extraktmenge liefert. Wurde diese gleich 100 % gesetzt,
dann war das Chloroformextrakt 72 %, das Azetonextrakt 62 %, das Ätherextrakt 46 % und das Petrolätherextrakt 45 %. Dagegen war der Alkohol-
auszug sehr unrein und stellte ein buntes Gemenge von verschiedenen Verbindungen dar, welche der Quantität nach zum grösseren Teile mit den
Fettsubstanzen (den Gesamtlipoiden) keinen Zusammenhang hatten. Glikin[1]
fand bei vergleichenden Untersuchungen unter Anwendung der Methoden von
Soxhlet (reine Ätherextraktion), Voit (Alkoholbehandlung, Ätherextraktion),
Rosenfeld (Alkohol - Chloroformextraktion) und mittels Extraktion mit
Petroleumäther in je 100 g desselben Fleischmehles.

	Fettmenge (Gesamtextrakt)	Phosphatide	Phosphatid-N	N in anderen Verbindungen
Nach Soxhlet .	13,0 g	0,82 g	0,014 g	0,23 g
» Voit . .	12,1 »	1,10 »	0,018 »	0,23 »
» Rosenfeld	17,0 »	1,83 »	0,050 »	0,65 »
» Glikin . .	15,3 »	1,48 »	0,026 »	0,02 »

Man sieht also, dass Petroleumäther ebenso viel Fett auflöst, wie Alkohol-
Chloroform, jedoch mit viel weniger Verunreinigungen, obwohl andererseits
nach Kumagawa und Suto Alkohol und Chloroform eine weit grössere
Extraktmenge ergeben. Sehr eingehend sind diese Verhältnisse von Rubow[2]
studiert. Beim Extrahieren von Herzen mit Äther und mit Ätheralkohol
(zweistündige Extraktion mit abs. Alkohol und später 48 Stunden mit Äther)
zeigte es sich, dass das Alkoholextrakt zwar viel grösser war, dagegen der
Fettgehalt nicht wesentlich höher.

Herz No.		Extraktmenge	% Fett	% Phosphatid
8	Nur Äther . . .	6,92	3,37	3,55
	Alkoholäther . . .	10,85	3,31	7,54
2	Nur Äther . . .	11,09	7,55	4,54
	Alkoholäther . . .	17,62	9,60	8,02

---

[1] Glikin, Arch. f. d. gesamt. Physiol. 95, 107. 1903.
[2] Rubow, Archiv f. experim. Path. u. Pharm. 52, 173. 1905.

Hierbei ist nicht berücksichtigt, dass die Alkoholätherextrakte auch andere Lipoide als Fett und Phosphatide enthalten. Zerebroside gehen nicht in Äther, aber in Alkohol über. Ein Vergleich der Alkoholätherextrakte mit Alkoholchloroformextrakten zeigte, dass die letzteren zwar grösser waren, dagegen waren hier die Verunreinigungen — besonders N-haltige P-freie Verbindungen, wahrscheinlich Zerebroside — viel erheblicher. Man kann mit grosser Wahrscheinlichkeit folgern, dass die Rosenfeldsche Methode nicht mehr Fett liefert als die Alkoholäthermethode. Es liegt also kein Grund vor, anzunehmen, dass nicht alles Fett durch Äther, oder vielleicht noch besser durch Petroleumäther, herausgelöst werden kann. In einigen Versuchen setzte Rubow nach der primären Ätherextraktion die Extraktion mit Alkoholchloroform fort. Die Ätherextrakte ergaben 0,91 % P und 0.88 % N, die folgenden Extrakte dagegen 4,1 % P und 3,88 % N. In wie weit Fett in den letzten Extrakten vorkam, wurde nicht untersucht. Da Lezithin 1,79 % N enthält, bestehen die N-haltigen Verbindungen jedenfalls nicht ausschliesslich aus Lezithin oder ähnlichen Phosphatiden.

Aus diesen allerdings lückenhaften Untersuchungen geht mit Wahrscheinlichkeit hervor, dass alles Fett durch Äther (oder Petroleumäther) aufgelöst wird. Diese niedrig siedenden Flüssigkeiten bieten auch gegenüber Alkohol und dergl. den Vorteil, dass man eine etwaige Zerlegung der Phosphatide unter Auftreten von freien Fettsäuren nicht zu befürchten braucht. Hierzu kommt, dass verhältnismäßig wenig fremde Substanzen extrahiert werden. Bei der Verwendung von Äther oder Petroleumäther darf man die Organe nicht zuvor mit Alkohol trocknen, dagegen muss man unbedingt durch Trocknen im Vakuum oder Exsikkatorbehandlung zuerst das Wasser entfernen.

Auch diese Extrakte enthalten ausser Fett noch andere Lipoide. Diese kann man nicht ganz quantitativ durch Azeton, welches Fett, nicht aber Phosphatide löst, entfernen, so dass eine geringe Menge Phosphatid mit in Lösung geht. Es bleibt also nur übrig, durch P- und N-Analysen zu ermitteln, zu wie grossem Anteil das Extrakt aus reinem Fett besteht.

Wenn ich so grosses Gewicht auf die getrennte Darstellung des Fettes gelegt habe, so findet dies seine Berechtigung in der Tatsache, dass Fett und die anderen Lipoidstoffe verschiedene biologische Bedeutung besitzen. Ein höherer oder niedrigerer Fettgehalt eines Organs entspricht also durchaus nicht einer analogen Phosphatidmenge und die Änderungen beider gehen nicht parallel [1])

---

[1]) Über die Isolierung der verschiedenen Fettsäuren siehe Hoppe-Seyler-Thierfelder, Handbuch d. phys.-chem. Analyse. Berlin 1909, S. 71. Vgl. auch Rollett, Zeitschr. f. physiol. Chemie 61, 210 1909 und 62, 410, 1909.

II. Die Cholesterine.

Die Cholesterine sind in Beziehung auf Löslichkeit und Konsistenz den Fetten sehr ähnlich. Von seinem Entdecker Chevreul — Conradi und Gren hatten es zwar etwa 20 Jahre früher in Gallensteinen gefunden, aber nicht näher untersucht — wurde der erste Vertreter dieser Gruppe mit dem Namen Gallenfett (Chole-Stearin) belegt. Das Cholesterin hat aber eine vom Fett durchaus verschiedene Struktur[1]. Wenn wir dasselbe also zu den Lipoidstoffen rechnen wollen, so ergibt sich als unbedingte Folge, dass der Lipoidbegriff kein chemischer Begriff ist. Wollte man hingegen unter die Lipoidstoffe nur Fett, Phosphatide und Zerebroside zählen, so könnte man mit Recht den Lipoidbegriff als eine chemische Definition aufrecht erhalten. In physiologischer Beziehung gehören anderseits die Cholesterine entschieden zu den Lipoiden, indem ihre Funktionen auf das nächste mit denjenigen der sonstigen ätherlöslichen Stoffe verwandt sind. Aus diesem Grunde ist es vorteilhaft von der chemischen Verwandtschaft abzusehen und das biologische Prinzip für die Definition zu benutzen.

Das Cholesterin kommt aller Wahrscheinlichkeit nach als konstanter Zellbestandteil vor und gehört, wie die Phosphatide, zu den primären Bestandteilen der Zelle. Ferner wird es in beinahe allen tierischen Flüssigkeiten gefunden, wie Blut, Lymphe, Sperma, Schweiss und Hauttalg, Galle, Darminhalt und Exkremente, Trans- und Exsudate, sowie Eiter, Zerebrospinalflüssigkeit, Zysteninhalt, Milch. Im Harn findet es sich wohl nur bei pathologischen Zuständen. Über den Gehalt einiger Organe an Cholesterin geben die folgenden Zahlen Aufschluss[2]: Gehirn (corpus callosum, trocken) 15,2%, Gesamthirn 2,34%. Nervus Ischiadicus (trocken) 5,61%, Nervengewebe 1,1%, Lebergalle des Menschen (trocken) 5,9%, Erythrozyten des Hundes (trocken) 6,54%, Fett ca. 0,35%, Muskel (trocken) 0,23%, Niere (frisch) 0,32%, Niere (trocken) 0,6—1,3%, Frauenmilch 0,032%, Eigelb 0,44%, Karpfeneier 0,27%, Samen des Rheinlachses 2,2%, Haifischtran 4,4—5,3%. Weiter wird Cholesterin gefunden: in der Leber, Niere, im Pankreas, in den Speicheldrüsen, Magendrüsen, Eierstöcken, Hoden, Nebennieren, Knorpel und Knochen. Hierzu kommen die Cholesterinester, z. B. im Blutserum des Hundes 0,12 bis 0,22% (Liebreich). Die Ester sind auch im Wollfett, in den Haaren, Nägeln, Federn, Hufen und Hörnern gefunden worden.

In der frischen Niere fand Windaus[3] 0,09—0,55% Cholesterinester bezw. 0,45—2,79% der Trockensubstanz — also mehr Ester als freies

---

[1] Da der Name Stearin oder Sterin an und für sich ganz unzutreffend ist, weil Cholesterin chemisch nichts mit dem Fett zu tun hat, scheint der von Abderhalden gewählte Gruppenname „Sterine" wenig glücklich erfunden.

[2] Cit. nach Windaus, Arch. d. Pharm. 246, 2. H. 117, 1908.

[3] Windaus, Zeitschr. f. physiol. Chemie 65, 110. 1910.

Cholesterin, in pathologischen Nieren beinahe 50mal mehr. In atheromatösen Aorten hat er [1]) ähnliche Unterschiede gefunden. Hier hatte auch das f r e i e Cholesterin eine bemerkenswerte Zunahme erfahren.

In p a t h o l o g i s c h e n Fällen kommt Cholesterin oft in vermehrter Menge vor. Gallensteine enthalten bis 99 °/₀ Cholesterin. In Atherombälgen, Eiter, Tuberkelmasse, Auswurf und Geschwülsten kommt es oft reichlich vor. In Exsudaten und anderen pathologischen Flüssigkeiten, pathologischen Nieren (bei chronischer Nephritis) finden sich bisweilen Cholesterinester in reichlicher Menge. Nach A s c h o f f [2]) sind die sehr oft bei verschiedenen pathologischen Fällen auftretenden doppelbrechenden Körper (»Myeline Formen«) tatsächlich Fettsäurecholesterinester. Die Cholesterinester kommen also sehr verbreitet — auch normal — vor, was man früher nicht erkannt hat.

Die Identität des aus verschiedenen Gebieten des Organismus gewonnenen Cholesterins ist sicher. Auch scheint es, als ob die Cholesterine der meisten Säugetiere identisch sind. In Schafwolle hat E. S c h u l z e [3]) ein Isomeres, das I s o c h o l e s t e r i n, aufgefunden. Denselben Körper glaubt übrigens T h u d i c h u m im Gehirne gefunden zu haben, und er hat ihn mit dem Namen P h r e n o s t e r i n belegt. Im übrigen beschreibt er in seiner Monographie 6 verschiedene Isomere, doch sind diese Ergebnisse nicht über jedem Zweifel. Aus Schwämmen hat H e n z e [4]) ein besonderes Cholesterin, das S p o n g o s t e r i n, dargestellt. In den P f l a n z e n kommt niemals das typische Cholesterin vor, dagegen finden sich verschiedene »P h y t o s t e r i n e«. Im Darm entsteht unter dem Einfluss von Fäulnisbakterien das sog. K o p r o s t e r i n, welches nach B o n d z y n s k i und H u m n i c k i [5]) eine gesättigte, um zwei H-Atome reichere Verbindung sein soll. Nach W i n d a u s ist es aber wahrscheinlich kein Reduktionsprodukt, sondern ein durch Ringschluss gebildetes Isomeres. In Fäzes von Pferden kommt das H i p p o k o p r o s t e r i n vor, welches indessen ein Bestandteil des als Futter dienenden Grases sein soll. (D o r é e und G a u d n e r). Die Entstehung des Cholesterins im T i e r k ö r p e r ist ganz unbekannt. Man weiss nicht, wie weit der Organismus das Cholesterin selbst aufbauen kann oder ob er seinen Bedarf an Cholesterin direkt aus der Nahrung deckt. Bei Fütterungsversuchen an Kaninchen hat P r i b r a m [6]) feststellen zu können geglaubt, dass per os eingeführtes Cholesterin resorbiert wird und im Blute in vermehrter Menge auftritt. L e v i t e s [7]) konnte dagegen beim Hund fast quantitativ das eingeführte Cholesterin wieder gewinnen. Nach B a c m e i s t e r [8]) wird das

[1]) W i n d a u s, Zeitschr. f. physiol. Chemie 67, 174. 1910.
[2]) A s c h o f f, Beitr. z. path. Anat. u. z. allg. Path. 47, 1909.
[3]) E. S c h u l z e, Ber. d. deutsch. Chem. Gesellsch. 5, 1705, 1872; 6, 251, 1873.
[4]) H e n z e, Zeitschr. f. physiol. Chemie 41, 109. 1904.
[5]) B o n d z y n s k i und H u m n i c k i, Zeitschr. f. physiol. Chemie 22, 396. 1897.
[6]) P r i b r a m, Biochem. Zeitschr. 1, 414. 1906.
[7]) L e v i t e s, Zeitschr. f. physiol. Chemie 57, 46. 1908.
[8]) B a c m e i s t e r, Biochem. Zeitschr. 26, 223. 1910.

Cholesterin als Produkt des allgemeinen Stoffwechsels von der Leberzelle ausgeschieden. Wie die Phytosterine gebildet werden, ist ebenfalls unbekannt. In den Pflanzen kommen aber mehrere verwandte Substanzen, wie Terpen und ätherische Öle, vor, welche vielleicht die Muttersubstanzen bilden.

Eigenschaften: In Wasser völlig unlöslich. In wässrigem Alkohol wenig löslich, bei Gegenwart von Kochsalz noch weniger. Leicht löslich in 5—9 Teilen kochenden Alkohols. Leicht löslich in Äther (3,7 Teilen), Chloroform (6,6 Teilen), etwas weniger in Azeton, Petroleumäther, Terpentin, flüchtigen und fettigen Ölen, gallensauren Alkalien, Seifen u. a. Kristallisiert aus Chloroform oder wasserfreiem Äther in Nadeln ohne Kristallwasser, aus wässrigem Alkohol mit 1 Molekül H_2O in den bekannten rhombischen Tafeln. Verliert sein Kristallwasser bei 100^0 oder im Vakuum. Ist optisch aktiv und dreht die Ebene des polarisierten Lichtes nach links; für Ätherlösung ist $(a)_D = -31{,}12^0$, für Chloroformlösung $(a)_D = -36{,}61^0$. Sp. Gewicht 1,046. Schmelzpunkt 147^0. Lässt sich im Vakuum unzersetzt destillieren und in dünnen Blättern sublimieren. Ist sehr beständig gegen hydrolysierende Agentien, wie Säuren und Alkalien. Wird dagegen vom Licht verändert, gelb gefärbt und unangenehm riechend. Ebenso wird es leicht von Oxydationsmitteln angegriffen

Reaktionen. 1. Salkowskis Reaktion. 2. Liebermann-Burchards »Cholestol«-Reaktion. 3. Obermüllers Reaktion. 4. Schiffs Reaktion. 5. Udránszky-Neuberg-Rauchwergers Reaktion. 6. Tschugaeffs Reaktion. Letztere (Cholesterin in Eisessig mit Azetylchlorid und etwas Chlorzink gekocht: eosinrote Farbe) soll sehr empfindlich sein (1 : 80 000).

Darstellung. Aus Gallensteinen. Man kocht mit Alkohol aus. Beim Abkühlen des Filtrates kristallisiert Cholesterin aus. Zur Trennung von Fettsäureestern, Phosphatiden und anderen Lipoiden wird die Masse verseift. Das Cholesterin bleibt unverändert und kann durch Äther extrahiert und durch Umkristallisieren aus Alkohol gereinigt werden. Mit dem Cholesterin werden zugleich auch etwa vorhandene Cholesterinester gewonnen. Wenn kein Fett dabei ist, gelingt die Trennung dieser beiden leicht, da die Cholesterinester viel weniger in Alkohol oder Essigester löslich sind, als das freie Cholesterin. Bei Gegenwart von Fett ist es schwieriger, da man die Fette nicht verseifen kann. weil hierbei auch die Cholesterinfettsäureester zerlegt werden. Hier bedeutet die Digitoninmethode von Windaus[1] einen wesentlichen Fortschritt. Digitonin geht mit freiem Cholesterin, nicht aber mit den Estern eine schwer lösliche Verbindung ein, welche in Form eines feinen kristallinischen Pulvers niederfällt. Man löst 1 g Digitonin in 100 ccm 90 proz. Alkohol und setzt das Cholesteringemisch, in ca. 60 ccm Alkoholäther oder Alkohol gelöst, hinzu. Es ist vorteilhaft beide Lösungen

---

[1] Windaus, Ber. d. deutsch. chem. Gesellsch. 42, 238, 1909. Zeitschr. f. physiol. Chemie 65, 110, 1910.

heiss zusammenzugeben. Die Cholesterin-Digitoninverbindung krystallisiert nach einigen Sekunden aus. Durch Auswaschen mit Ätheralkohol wird sie vollständig von den Cholesterinestern befreit. Verseift man schliesslich den Cholesterinester, so kann man auch das gebundene Cholesterin leicht nachweisen und bestimmen. Die Reaktion ist sehr fein, 0,1 mg Cholesterin in 1 ccm Alkohol gibt noch eine, wenn auch schwache Fällung mit Digitonin-lösung. Durch dieses Verfahren hat Windaus die weite Verbreitung der Cholesterinester im Organismus nachgewiesen. Mit anderen Saponinen und mit Kobragift geht wahrscheinlich das Cholesterin eine ähnlich schwerlösliche Verbindung ein, und es reagiert vermutlich in derselben Weise mit anderen Toxinen, welche es entgiftet. Davon ausgehend liesse sich aller Wahrscheinlichkeit nach eine biologische Unterscheidungsmethode zwischen Cholesterin und Cholesterinestern ausarbeiten, indem eine ähnliche entgiftende Wirkung der Ester nicht besteht.

Formel. Man hat eigentlich nur zwischen zwei Möglichkeiten zu entscheiden, nämlich $C_{27}H_{44}O$ oder $C_{27}H_{46}O$. Analytisch kann man diese Frage nicht exakt entscheiden, indem die Differenzen des Wasserstoffgehaltes zu klein sind (11,46 % resp. 11,92 % H.). Dagegen hat man auf Grund der Untersuchung der Derivate die grosse Wahrscheinlichkeit der Formel $C_{27}H_{46}O$ erwiesen.

Konstitution und Derivate. Da Cholesterin mit Säuren Ester bilden kann, besitzt sein Sauerstoffatom Alkoholfunktionen. Das Cholesterin enthält also eine Hydroxylgruppe, welche in einer sekundären Alkoholgruppe vorkommt. Weiter addiert es Brom, und zwar glatt zwei Atome, zu Cholesterindibromid. ($C_{27}H_{46}OBr_2$.) Aus der Formel geht weiter hervor, dass es 10 Wasserstoffatome weniger als der entsprechende Paraffinalkohol besitzt. Hieraus kann man auf Ringbildungen oder mehrfache Doppelbindungen in seinem Molekül folgern. Diels und Abderhalden[1] haben auch als erste erwiesen, dass Cholesterin einen hydrierten Ring enthalten muss. Fortgesetzte Untersuchungen von Windaus und Stein[2] machten es wahrscheinlich, dass das Cholesterin aus fünf reduzierten Ringen besteht und als ein kompliziertes Terpen zu betrachten ist. Stein hat besonders auf die Verwandtschaft mit der Abietinsäure verwiesen. Dieser Säure, welche gleiche oder ähnliche Reaktionen wie Cholesterin gibt, liegt ein hydrierter Ketonkern zugrunde; sie ist aller Wahrscheinlichkeit nach eine Monokarbonsäure eines reduzierten Methyl-Isopropylphenanthrens (Reten). Durch Behandlung mit starker Salpetersäure entsteht auch aus Cholesterin Dinitroisopropan, was beweist, dass eine Isopropylgruppe vorhanden ist.

---

[1] Diels und Abderhalden, Ber. d. deutsch. chem. Gesellsch. 36, 3177, 1903; 37, 3092, 1904; 39, 885 und 1331, 1906.

[2] Windaus und Stein, Ber. d. deutsch. chem. Gesellsch. 37, 3699, 1904. Windaus, Habilitationsschr. Freiburg i. B. 1903.

Oxydiert man die Alkoholgruppe zu dem entsprechenden Keton und oxydiert weiter mit Permanganat, so entsteht, bei unveränderter Erhaltung der Ketongruppe eine Karbonsäure, welche also nur so entstanden sein kann, dass eine endständige Vinylgruppe CH:CH$_2$ zu Karboxyl oxydiert worden ist. Die Doppelbindung steht demnach nicht in einem Ring, sondern in einer endständigen Gruppe (Windaus). Zusammenfassend können wir also jetzt über das Cholesterin aussagen: Das Cholesterin besitzt die Formel C$_{27}$H$_{46}$O. Es ist ein einwertiger, einfach ungesättigter, sekundärer Alkohol, dessen Hydroxylgruppe in einem hydrierten Ring (und zwar zwischen zwei Methylengruppen) steht. Die Doppelbindung findet sich in einer entständigen Vinylgruppe. Das Molekül des Cholesterins enthält eine Isopropylgruppe. Aus der Zahl der Wasserstoffatome folgt, dass im ganzen vier gesättigte hydrierte Ringe vorhanden sind. Die Formel des Cholesterins kann also zerlegt werden in:

$$(CH_3)_2 \, C_{20} \, H_{31} - CH : CH_2$$

$$CH_2 \quad CH_2$$

$$CH\,OH$$

Hierdurch wird dem Cholesterin eine ganz eigenartige Stellung im tierischen Organismus zugewiesen. Es hat absolut nichts mit den Fetten, Kohlenhydraten und Eiweisskörpern zu tun. Von allen Substanzen, welche im Tierkörper vorkommen, ist es diejenige, welche den kompliziertesten Kohlenstoffkern enthält.

Nur einem einzigen Körper, der Cholalsäure, dürfte es nahe verwandt sein. Diese enthält zwei primäre Alkoholgruppen, dem Propyl des Cholesterins entsprechend, und eine sekundäre Alkoholgruppe zwischen zwei Methylengruppen, wie das Cholesterin. Anstatt der Vinylgruppe kommt Karboxyl vor. Die nähere Verwandtschaft zwischen beiden ist desungeachtet noch nicht sicher erwiesen, obwohl erfolgreiche Oxydationsversuche mit Cholesterin den Weg gebahnt haben. (Cholalsäure hat die Formel C$_{24}$H$_{40}$O$_5$.)

Ein grosses Interesse bieten in dieser Beziehung die von Hammarsten[1]) studierten Gallensäuren des Haifisches (Scymnus borealis), welche eine Mittelstellung zwischen Cholesterin und Cholalsäure einnehmen. Das »Scymnol« kommt hier in der Galle als gepaarte Schwefelsäure vor. Es besitzt die Löslichkeitsverhältnisse des Cholesterins und der Cholalsäure, gibt die Farbenreaktionen der Cholalsäure und zudem einige Cholesterinreaktionen, nämlich Liebermann-Burchards und Schiffs Reaktion. Bemerkenswert ist, dass die Haifischgalle ausserdem weder Cholesterin noch Gallensäure enthält. Die Formel des noch jetzt wenig studierten Scymnols (α-Scymnol) ist C$_{27}$H$_{46}$O$_5$; es unterscheidet sich also vom Cholesterin nur durch 4 O-Atome.

---

[1]) Hammarsten, Zeitschr. f. physiol. Chemie 24, 322. 1898.

Durch Einwirkung von Chromsäure auf Cholesterin hat W i n d a u s eine zwei-
basische Säure $C_{27} H_{42} O_5$ dargestellt. Andererseits muss man hervorheben,
dass das a - Scymnol selbst kaum eine Säure ist; jedenfalls reagiert es nicht
mit Basen.

Von den Derivaten des C h o l e s t e r i n s sind die Oxydationsprodukte
besonders wichtig. Da sie aber für die Biochemie des Cholesterins vorläufig
nicht verwertet werden können, sollen sie hier nicht weiter besprochen
werden.

V e r b i n d u n g e n. Dank seiner Doppelbindung bildet Cholesterin
Halogenadditionsprodukte, wie z. B. $C_{27}H_{45}Br_2O$ oder $C_{27}H_{46}Cl_2O + H_2O$.
Es ist nicht gelungen, hierüber zu dem gesättigten Kohlenwasserstoff $C_{27} H_{48}$
dem »C h o l e s t a n« zu kommen. Das Cholesterindibromid ist sehr charakteristisch und seine Darstellung zum Nachweis des Cholesterins empfehlenswert.
Cholesterin in Äther gelöst, wird mit einer Brom-Eisessiglösung (5 g Brom
in 100 g Eisessig) bis zur Braunfärbung versetzt. Das Dibromid scheidet sich
bald in langen Nadeln aus (Schmelzpunkt 124—125°). Erwähnenswert ist,
dass die Halogenadditionsprodukte öfters in zwei isomeren Modifikationen
erhalten werden, von denen die eine meist leicht in die andere, beständigere
übergeht.

Die Hydroxylgruppe ist zur Bildung zahlreicher Verbindungen fähig.
1. Durch Oxydation mit Kupferoxyd entsteht aus $C_{26} H_{44} . CH . OH$ das entsprechende Keton $C_{26}H_{44}CO$ (Cholestenon). 2. Metallisches K oder Na macht
ein H-Atom frei, unter Bildung von $C_{27}H_{45}OK$ oder $C_{27}H_{45}ONa$. 3. Beim
Behandeln mit Phosphorpentachlorid wird die Hydroxylgruppe durch Chlor
ersetzt ($C_{27} H_{45} Cl$). 4. Weiter ist bekannt: Cholesterinäther ($C_{27} H_{45})_2 O$ und
Cholesterinbenzoyläther $(C_{27}H_{45})(C_6H_5CO)O$. 5. Mit Säuren bildet das Cholesterin S ä u r e e s t e r wie $C_2 H_{45} . C_2 H_1 O_2$. Die Cholesterin-Ester der höheren
Fettsäuren besitzen physiologische Bedeutung und kommen im Organismus
vor. Sie sollen deshalb hier näher besprochen werden.

Von diesen Estern kommen in Betracht: Cholesteryloleat $C_{27}H_{45}O(C_{18}H_{33}O)$,
Cholesterylpalmitat $C_{27} H_{45}O(C_{16} H_{31}O)$ und Cholesterylstearat $C_{27} H_{45}O(C_{18}H_{35}O)$,
von welchen der letzte nicht mit Sicherheit im Organismus nachgewiesen ist.
Auch der zweite Ester kommt nur in geringer Menge vor, sodass das Haupt-
vorkommen den Ölsäure-Cholesterinester zufällt. Die Stätte des hauptsächlichen
Auftretens der Ester ist das Blutserum, aus dem sie schon 1833 von B o u d e t
unter dem Namen S e r o l i n beschrieben worden sind, doch hat sie erst
H ü r t h l e [1]) als Ester erkannt. Im Blute kommen sie gewöhnlich frei als
solche vor. Dagegen haben W o l f f [2]) und Verf. [3]) bei Karzinom der Bauch-

[1]) H ü r t h l e, Zeitschr. f. physiol. Chemie 21, 331. 1895—96.
[2]) W o l f f, Beitr. z. chem. Physiol. u. Pathol. 5, 208. 1904.
[3]) B a n g, Unveröffentlichte Untersuchung.

organe mit Ascites dieses letztere milchweiss von beigemengtem Ölsäureester gefunden, welcher hier nicht frei, sondern an Euglobulin chemisch
gebunden vorkam.

Übrigens kommen die Ester, wie oben bemerkt, sowohl normal als auch
besonders bei pathologischen Zuständen sehr verbreitet im Körper vor (normale
und pathologische Nieren, normale Leber [1]), Geschwülste, Arteriosklerose der
Gefässe usw.). Näheres hierüber findet man bei A s c h o f f (l. c.), welcher
den Ester als mikroskopische doppelbrechende Tröpfchen und Kristalle
(Myelin) nachweisen konnte. Schliesslich sei erwähnt, dass diese Ester in
reichlicher Menge im Wollfett des Schafes (Lanolin) sich finden.

Synthetisch gewinnt man die Ester durch dreistündiges Erhitzen von
Cholesterin mit der doppelten Menge der Fettsäure auf 200° (H ü r t h l e).

Aus dem Blute erhält man sie nach H ü r t h l e durch Extraktion mit
mehrfach erneuten Alkohol und Äther-Alkohol bei 30—40°. In der Kälte
scheidet sich aus den ersten Alkoholextrakten der Ölsäureester aus, während
der Palmitinsäureester aus den Alkohol-Ätherauszügen in der Kälte ausfällt.
Auch andere Methoden sind vorgeschlagen. Versetzt man Blut oder Blutserum
bei gewöhnlicher Temperatur mit 3—4 Volumina Alkohol, so kristallisieren
nach mehrtägigem Stehen gewöhnlich reichliche Mengen dieser Ester aus.

Die Cholesterinester zeigen dieselben Löslichkeitsverhältnisse wie das
Cholesterin, sind aber doch in Alkohol schwerer löslich. Der Ölsäureester ist
in Alkohol leichter löslich, er bedarf etwa die Hälfte weniger als Cholesterin.
Der Palmitinsäureester und noch mehr der Stearinsäureester ist so gut wie unlöslich in Alkohol. In Wasser sind sie unlöslich, besitzen aber die Fähigkeit, beträchtliche Mengen Wasser aufzunehmen, und sie bilden hiermit — besonders
der Ölsäureester — eine völlig homogene, salbenartige, etwas schäumige Masse,
wie beim Lanolin bekannt ist. Sie sind verseifbar, aber als Monoester weniger
leicht als die Fette. Sie werden nicht ranzig und geben die Cholesterinreaktionen in etwas modifizierter Weise. Sie sind linksdrehend. Der Ölsäureester zeigt $(a)_D = -18,48°$ in Alkohol-Chloroformlösung. Schmelzpunkt 41
bis 45°. Palmitinsäureester: Schmelzpunkt 78°.

Sämtliche Cholesterinfettsäureester vom Azetat ab zeigen eine k r i s t a l -
l i n i s c h - f l ü s s i g e P h a s e (»flüssige K r i s t a l l e«), und sind d o p p e l -
b r e c h e n d. Mit der Erkenntnis der doppelbrechenden Substanz in der Niere
als Cholesterinester durch P a n z e r [2] war zum ersten Mal das Vorkommen
flüssiger Kristalle im tierischen Organismus sichergestellt. [Inwieweit andere
Körper wie z. B. das Sphingomyelin auch flüssige Kristalle bilden, ist zweifelhaft (vgl. R o s e n h e i m und T e b b l. c.).] Diese Körper bilden 3 Phasen
nämlich 1. kristallinisch feste, 2. kristallinisch flüssige (doppelbrechend) und
3. einfach flüssige Phase (nicht doppelbrechend) und besitzen demgemäss

---

[1] K o n d o, Biochem. Zeitschr. **26**, 238. 1910.
[2] P a n z e r, Zeitschr. f. physiol. Chemie **48**, 519. 1906. **54**, 239. 1907—08.

z w e i Schmelzpunkte. Ein Teil dieser Körper, und nach A s c h o f f eben die
Cholesterinester, bildet nur beim Abkühlen der flüssigen Phase flüssige
Kristalle, nicht aber beim Schmelzen der festen, was besonders für den
mikroskopischen Nachweis derselben von Wichtigkeit ist.

C h o l e s t e r i n - S a p o n i n v e r b i n d u n g e n. Wie bemerkt, reagiert nach
W i n d a u s Cholesterin mit den Saponinen. Sowohl die verschiedenen Cholesterine, wie auch viele Saponine sind reaktionsfähig. Am vorteilhaftesten ist
es aber, das schon kristallisierte Digitonin, dessen Formel auch ziemlich
genau bekannt ist, zu verwenden.

Die Cholesterin-Digitoninverbindung, welche, wie bemerkt, durch Mischung
der Komponenten in alkoholischer Lösung entsteht, ist sehr schwer in kaltem
(0,014 %), etwas mehr in kochendem (0,16 %) Alkohol löslich. Methylalkohol
löst noch etwas mehr (0,47 % bei 18°). Leichtlöslich in Pyridin. In kaltem
Wasser, Azeton, Eisessig und Benzol unlöslich. Gibt die Cholesterinreaktionen.

Die Verbindung enthält Kristallwasser, welches langsam bei 110° ab-
gegeben wird. Trocken ist sie ausserordentlich hygroskopisch. Schwer ver-
brennlich.

Zusammensetzung: C 61,93 %, H 8,88 %, der Formel $C_{82}H_{14},O_{29}$ entsprechend. Hiermit ist bewiesen, dass 1 Molekül Digitonin und 1 Molekül
Cholesterin ohne Wasseraustritt zu einer A n l a g e r u n g s v e r b i n d u n g (und
k e i n e m Ester) zusammentreten: $C_{55}H_{94}O_{28} + C_2 \cdot H_{46}O = C_{82}H_{140}O_{29}$. Sie
ist eine beständige Verbindung, eine Dissoziation findet zwar durch Ein-
wirkung von kochendem Methylalkohol oder — besser noch — siedendem
Xylol statt, doch ist sie ziemlich gering. Von Säuren wird die Verbindung
gespalten.

Die Phytosterine und Spongosterine sollen hier nicht besprochen werden.

III. Die Phosphatide

sind in jeder Beziehung die wichtigsten Lipoidstoffe. Einerseits besitzen
sie hervorragende physiologische Bedeutung, sowohl passiv als Nahrungsmittel von spezifischer Wichtigkeit als auch aktiv, weil sie bedeutungsvolle
oder sogar lebenswichtige Funktionen besitzen, wie später näher gezeigt
werden soll. Überhaupt kann man im allgemeinen sagen, dass die Bedeutung
der Lipoidstoffe mit derjenigen der Phosphatide zusammenfällt, und wenn
man über die biologische Rolle der Lipoide spricht, wird darunter gewöhnlich diejenige der Phosphatide verstanden. Anderseits sind sie auch in
chemischer Beziehung interessante Körper. Leider sind sie noch sehr unvollständig erforscht worden. Dies erklärt sich daraus, dass ihre Reindarstellung
mit grossen Schwierigkeiten verknüpft ist.

Erstens sind viele Phosphatide sehr labile Verbindungen, und werden
infolgedessen während der zu ihrer Darstellung notwendigen Manipulationen

leicht verändert. Manche sind z. B. autoxydabel, und man muss demgemäss
bei ihrer Darstellung Sauerstoff ausschliessen, z. B. durch Arbeiten in einer
CO_2-Atmosphäre. Sie sind ferner empfindlich gegen Säuren, Alkalien, Salze
und sogar Wasser; auch beim Erhitzen ihrer alkoholischen Lösung werden
sie nach kürzerer oder längerer Zeit zerstört.

Zweitens sind viele Phosphatide einander und auch anderen Körpern
in Beziehung auf ihre Löslichkeit äusserst ähnlich, ihre Trennung ist also
sehr schwer durchzuführen. Man hat überhaupt für die meisten Phosphatide
absolut keine Garantie, dass sie tatsächlich ganz rein dargestellt worden sind.
Dies um so weniger, da sie gewöhnlich nicht kristallisieren.

Drittens kann die Gegenwart anderer Körper die Löslichkeitsverhältnisse
der Phosphatide ganz erheblich verändern. Es ist demgemäss gar nicht
gesagt, dass ein Darstellungsverfahren, das sich für gewisse Organe bewährt
hat, nun auch allgemeine Gültigkeit besitzt; im Gegenteil, man muss
überall für jedes bestimmte Organ erst die Versuchsbedingungen ausprobieren.
Auch kann dasselbe Organ unter wechselnden Umständen sich recht verschieden verhalten. Z. B. geschieht es bisweilen bei Darstellung der Phosphatide aus Eigelb, dass man durch Azeton, welches sonst die Phosphatide
gut fällt, beinahe keinen Niederschlag bekommt, obwohl man die Vorschriften
genau befolgt. Hier spielen sichtlich das Alter der Eier, die Jahreszeit usw.
eine wichtige Rolle. Nicht unwahrscheinlich ist es, dass bei tierischen Organen
ähnliche Verhältnisse vorliegen; der Ernährungszustand, das Alter, der Tätig-
keitszustand etc. können sehr wohl einen Einfluss ausüben.

Die Phosphatide kommen schliesslich viertens in den Zellen oft mit
anderen Körpern verbunden vor, und es ist bisweilen schwer, sie aus diesen
Verbindungen zu isolieren.

Bei der Darstellung und Bestimmung der Phosphatide sind z w e i Möglichkeiten zu berücksichtigen. Entweder kann man die Forderung aufstellen,
dass die Methoden s ä m t l i c h e Phosphatide möglichst quantitativ isolieren
sollen, worauf dann in dieser gemischten Lösung später die einzelnen Körper
getrennt werden. Oder man kann auch einer Versuchsanordnung zustreben,
welche gleich von Anfang an nur ein oder jedenfalls wenige Phosphatide zu
gewinnen sucht. Meistens hat man diese Fragestellung leider nicht berücksichtigt.

Seit den Untersuchungen von Hoppe-Seyler[1], Parke[2] und
Diakonow[3] (1867—68) ist man davon ausgegangen, dass Lezithin
und n u r Lezithin vorliegen musste, wenn man in Extrakten des betreffenden
Organes die Spaltungsprodukte des Lezithins nachweisen konnte. Mit wenigen
Ausnahmen werden deshalb bis zum heutigen Tage nach Hoppe-Seylers

---

[1] Hoppe-Seyler, Mediz.-chem. Untersuchungen 1866—71, S. 215.
[2] Parke, Ebenda, S. 209.
[3] Diakonow, Ebenda, S. 221, 465.

Methode die Phosphatide ohne Einschränkung als Lezithin berechnet. In Anbetracht der Wichtigkeit dieser Frage müssen wir uns zuerst mit dieser Methode beschäftigen.

Die Methode besteht in einer Extraktion des Organes mit Alkohol und Äther. In den vereinigten Extrakten wird das Lezithin durch P h o s p h o r - b e s t i m m u n g gefunden. Die Methode ist — im Gegensatz zu den besseren Fettbestimmungsmethoden -- n i c h t q u a n t i t a t i v. Schon H o p p e - S e y l e r betont in seinem Lehrbuche diese Tatsache. Man hat nicht die Garantie, dass a l l e Phosphatide so extrahiert werden können.

Dies bedeutet aber wenig gegenüber der Tatsache, dass das Lezithin gar nicht das einzige Phosphatid darstellt. Schon das Vorkommen von mehreren Lezithinen mit etwas verschiedenem Phosphorgehalte — das schon H o p p e - S e y l e r bekannt war — macht die Bestimmung unsicher. Wichtiger ist, dass andere Phosphatide, und zwar solche mit mehreren Atomen P im Molekül, von T h u d i c h u m [1]) sowohl in dem Gehirn als auch in den Zellen nachgewiesen sind. T h u d i c h u m s Befunde sind durch die Unter- suchungen von H a m m a r s t e n [2]), E r l a n d s e n [3]) und anderen sicher- gestellt. Die Berechnung des Lezithins aus dem P-Gehalte des Extraktes ist folglich falsch, und die meisten Bestimmungen über den Lezithingehalt der Zellen und Organe sind deshalb unzutreffend. In der letzten Zeit hat man versucht, durch Bestimmungen des P und N im Extrakte bessere An- haltspunkte zu bekommen. Solche Bestimmungen sind z. B. von H e f f t e r [4]) in Leberextrakten ausgeführt worden. Bei 12 Bestimmungen wurde eine vollständige Übereinstimmung der Werte von P und N gefunden. Trotzdem hat H e f f t e r mit folgenden Worten die Beweiskraft seiner Versuche ein- geschränkt: »Wenn auch durchaus keine Gewissheit darüber vorhanden ist, dass ausser dem Lezithin nicht noch andere stickstoffhaltige Verbindungen im Ätherextrakt vorkommen, so lassen die Zahlen wenigstens ein genau dem Phosphorgehalt entsprechendes Auf- und Abschwanken erkennen«. Dass diese Einschränkung nicht überflüssig ist, geht aus H a m m a r s t e n s [2]) Befund eines Diaminophosphatids in der Galle hervor. Ferner hat T h u d i c h u m sogar ein Phosphatid mit 3 N-Atomen auf 1 P-Atom in der Galle gefunden. G l i k i n [5]) fand im Ätherextrakte bis zu d r e i M a l m e h r N, als es der aus dem P-Gehalt berechnete Lezithingehalt verlangt. Ferner fand R u b o w [6])

[1]) T h u d i c h u m. Die chemische Konstitution des Gehirnes. Tübingen 1901.

[2]) H a m m a r s t e n, Bidrag till Känedomen om Gallan etc. Inbjudningskrift Upsala 1902 und Zeitschr, f. physiol. Chemie 36, 528. 1902.

[3]) E r l a n d s e n, Undersögelser over Hjertets fosfatider. Kjöbenhavn 1906; ferner Zeitschr. f. physiolog. Chemie 51, 71. 1907.

[4]) A. H e f f t e r, Archiv f. exp. Pathol. u. Pharm. 28, 97. 1891.

[5]) G l i k i n, Archiv f. die gesamte Physiologie 95, 107. 1903.

[6]) R u b o w, Undersögelser over normale og fedtdegenerede Hjerter. Kjöbenhavn 1903; ferner Archiv f. exp. Pathol. u. Pharm. 52, 173. 1905.

im Herzmuskel: 1. zunächst ein Ätherextrakt mit 0,91 % N und 0,88 % N;.
2. das folgende Chloroform - Alkoholextrakt (nach Rosenfeld) enthielt
3,88 % N und 4,1 % N. Der N-Gehalt des Lezithins ist 1,7 % N. Diese
Bestimmungen zeigen also unzweideutig — obwohl keine P-Bestimmungen
vorliegen —, dass das Ätherextrakt andere stickstoffhaltige Verbindungen
als Lezithin enthalten muss. Auch aus den Ergebnissen der Bestimmungen
von N und P lässt sich das Lezithin also nicht mit Sicherheit ermitteln.
Eine etwaige Übereinstimmung der Werte kann unter Umständen nur eine
scheinbare sein. Hoppe-Seylers Methode ist deshalb zu verwerfen. Die
Versuche, welche man gemacht hat, aus den gefundenen Spaltungsprodukten das Lezithin zu bestimmen (Heffter, Koch) sind ebenfalls
nicht glücklicher gewesen.

Das zweite Verfahren, welches zur Trennung der Phosphatide verwendet
worden ist, besteht in der Fraktionierung durch verschiedene
Lösungsmittel. Hierbei kommt hauptsächlich das Azeton in Betracht. Zuerst
wurde es von Altmann[1]) benutzt; später hat es Zuelzer[2]) als erster
systematisch als Trennungsmittel verwendet. Durch Azeton wird das Extrakt
— entweder als Lösung oder eingetrocknet — in zwei Teile getrennt. Von
diesen enthält die Lösung Cholesterin und Fett, während der unlösliche Rest
aus Phosphatiden besteht. Wie schon Zuelzer bemerkte, ist diese Trennung
keine exakte: Die Azetonlösung enthält auch Phosphatide (Rubow,
Erlandsen, Fränkel) und der Azetonrest Fett, Tripalmitin (Zuelzer).
In der Azetonlösung aus Herzmuskel hat Erlandsen[3]) 0,1—0,3 % P
gefunden. Mit Hilfe einer nachfolgenden Verwendung von Alkohol kann
man nach Zuelzer das Lezithin vom Tripalmitin weiter trennen. Man muss
dabei berücksichtigen, dass auch alkoholunlösliche Phosphatide vorkommen.
Weiter enthält das Lipoidextrakt auch andere Körper, welche teils azetonlöslich und teils unlöslich sind. Das Verfahren ist hiernach keineswegs
fehlerfrei. Trotzdem hat es sich als praktisch brauchbar erwiesen, und
es ist jedenfalls weit besser als sämtliche anderen bisher vorgeschlagenen
Methoden[4]). Durch Azeton wird das Extrakt in zwei Teile getrennt, auf
der einen Seite Fett, Cholesterin, unbekannte Verbindungen, Lipochrome und
Riechstoffe (wenn solche zugegen sind) und andererseits hauptsächlich die
Phosphatide mit Tripalmitin. Fett und Cholesterin lassen sich in bekannter
Weise bestimmen; es bleiben die Phosphatide zurück, zu deren Trennung
man prinzipiell zwei Wege gehen kann: a) Fraktionierung mit anderen

---

[1]) Zit. nach Zuelzer.
[2]) Zuelzer, Zeitschr. f. physiol. Chemie 27, 265. 1899.
[3]) Erlandsen, Undersögelser over Hjertets fosfatider. Kjobenhavn 1906.
[4]) Winterstein hat Methylazetat zur Trennung empfohlen; von anderer Seite sind
Erfahrungen hierüber noch nicht gemacht. (Die Phosphatide sind, in Methylazetat unlöslich.)

Lösungsmitteln; b) Ausfällung als Metallverbindungen, welch letzteres Verfahren ich zuerst besprechen will.

Diese Methode stellt die dritte Arbeitsweise zur Trennung der Lipoide des ursprünglichen Äther- oder Alkoholextraktes dar. Die Metallsalze, die beinahe ausschliesslich zur Verwendung gekommen sind, sind $PtCl_4$ und $CdCl_2$ (Strecker), in zweiter Linie folgen ferner Bleisalze (Thudichum). In der letzten Zeit hat Nerking[1]) $MgCl_2$ als quantitatives Fällungsmittel vorgeschlagen; weitere Erfahrungen hierüber liegen nicht vor. Von den genannten Salzen wird das $CdCl_2$ jetzt beinahe ausschliesslich verwendet; es bildet, gleich den übrigen genannten Salzen, mit den Phosphatiden schwerlösliche Additionsprodukte. Zur Trennung der Phosphatide von anderen Lipoiden ist das Verfahren jedoch wenig geeignet, indem die Ausfällung keineswegs quantitativ ist. Für $PtCl_4$ ist dies schon längst bekannt (Hoppe-Seyler); für die $CdCl_2$-Verbindung des Lezithins hat Erlandsen[2]) gefunden, dass nur etwa $^2/_3$ niedergeschlagen wird, während nicht weniger als $33,7\%$ in der Lösung bleibt. Anderseits hat Erlandsen aus den Muskeln in grösserer Menge eine Substanz dargestellt, welche als Cd-Verbindung analysiert, nur Spuren von P, $3,19\%$ N und $36,47\%$ Cd enthielt. Diese Substanz kann kein Phosphatid sein und wird nichtsdestoweniger in alkoholischer Lösung von $CdCl_2$ niedergeschlagen.

Dagegen hat bekanntlich nach Thudichum das $CdCl_2$ eine grosse Bedeutung als Trennungsmittel der verschiedenen Phosphatide von einander. Thudichums Verfahren, welches hauptsächlich zur Trennung der Gehirn-Phosphatide ausgearbeitet ist, hat sich später allgemein eingebürgert.

Aus der alkoholischen Lösung der »weissen und butterigen Materie« des Gehirns werden einige Phosphatide durch Blei niedergeschlagen, welche uns vorläufig nicht interessieren, und in dem Filtrate werden von $CdCl_2$ Lezithin, Kephalin, Paramyelin, Aminomyelin u. a. als $CdCl_2$-Verbindungen niedergeschlagen. Diese werden weiter durch Verwendung von Äther und Benzol getrennt; von kaltem Benzol werden die $CdCl_2$-Verbindungen von Kephalin und Kephaloidin gelöst, von kochendem Benzol Lezithin·$CdCl_2$ und Paramyelin·$CdCl_2$, welch letztere Verbindung nach Abkühlung wieder ausfällt. Als vollständig in Benzol unlöslich bleibt das Diaminophosphatid Aminomyelin zurück.

Die wichtigen Untersuchungen von Erlandsen[2]) haben nun neues Licht auch auf diese Ergebnisse Thudichums geworfen, was um so wertvoller ist, als wir bis jetzt Kontrolluntersuchungen hierüber vollkommen vermissen. Sie sollen deswegen ausführlicher mitgeteilt werden.

[1]) Nerking, Biochem. Zeitsch. 23, 262. 1909.
[2]) Erlandsen, Undersögelser over Hjertets fosfatider. Kjobenhavn 1906; Zeitschr. f. physiol. Chemie 51, 71. 1907.

Aus 54 g $CdCl_2$-Fällung, welcher die Formel $C_{40}H_{75}N_2PO_{12}.2CdCl_2$ entsprach, wurden mit Äther 15 g ausgezogen mit einem Elementarverhältniss $P:N:Cd = 1:2:1,7$. In kaltem Benzol waren ca. 14,4 g löslich mit $P:N:Cd = 1:2:1,9$, in warmem Benzol löslich und nach Abkühlung ausgeschieden ca. 4,2 g mit dem Verhältnis $1P:2N:2Cd$. Der unlösliche Rest — ca. 11,9 g — enthielt $1P:2N:2Cd$. Wiedergefunden 45,5 g. Bei der Extraktion wurde die ursprüngliche Substanz in mehrere Fraktionen aufgeteilt, welche sämtlich dasselbe Verhältnis zwischen P, N und Cd aufwiesen wie vorher. **Dagegen wurde die Zahl der Atome C und H im Molekül bei der Einwirkung der Lösungsmittel immer und immer kleiner, der Sauerstoff dagegen blieb unverändert:**

Ursprüngliche Substanz (54 g)

$$C_{40}H_{75}N_2PO_{12}.2CdCl_2$$

Ätherlöslich 15 g   Ätherunlöslich 34 g

$C_{41}H_{72}N_2PO_{10}.2CdCl_2$ $C_{35}H_{66}N_2PO_{12}.2CdCl_2$

In kaltem Benzol löslich   In Benzol unlöslich

$C_{34}H_{62}N_2PO_{10}.2CdCl_2$ $C_{31}H_{60}N_2PO_{13}.2CdCl_2$

(Die in warmem Benzol lösliche Fraktion wurde nicht auf C und H untersucht.)

Hieraus folgert Erlandsen, dass keine Fraktionierung, sondern eine fortlaufende Destruktion (wahrscheinlich eine Abspaltung von Fettsäuren) stattgefunden hat. Der bedeutende Verlust von 8,5 g spricht auch für diese Auffassung. Es verdient auch hervorgehoben zu werden, dass Erlandsen in der in kaltem Benzol löslichen Fraktion ein Diaminophosphatid nachgewiesen hat, während nach Thudichum hier nur Monophosphatide vorkommen sollen.

Man darf deswegen Erlandsen beistimmen, wenn er folgert, dass Thudichums Methode zur Fraktionierung der Phosphatide nicht als allgemeines Verfahren der Phosphatidanalyse angesehen werden darf, obwohl es vielleicht für die Gehirnphosphatide brauchbar ist. Auch dies letztere scheint jedoch ziemlich zweifelhaft zu sein. (Für die Gehirnphosphatide liegen keine Kontrollbestimmungen vor; Erlandsen hat seine Phosphatide aus dem Alkoholextrakt des Herzmuskels dargestellt. Das Lezithin war vorher durch Äther entfernt.)

Heubners[1]) Untersuchungen über Lezithin bestätigen Erlandsens Angaben über die grosse Zersetzlichkeit der Phosphatide. Bei Umkristallisation der $CdCl_2$-Verbindung wurde die Zusammensetzung trotz der schönen Kristalle stark verändert. (Erste Kristallisation **3,5 %** P und 14,9 % Cd, dritte **1,6 %** P und 19,1 % Cd.)

Wenn nach allem diesem Thudichums Verfahren zur Trennung der Phosphatide kaum empfehlenswert ist, so fragt es sich weiter, ob die

---

[1]) Heubner, Archiv f. experiment. Path. u. Pharm. 59, 420. 1908.

Streckersche Methode zur Darstellung von Phosphatiden überhaupt brauchbar ist. Lassen sich die Phosphatide nach Ausfällung mit $CdCl_2$ (oder $PtCl_4$) mit unveränderten Eigenschaften regenerieren oder nicht? Es kommen hier hauptsächlich zwei Methoden in Betracht.

1. Nach Streckers Verfahren wird die $CdCl_2$-Phosphatidverbindung mit H_2S zerlegt und die Salzsäure mit Ag_2O entfernt, während Thudichum hierzu die Millonsche Base $NH_2(Hg.O.Hg)OH + H_2O$ verwendet. Nach Verdampfung der alkoholischen Lösung soll das regenérierte Phosphatid zurückbleiben. Dass aber bei der Einwirkung des Schwefelwasserstoffs eine teilweise Zersetzung des Phosphatids stattfindet, ist unzweifelhaft erwiesen. Ulpiani[1]) erhielt aus 9 g Lezithin-$CdCl_2$ nur so viel Substanz, dass hieraus 2 g Lezithin-$CdCl_2$ dargestellt werden konnten. Diese Verbindung wurde nicht analysiert. Erlandsen erhielt aus 19 g $CdCl_2$-Verbindung des oben erwähnten Diaminophosphatids nach Zerlegung mit H_2S und Ag_2O eine alkoholische Lösung, welche nur 9 g Substanz gegen berechnete 12 g enthielt. Das Schwefelkadmium war mit organischen Substanzen vermengt, trotzdem eine intensive H_2S-Behandlung vorgenommen war. Der Rückstand der alkoholischen Lösung war teilweise in Azeton löslich. Mit $PtCl_4$ und $CdCl_2$ wurden Niederschläge erhalten. Die $CdCl_2$-Verbindung enthielt gereinigt 4,9 % P und 3,2 % N ($N:P=1,48:1$) gegen berechnet 4,2 % P und 3,8 % N ($N:P=2:1$); (ohne Reinigung 3,8 % P und 2,6 % N). Sowohl Erlandsen als auch Ulpiani bemerkten einen unangenehmen Geruch und bitteren Geschmack nach der H_2S-Einwirkung. Die H_2S- (und HCl?-)Einwirkung führt demnach eine durchgreifende Zerlegung herbei, weshalb Streckers Verfahren zur Regeneration der Phosphatide als unbrauchbar angesehen werden darf.

2. Bei Bergells[2]) Verfahren wird das $CdCl_2$-Phosphatid mit Ammoniumkarbonat zerlegt. Bei Abkühlung bis —10° C wird das regenerierte Lezithin ausgeschieden. Schulze und Winterstein[3]) haben das Verfahren zur Untersuchung der Pflanzenphosphatide benützt, aber eine eingehende Untersuchung über die Brauchbarkeit desselben nicht mitgeteilt. Von anderen Seiten ist hingegen ein absprechendes Urteil darüber gefällt worden (Ulpiani und besonders Erlandsen). Erlandsen erhielt bei Bergells Methode — in Schulzes und Wintersteins Modifikation — grosse Verluste, welche er mit dem langen Kochen mit Alkohol und Ammoniumkarbonat in Verbindung bringt. Auch dies Verfahren ist demnach nicht zur Reindarstellung der Phosphatide geeignet, und zwar um so weniger, als die Trennung der $CdCl_2$-Verbindungen nach Thudichum ziemlich aussichtslos ist.

---

[1]) Zit. nach Erlandsen. Original italienisch, mir unzugänglich.
[2]) Bergell, Ber. d. d. chem. Gesellsch. 33, 2584. 1900.
[3]) E. Schulze und Winterstein, Zeitschr. f. physiol. Chemie 40, 107. 1903—04.

Hierzu kommt noch ein sehr wesentliches Moment, welches Erlandsen entdeckt hat: **Das Lezithin wird bereits bei Bildung der Verbindung mit CdCl₂ sehr wesentlich verändert.** Schon hieraus geht mit erwünschter Klarheit hervor, dass die CdCl₂-Methode ziemlich illusorisch sein muss. Jedenfalls trifft dies sicher auf die Darstellung des Lezithins zu, von der später die Rede sein wird.

Wie sich andere Monaminophosphatide in dieser Beziehung verhalten, ist unbekannt. Untersuchungen hierüber fehlen vollständig — ich sehe von Thudichums Untersuchungen hier vollkommen ab.

Für das Monaminophosphatid des Herzmuskels hat Erlandsen nur konstatiert, dass das Verhältnis zwischen N : P nach Verbindung mit PtCl₄ unverändert bleibt. Dies sagt aber sehr wenig, da beim Lezithin nur C und H (also wahrscheinlich die Fettsäuren) verändert werden, während die Elemente N und P auch hier proportionaliter unverändert bleiben.

Wie sich die Diaminophosphatide verhalten, ist ebenfalls unentschieden. Erlandsen hat aus dem Herzmuskel ein solches dargestellt. Es wurde als CdCl₂-Verbindung analysiert; die ursprüngliche Substanz liess sich nicht darstellen, und es bleibt noch zu untersuchen, ob eine C- und H-Abspaltung hierbei stattgefunden hat. Zwischen N, P und CdCl₂ wurde ein rationales atomistisches Verhältnis gefunden; eine Regeneration gelang auch hier nicht.

Ehe wir hierüber besser unterrichtet sind, müssen wir unbedingt von der Verwendung der CdCl₂-Methode in irgend welcher Form Abstand nehmen.

Seit der Veröffentlichung von Erlandsens Arbeit sind, abgesehen von Heubners Untersuchungen, leider keine Nachprüfungen dieser Angaben mitgeteilt worden. Dagegen werden fortwährend, besonders von Fränkel und seinen Schülern, neue Phosphatide nach dem CdCl₂-Verfahren dargestellt und als CdCl₂-Verbindungen eventuell nach Umkristallisation aus Benzol u. dgl. analysiert, ohne dass Fränkel irgend welchen Beweis dafür geliefert hätte, dass seine Edukte tatsächlich den natürlich vorkommenden Phosphatiden entsprechen. Unter solchen Umständen muss man vorläufig seine Ergebnisse mit grössten Vorbehalt aufnehmen.

Von den drei Methoden zur Bestimmung der Phosphatide in dem ursprünglichen Extrakte ist also nur die Trennung durch Azeton brauchbar, die aber ihrerseits auch nur ein annäherndes Resultat geben kann.

Bei der weiteren Trennung der Körper, die in den zwei durch Azeton erhaltenen Hauptfraktionen vorkommen, sind wir auf denselben Weg: d. h. auf die aufeinander folgende Verwendung verschiedener Lösungsmittel angewiesen.

Von solchen kommen in Betracht: 1. **Alkohol.** Mehrere Bestandteile der azetonunlöslichen Fraktion sind· alkoholunlöslich, während andere mehr oder weniger leicht löslich sind. Von den Phosphatiden sind sowohl alkoholunlösliche wie alkohollösliche bekannt. 2. Benzol extrahiert viele Verbindungen; einige sind jedoch darin unlöslich. 3. Chloroform stimmt hauptsächlich mit Benzol überein. 4. Essigäther wurde von Erlandsen mit Erfolg verwendet. 5. Petroleumäther. Unser Wissen über dessen allgemeine Brauchbarkeit ist noch sehr lückenhaft, doch sind die jetzigen Ergebnisse nicht besonders ermunternd, indem meistens nur eine annähernde Trennung stattfindet. Erstens ist die Löslichkeit bezw. Nichtlöslichkeit keine absolute, ebenso wie das für das Azeton gilt, und zweitens wird die Löslichkeit durch die Gegenwart anderer Verbindungen oft wesentlich verändert. Hierzu kommt weiter, dass verschiedene Körper ganz identische Löslichkeit besitzen. Besonders bei den Phosphatiden ist dies der Fall, wie z. B. bei Lezithin und Kephalin u. a. Aus Herzmuskel hat Erlandsen ausser Lezithin ein Diaminophosphatid dargestellt, welches in seiner Löslichkeit mit dem Lezithin vollkommen übereinstimmt. Eine Trennung dieser beiden durch Fraktionierung mit verschiedenen Lösungsmittel ist unmöglich auszuführen. Diese Methode ist deshalb nur einer beschränkten Verwendung fähig.

Ein anderes Verfahren beruht auf der Verwendung verschiedener Temperaturen, Kälte und Wärme. Die Ausscheidung des Lezithins aus der alkoholischen Lösung bei fortgesetzter Abkühlung ist seit Hoppe-Seyler und Diakonow bekannt, und diese Forscher bemerkten auch schon, dass die Ausscheidung nur sehr unvollständig war. Die fraktionierte Kältewirkung ist von Erlandsen versucht worden. Alkoholextrakt aus Herzmuskel wurde einer sukzessiven Abkühlung ausgesetzt und die verschiedenen Fraktionen wurden auf P untersucht: 1) $+ 2^0$ P-Spuren, 2) $- 2^0$ P $= 1,62 \, ^0/_0$, 3) $- 15^0$ P $= 3,40 \, ^0/_0$. Im Filtrate der letzten Fällung wurden Phosphatide mit einem P-Gehalt von $3,00 \, ^0/_0$ und $3,83 \, ^0/_0$ nachgewiesen. Extraktion bei Einwirkung von Wärme ist bekanntlich die souveräne Methode zur Darstellung des Protagons. Einheitliche Substanzen werden auch hierdurch nicht erzielt. Sämtliche Methoden zur Reindarstellung der Phosphatide sind demnach mangelhaft.

Die Schwierigkeiten bei der Darstellung der Phosphatide erinnern sehr an die entsprechenden Verhältnisse bei den Eiweisskörpern, so dass dieselben Probleme in beiden Fällen noch ihrer Lösung harren.

Es scheint aber, als ob wir jetzt an einen neuen Ausgangspunkt gekommen sind, der uns vielleicht einen weit besseren Erfolg versprechen kann und auf einem Gebiete auch schon einen bestimmten, wesentlichen Erfolg aufzuweisen hat. Es fragt sich aber noch, ob das Prinzip einer allgemeinen Verwendung fähig ist. Das betreffende Verfahren beruht auf einer auswählenden Extraktion gleich vom Anfang an. Es ist

ganz klar, dass, sobald dies überhaupt möglich ist, wesentliche Vorteile
erzielt werden müssen, unter denen vor allem der nicht zu unterschätzen
ist, dass man einer relativ erheblichen Auflösung anderer Körper entgeht.

Das Verfahren ist zuerst von Glikin zur Fettbestimmung vor-
geschlagen worden, der hierbei eine ausgiebige Extraktion des Fettes unter
Ausschluss der Phosphatide und anderer Lipoidstoffe erstrebte und durch
Verwendung elektiver Lösungsmittel zu realisieren versuchte. (Siehe S. 18.)

Glikins Verfahren (Extraktion mit Petroleumäther) zeigte sich in der
Beziehung den anderen überlegen, dass weniger N-haltige Verbindungen
ausser Lezithin ausgezogen wurden, trotzdem viel mehr Fett als bei der
Äther- oder Alkoholextraktion in das Extrakt überging. Beimengungen verschiedener Art kamen jedoch auch bei Glikins Methode vor. Das wichtigste
Ergebnis Glikins — welches er nicht weiter verfolgte — war aber die Tatsache, dass die verschiedenen Extraktionsmittel vorzugsweise
verschiedene Substanzen auflösten. Äther extrahierte z. B. wenig
Lezithin, dagegen viel von den übrigen Verbindungen.

Zur selben Zeit und unabhängig von Glikin sind, wie schon erwähnt,
Untersuchungen über die qualitative Extraktion durch verschiedene
Lösungsmittel systematisch von Rubow[1]) ausgeführt worden. Bei einigen
Versuchen wurden das reine Ätherextrakt und ein Alkoholätherextrakt ver-
glichen Das Versuchsmaterial war Fleischmehl aus Herzmuskel. Der grosse
Unterschied zwischen Alkohol-Äther- und reiner Ätherextraktion besteht — wie
schon Bogdanow u. a. bemerkt haben — darin, dass Äther das Lezithin
nur sehr unvollständig extrahiert. Äther ist infolgedessen nach Rubow
ein gutes Fettextraktionsmittel, er extrahiert aber das Lezithin nur schlecht.
Vergleicht man auf der einen Seite Rubows Werte, denen zufolge Alkohol-
Äther etwa 100 % mehr Lezithin extrahierte als Äther, und andererseits
Glikins Befunde, so ergibt sich, dass der letztgenannte nicht denselben
grossen Unterschied zwischen Voits Äther- und Soxhlets Alkohol-Methode
nachweisen konnte. Voits Verfahren ist aber von dem Rubows verschieden,
indem Rubow erst das Material im Luftstrom unter Erhitzung trocknet
und in der Patrone zunächst mit Alkohol bei 50 °C und sofort danach mit
Äther extrahiert, während Voit erst mit Alkohol entwässert, dann im Wasser-
bade trocknet und zuletzt nach Soxhlet extrahiert.

Es ist eine höchst sonderbare Tatsache, dass Äther, der ein ausgezeich-
netes Lösungsmittel für Lezithin ist, dasselbe so schlecht extrahiert, während
der weniger wirksame Alkohol dies weit vollständiger tut. Rubow verweist
besonders auf Thudichums Auffassung, dass der Alkohol durch Wasserabspaltung das Lezithin ätherlöslich macht, erwähnt aber auch die Möglichkeit,

---

[1]) Rubow, Undersögelser over normale og fedtdegenerede Hjerter. Kjobenhavn 1903;
ferner Archiv f. exper. Pathol. u. Pharm. 52, 173. 1905.

dass das Lezithin durch Alkohol aus komplizierteren ätherunlöslichen Verbindungen abgespalten werden könnte. In Wahrheit verhielt es sich ganz
anders.

Es war Erlandsen vorbehalten, die Erklärung hiervon zu liefern;
und die Entdeckung Erlandsens lautet: Das primäre Ätherextrakt,
welches sämtliche früheren Untersucher mit dem folgenden Alkoholextrakt
zusammen verarbeiteten, sofern sie dasselbe überhaupt berücksichtigen, enthält Lipoide, besonders Phosphatide, welche von denjenigen,
die im Alkoholextrakt vorkommen, ganz verschieden sind.
Es ist infolgedessen unrichtig, dass Äther im Gegensatz zum Alkohol ein
schlechtes Extraktionsmittel für Lezithin ist; was der Alkohol extrahiert, sind
ganz andere Stoffe. Mittels der primären Ätherextraktion erzielt man ganz
einfach eine Trennung der verschiedenen Lipoidstoffe bezw. Phosphatide,
und zwar so vollkommen, wie es in keiner anderen Weise möglich ist.

Behufs Erzielung dieser Trennung ist es von prinzipieller Wichtigkeit,
die Versuchsbedingungen genau zu befolgen. Es ist nicht gleichgültig, ob
man erst mit Alkohol anfängt und später Äther verwendet oder umgekehrt.
Durch die Alkoholbehandlung werden nach Erlandsen die bei der primären
Ätherbehandlung unlöslichen Phosphatide aus ihren Verbindungen mit anderen
Körpern frei gemacht, wie das schon Rubow für sein »Lezithin« annahm.

Betrachten wir einen Augenblick Erlandsens Ergebnisse über die
Phosphatide des Herzmuskels, des einzigen Organes neben den Extremitätenmuskeln (und Eigelb), welches nach diesem neuen Verfahren genauer untersucht
worden ist! Durch primäre Ätherbehandlung des durch schwaches Erwärmen
im Luftstrom getrockneten und pulverisierten Herzmuskels liess sich in der
Kälte alles Lezithin extrahieren. Weiter erhielt man hierbei ein Monaminophosphatid, das Cuorin, welches gleichfalls quantitativ gewonnen wurde.
Ferner enthält das Ätherextrakt das meiste Neutralfett. Dagegen werden
die Lipochrome, obwohl ätherlöslich, nicht aufgelöst; das Extrakt ist ganz
ungefärbt. Endlich enthält das Ätherextrakt kleine Mengen noch anderer,
wenig gut charakterisierter Verbindungen.

Die folgende Alkoholextraktion zieht zahlreiche, von einander verschiedene Körper aus. Erstens die Lipochrome: die alkoholische Lösung
färbt sich augenblicklich stark gelb. Zweitens in reichlicher Menge eine
Substanz, welche nahezu 7 $^0/_0$ N neben Spuren von P erhielt. Die Substanz
ist eine Säure (azetonunlöslich!), die eine unlösliche $CdCl_2$-Verbindung gibt.
Der Menge nach die wichtigste Verbindung war ein alkohol- und ätherlösliches
Diaminomonophosphatid, welches schon früher erwähnt worden ist.

Durch diese initiale auswählende Extraktion war es also Erlandsen
gelungen die Phosphatide des Herzmuskels rein darzustellen, ein Ergebnis,
das nach der früheren Arbeitsweise ganz unmöglich gewesen wäre, indem

z. B. das Diaminophosphatid in seiner Löslichkeit mit dem Lezithin vollständig übereinstimmt. Es ist interessant zu bemerken, dass Thudichum
bei Ätherextraktion des in der Wärme getrockneten Gehirnpulvers nur
Monaminophosphatide extrahieren konnte. Diese wichtige Tatsache scheint
er jedoch nicht weiter verfolgt zu haben.

Die Trennung der Zelllipoide nach Erlandsen wird sich folgender-
massen gestalten: Die Lipoide werden durch Äther und Alkohol — hierzu
kann man nach Belieben andere Lösungsmittel wie Chloroform etc. hinzufügen
— extrahiert, und sämtliche Extrakte werden für sich weiter verarbeitet.
Diese weitere Verarbeitung besteht in der Fraktionierung durch Azeton, Alkohol,
Essigäther und andere Stoffe, unter denen man Wasser nicht vergessen darf
(Bang und Forssman, wie das auch Erlandsen gemacht hat.

Wir kommen zu der wichtigen Frage, ob Erlandsens Verfahren
einer allgemeinen Verwendung fähig oder ob es auf den Herzmuzkel beschränkt ist.

Bei Untersuchung der Extremitätenmuskel (Adduktoren des Rindes)
erhielt Erlandsen ein gleiches Ergebnis, wie am Herzmuskel. Alles
Lezithin ging in das Ätherextrakt, das Diaminophosphatid befand sich in
der Alkohollösung. Die Muskeln waren sehr arm an Phosphatiden. 2062 g
Muskeln ergaben 48 g Ätherextrakt; hiervon waren nur 17 g azetonunlösliche
Körper mit ca. 10 g Lezithin. 1925 g Herzmuskel dagegen lieferten 136 g
Ätherextrakt. Das Alkoholextrakt betrug hingegen 192 bezw. 184 g. Aus
170 g Alkoholextrakt aus Muskeln liessen sich nur 35 g (20,6 %) Diaminophosphatid darstellen, aus Herzmuskeln aber 51,6 %. Von der N-haltigen
Säure kam im Muskelextrakte 57,6 %, im Herzmuskelextrakt nur 22,6 %
vor. Die Trennung war hiernach auch bei den Extremitätenmuskeln gelungen, das Verfahren hatte sich also auch hier als brauchbar erwiesen.

Einige orientierende Untersuchungen von Erlandsen über die Phosphatide des Eigelbes weisen in die gleiche Richtung. Im Alkoholextrakte
liessen sich auch hier N-reichere Phosphatide nachweisen, während das Ätherextrakt nur Monaminophosphatide enthielt. Die eingehenden Untersuchungen
über die Eigelbphosphatide von Thierfelder und Stern[1]) bestätigen durchaus
Erlandsens Angaben.

Erlandsen hat auf Grund dessen die Arbeitshypothese aufgestellt,
dass man mit der erwähnten Methode zu einer Trennung von
Monaminophosphatiden und Diaminophosphatiden kommen
kann. Die Monaminophosphatide kommen in der Zelle entweder in freiem
oder in leicht spaltbarem Zustande vor, während die Diaminophosphatide
kompliziertere Verbindungen mit Eiweisskörpern und anderen Körpern darstellen.

---

[1]) Thierfelder und Stern, Zeitschr. f. physiol. Chemie **53**, 379. 1907.

Eine bessere Formulierung hat Fränkel[1]) gegeben: Durch die primäre Ätherextraktion werden hauptsächlich nur Phosphatide, welche ungesättigte Fettsäureradikale enthalten, gelöst; in dem sekundären Alkoholextrakt kommen wesentlich nur Phosphatide mit gesättigten Fettsäureradikalen vor.

Den oben angeführten zwei Hauptsätzen Erlandsens kann ich nicht ohne weiteres beipflichten. Bei so ausserordentlich schwierigen Verhältnissen, wie sie die Lipoidstoffe darbieten, bedürfen die Folgerungen vielleicht erst einer breiteren Basis, ehe sie als sicher gelten dürfen.

Einige nicht veröffentlichte Untersuchungen, die von mir selbst herrühren, können auch in anderer Weise gedeutet werden.

Extrahiert man getrocknete, pulverisierte Erythrozyten des Rindes nach Erlandsen so bekommt man ein Ätherextrakt, welches ganz ungefärbt ist. Dieses Extrakt ist aber beinahe vollständig azetonlöslich und enthält nur Spuren von Phosphatiden, während das Cholesterin und die komplementbindende Substanz (Forssman und Verf.) quantitativ extrahiert werden. Bekanntlich enthalten die Blutkörperchen reichliche Mengen »Lezithin« (ungefähr ebenso viel wie Cholesterin) und dieses besitzt sonst die gleiche Löslichkeit in Äther wie Cholesterin. Selbst wenn auch, wie Thudichum, Pascucci[2]), Forssman und Bang erwiesen haben, andere Phosphatide vorkommen, wäre es doch merkwürdig, wenn das Lezithin hier beinahe vollständig fehlen sollte. Unmöglich ist es natürlich nicht, denn das folgende Alkoholextrakt enthält die Lipochrome, Phosphatide etc. ganz wie bei den Muskeln.

Bei der Extraktion nicht eingetrockneter Erythrozyten mit Äther werden dagegen sowohl Cholesterin wie Phosphatide in etwa gleicher Menge ausgezogen. Dies Ätherextrakt ist auch stark gelb gefärbt.

Stellt man diese Tatsachen einander gegenüber, erwägt man also, dass aus eingetrockneten Blutkörperchen Äther hauptsächlich nur Cholesterin, aus feuchten dagegen auch die Phosphatide und andere Körper extrahiert, so erkennen wir, dass wir bei der Erklärung in erster Linie das Wasser berücksichtigen müssen.

Das hat man zwar auch schon früher getan, doch war die Vorstellung über die Bedeutung des Wassers bei der Extraktion der Zelllipoide gerade die entgegengesetzte; man glaubte, in Übereinstimmung mit den Verhältnissen im Gehirne, dass das Wasser die Auflösung der Lipoidstoffe verhinderte.

Deshalb ist es notwendig, sich die Bedeutung des Wassers ganz genau klar zu machen. Es fragt sich dann erstens, ob denn die Phosphatide und andere Lipoidstoffe des Alkoholextraktes nur in wasserhaltigem Äther löslich sind. Diese Eventualität trifft nicht zu, weil das Ätherextrakt der feuchten

[1]) Fränkel, Ergebnisse der Physiol. 8, 212. 1909.
[2]) Pascucci, Beiträge zur chem. Physiol. u. Pathol. 6, 543. 1905.

Erythrozyten in reinem, wasserfreiem Äther löslich ist. Zweitens ist es
denkbar, dass das Wasser mit dem Äther zusammen notwendig ist, um die
Verbindungen der Lipoidstoffe mit anderen Körpern zu zerlegen. Nur wenn
diese Lipoidstoffe, wie im Herzmuskel, frei wären, liessen sie sich durch
wasserfreien Äther extrahieren.

Die Frage lässt sich experimentell beantworten: Bei Zimmertemperatur
an der Luft eingetrocknete Blutkörperchen wurden in 0,7 %iger NaCl-Lösung
gelöst (bei dem Eintrocknen werden sie hämolysiert) und mit Äther ausgeschüttelt. Das Ätherextrakt enthält Lipochrome und Phosphatide, obwohl
vielleicht in etwas geringerer Menge als sonst (quantitative Bestimmungen
fehlen). Dieser Versuch zeigt unzweideutig, dass Wasser und Äther zusammen
zur Extraktion der Lipochrome und Phosphatide notwendig sind.

Im Gegensatz hierzu stehen die Versuche von Pascucci[1]), die von
Bang und Forssman[2]) bestätigt wurden und zeigen, dass Äther aus
ganz entwässerten Stromata die Phosphatide etc. vollständig extrahieren kann,
und es ist doch bekannt, dass bei der Wasserhämolyse jedenfalls die meisten
dieser Verbindungen mit den Stromata niedergeschlagen werden können.
Es bleiben folglich die Möglichkeiten zu berücksichtigen, dass entweder die
Phosphatide etc. nur mechanisch mit den Stromata niedergerissen werden,
oder auch, dass die übrigen Substanzen der Erythrozyten — in erster Linie
das Hämoglobin — bei der Entwässerung die Eigenschaft erwerben, diese
Verbindungen zu fixieren.

Auch diese Frage ist dem Experiment zugänglich: Blutkörperchen
wurden feucht mit Äther hämolysiert und der Äther langsam verjagt. (Das
Ätherextrakt war stark gelbgefärbt.) Danach wurde die Blutlösung bei
Zimmertemperatur an der Luft eingetrocknet und mit Äther extrahiert. Der
Äther war farblos und enthielt reichlich Cholesterin, dagegen nur geringe
Mengen azetonunlöslicher Substanz. Hieraus geht klar hervor, dass die durch
den Äther frei gemachten Lipoidstoffe bei der Entwässerung
wahrscheinlich von dem Hämoglobin fixiert werden. Diese
Verbindungen werden nicht von dem Äther, wohl aber von Alkohol und
Wasser zerlegt. Dieses Ergebnis darf nicht befremden, denn es ist bekannt,
wie sehr die Gegenwart von Eiweiss auf die Löslichkeitsverhältnisse der
Phosphatide einwirkt. (Hierüber später mehr.)

Es ist also wahrscheinlich, dass die Entwässerung eine notwendige
Bedingung für das Gelingen der Trennung ist, und es ist ferner denkbar, dass
verschiedene Eiweisskörper verschiedene Lipoidstoffe fixieren können[3]).

[1]) Pascucci, Beiträge zur chem. Physiol. u. Pathol. 6, 543. 1905.

[2]) Bang u. Forssman, Beiträge zur chem. Physiol. u. Pathol. 8, 238. 1906.

[3]) Die Bedeutung der Entwässerung wird von Erlandsen überhaupt nicht genügend
hervorgehoben. Bei der Lezithindarstellung aus Eigelb wurde dieses sogar nicht vorher
getrocknet.

Bei Erlandsens Untersuchungen wurden die Extraktionen immer in der Kälte vorgenommen. Wie sich die Verwendung heisser Extraktionsmittel gestalten würde, bleibt noch zu erforschen. Es scheint so, als ob heisser Äther nicht mehr aus trockenen Blutkörperchen extrahierte als kalter.

In letzter Zeit sind Abänderungsvorschläge des Verfahrens von Erlandsen erschienen. Teils wurde — und zwar in erster Linie von Fränkel[1]) — versucht, die Entwässerung der Organe durch Azeton anstatt durch Trocknen vorzunehmen. Hierbei fehlen aber durchaus die nötigen Kontrolluntersuchungen, und es ist von vornherein gar nicht ausgemacht, dass Azeton, welches zwar die Eiweisskörper denaturiert, auch hier die entsprechenden Dienste zu leisten vermag. Erst Vergleiche zwischen der Zusammensetzung des Ätherextraktes, einmal nach dem Trocknen und das andere Mal nach Azetonbehandlung, können hierüber unterrichten. Für solche Untersuchungen dürfte Herzmuskel das best geeignete Material sein. Ehe solche Kontrolluntersuchungen vorliegen, ist es nicht gestattet, die Azetonbehandlung ohne weiteres anstelle des Trocknens zu setzen. Hierzu kommt schliesslich, dass Azeton auch geringe Mengen, in der Hitze (und Fränkel benutzt kochendes Azeton) sogar reichliche Mengen, Phosphatide extrahiert. Weiter hat man versucht, Azeton durch Petroleumäther zu ersetzen; nach Fränkel[2]) soll auch dieser nur ungesättigte Phosphatide lösen. Benzin wurde von Parnas[3]) mit Vorteil verwendet. Aber auch hier fehlen Kontrolluntersuchungen, und es ist weiter daran zu erinnern, dass nach Glikin Petroleumäther viel mehr Phosphatide (mit Lezithin identifiziert) extrahiert als Äther, während anderseits nach Erlandsen Äther sämtliche ungesättigten Phosphatide auflöst. Auch diese Modifikation ist also nicht ohne weiteres zu empfehlen, obwohl der Petroleumäther dem Äther gegenüber gewisse Vorteile besitzt: er ist billiger, stets wasserfrei und er nimmt von den übrigen N-haltigen Verunreinigungen, darunter auch die Zersetzungsprodukte, weniger auf.

Zur Bestimmung der Phosphatide kann man nach allem diesem in Übereinstimmung mit Erlandsen, Thierfelder u. a. nur folgendes Verfahren empfehlen:

1. Die Organe werden fein zerschnitten und bei Zimmertemperatur (noch besser bei ca. 30°) im Luftstrom getrocknet. Nach ca. 12 Stunden haben z. B. Muskeln beinahe alles Wasser verloren (Gewichtsabnahme 73 bis 75%). Eine Oxydation der ungesättigten Phosphatide findet hierbei nicht statt. Sie werden dann 4—6 Stunden im Exsikkator bei 40° (z. B. in Siderskys Vakuum-Apparat) aufbewahrt. Jetzt können die Organe gepulvert werden, und das Pulver wird wieder einige Stunden über Chlorcalcium

---

[1]) Fränkel, Ergebnisse d. Physiol. 8, 212. 1909.
[2]) Fränkel, Ebenda.
[3]) Parnas, Biochem. Zeitschr. 20, 411. 1909.

bei 40° aufbewahrt und hierdurch beinahe vollständig entwässert. Nach 36 bis 48 Stunden kann das Präparat zur Extraktion fertig sein. Ein derartiges Organpulver lässt sich lange mit unveränderten Eigenschaften aufbewahren, doch muss man es wegen seiner hygroskopischen Eigenschaften über H_2SO_4 halten.

2. Das Pulver wird nunmehr bei Zimmertemperatur mit Äther (1 l Äther auf je 500 g Organpulver) wiederholt extrahiert. Anfangs wird der Äther jeden Tag erneuert, indem man das Pulver zuletzt auspresst. Nach 4—5 Extraktionen ist beinahe der ganze ätherlösliche Teil extrahiert. Die Ätherextrakte werden im Vakuum bei niedriger Temperatur zur Sirupkonsistenz konzentriert und unter Kohlensäure aufbewahrt.

Hiermit ist die Ätherextraktion noch nicht beendet, da eine geringe Menge ätherlöslicher Substanz zurückbleibt, die unbedingt noch entfernt werden muss, bevor man zur Alkoholextraktion übergehen kann. Man setzt also die Ätherextraktion noch fort, so lange der erhaltene Auszug nach Verdunsten noch einen Rückstand hinterlässt. Das dauert z. B. beim Herzmuskel etwa 2 Monate, wobei man zuletzt die Ätherlösung nur jeden achten bis zehnten Tag erneuert. Wahrscheinlich kann man durch Schütteln diese Zeit etwas abkürzen. Zur näheren Untersuchung braucht man nur die ersten Extrakte zu verwenden.

3. Nachdem der Äther zuletzt vollständig entfernt worden ist (durch Abpressen und Verdunsten an der Luft) setzt man Alkohol von 90—96% zu und extrahiert erst bei Zimmertemperatur, später bei 40—48° C. während 6—12 Stunden. Nach 4—5 Extraktionen ist das Organpulver erschöpft. Ganz geringe Phosphatidmengen bleiben zwar noch zurück und lassen sich erst durch mehrmonatliche Extraktion entfernen, da aber hierbei wahrscheinlich eine Zersetzung stattfindet, sind die letzten geringen Quantitäten einer Untersuchung kaum zugänglich. Übrigens ist nach Cramer[1]) eine protahierte Extraktion mit Alkohol von 45—50° nicht indifferent. Cramer empfiehlt dementsprechend eine kurze Extraktion mit kochendem Alkohol. Der Alkohol extrahiert gewöhnlich mehr Substanz wie der Äther.

Die Fraktionierung des Ätherextraktes. Das vereinigte Ätherextrakt wird in Vakuum eingetrocknet (unterhalb 40°) und die zurückbleibende sirupöse Masse mit reinem Äther extrahiert. Ein geringer Rest, beim Herzmuskel hauptsächlich aus anorganischen Stoffen bestehend, bleibt zurück. Die ätherische Lösung wird stark konzentriert und mit Azeton, solange Fällung eintritt, versetzt. Die Azetonlösung enthält Fett, Cholesterin und geringe Mengen Phosphatide (Erlandsen, Fränkel), deren Reindarstellung nur als $CdCl_2$-Verbindung gelungen ist.

Die Azetonfällung wird zweckmässig nach Thierfelder und Stern wieder mit Äther behandelt, das Ätherextrakt aufs neue mit Azeton nieder-

---

[1]) Cramer und Wilson, Quart Journ. of experim. Physiol. 1, 97. 1908.

geschlagen, der Rückstand mit Äther extrahiert, und diese Operationen
werden so lange wiederholt, bis sich der Azetonrückstand klar und vollständig in Äther löst. Beim Eigelb bleibt als Ätherunlösliches ein Phosphatid
in geringer Menge zurück, das einem Diaminophosphatid (also einem gesättigten) entspricht. Die klare Ätherlösung wird stark konzentriert und mit
A l k o h o l behandelt. Die l ö s l i c h e Fraktion muss nach vorheriger Konzentration wieder mehrmals mit Azeton behandelt werden. Schliesslich bleibt
eine Fraktion zurück, die in Alkohol und Äther vollständig löslich ist. Sie
entspricht dem L e z i t h i n ; das Präparat ist aber nicht rein, denn Bleizucker
gibt einen Niederschlag und reines Lezithin wird durch diesen nicht gefällt.
Es dürfte demnach richtig sein, weiter mit Hilfe von Bleizucker zu frak-
tionieren. Doch ist das bei der Darstellung des Lezithins seither noch nicht
geschehen; was bis zum heutigen Tage als Lezithin beschrieben worden ist,
kann folglich dem reinen Lezithin nicht entsprechen.

Die a l k o h o l u n l ö s l i c h e Fraktion enthält gleichfalls mehrere Phosphatide, deren wichtigste K e p h a l i n und die M o n a m i n o d i p h o s p h a t i d e
vom Typus des C u o r i n s sind. Beide sind ätherlöslich, aber in Alkohol
von gewöhnlicher Temperatur unlöslich. Sie lassen sich nach Mac Lean [1])
durch heissen Alkohol trennen, indem hierbei das Kephalin, nicht aber die
Monaminodiphosphatide, gelöst wird. Ausführliche Mitteilungen fehlen bis
jetzt noch hierüber. Nach E r l a n d s e n enthält die in heissem Alkohol
lösliche Fraktion ausserdem Tripalmitin (wahrscheinlich auch Tristearin),
welches, als relativ schwer in Azeton löslich, nicht vollständig in die Azetonlösung übergeht. Ferner fand E r l a n d s e n hier J e k o r i n. Ähnliche
Angaben, betreffend die Phosphatide der Leber, teilt B a s k o f f [2]) mit. Das
folgende Diagramm gibt eine Übersicht über die Fraktionierung des primären
Ätherextraktes.

Primäres Ätherextrakt mit A z e t o n fraktioniert.

Azetonlösung. enthaltend F e t t, Cholesterin, geringe Mengen Phospatide.	Rückstand. (mit kaltem Alkohol behandelt)	
	Alkohollösung. L e z i t h i n.	Rückstand. (mit h e i s s e m A l k o h o l fraktioniert)
	Lösung enthält K e p h a l i n [3]), Spuren von Fett und Jekorin in geringer Menge.	Rückstand. C u o r i n und Verwandte.

[1]) Mac Lean, Zeitschr. f. physiol. Chemie.
[2]) Baskoff, Zeitschr. f. physiol. Chemie.
[3]) Der Herzmuskel enthält kein Kephalin.

Über das Verhalten des Gehirns bei diesem Verfahren liegen systematische Studien noch nicht vor. Thudichum gibt an, dass man durch Ätherextraktion des getrockneten Gehirns wesentlich ungesättigte Phosphatide erhält. Wie weit Zerebroside in das primäre Ätherextrakt übergehen, ist nicht untersucht worden, wahrscheinlich kommen sie nur in geringer Menge vor, denn sie sind in Äther unlöslich. Petroleumäther löst dagegen reichliche Mengen Zerebroside auf (Parnas).

Das sekundäre Alkoholextrakt ist noch reicher an Substanzen als das Ätherextrakt. Bei Herz- und Extremitätsmuskeln war der Inhalt sehr heterogen und native Phosphatide liessen sich nicht rein darstellen, dagegen konnten die CdCl$_2$-Verbindungen isoliert werden. Ganz anders liegen die Verhältnisse beim Gehirn; bei diesem kann man durch heissen Alkohol das Protagon in reichlicher Menge extrahieren. Da man weiter das kristallisierbare Protagon bequem umkristallisieren kann, so ist seine Reindarstellung sehr einfach. Die Zusammensetzung ändert sich mit der Reinigung nicht weiter. Nach der augenblicklich wohl allgemein geteilten Auffassung besteht aber das Protagon aus einer Mischung von Phosphatiden, hauptsächlich Sphingomyelin, mit Zerebrosiden, welche beide etwa die gleichen Löslichkeitsverhältnisse gegenüber Alkohol besitzen. Nach Rosenheim und Tebb[1]) verhalten sie sich aber gegenüber Pyridin verschieden (nur die Zerebroside sind löslich), und dieses kann demnach zur Trennung benuzt werden.

Nach Erlandsen wird das Alkoholextrakt zuerst stark konzentriert und danach in heissem Alkohol von 35—40° gelöst. Nach erfolgter Abkühlung setzt sich ein Niederschlag ab, welcher Protagon enthält. Doch lässt sich aus Herzmuskel kein Protagon darstellen; sonst kommt es ziemlich allgemein vor. Das gleiche gilt für Jekorin. Der Niederschlag besteht beim Herzmuskel vielmehr wesentlich aus anorganischen Stoffen. Die Lösung wurde stark konzentriert und mit Äther fraktioniert. Die ätherunlösliche Fraktion enthielt recht heterogene Substanzen, die zwar P und N enthielten und ausserdem mit CdCl$_2$ reagieren, aber trotzdem nur zum geringsten Teil den Phosphatiden zugerechnet werden dürfen. Begreiflicherweise muss die Gegenwart dieser Körper, die z. T. alkohollöslich sind, die Darstellung der ungesättigten Phosphatide sehr ungünstig beeinflussen, wenn man, wie es leider sogar jetzt noch vorkommt, die alkoholischen und ätherischen Extrakte behufs weiterer Verarbeitung vereinigt. Die Ätherlösung wurde konzentriert und mit Azeton fraktioniert. Die Azetonlösung enthielt geringe Mengen Phosphatide. Zuletzt liess sich der Azetonrückstand durch Alkohol in eine lösliche und eine unlösliche Fraktion aufteilen. Die unlösliche Fraktion

---

[1]) Rosenheim und Tebb, Journ. of Physiol. 36, 1. 1907.

war klein und enthielt wesentlich Jekorin; die Alkohollösung enthielt die Hauptmenge der Phosphatide des sekundären Alkoholextraktes, dagegen kein Jekorin und keine Zerebroside. Hier kommen höchst wahrscheinlich mehrere Phosphatide vor, deren Reindarstellung Erlandsen nicht gelang. Nur die CdCl₂·Verbindungen wurden dargestellt; ihre Zusammensetzung erinnert an Thudichums Sphingomyelin. Das Sphingomyelin ist aber in Alkohol schwer löslich. Wichtig ist, dass diese Phosphatide ätherlöslich sind und trotzdem nicht in die primäre Ätherlösung übergehen. Hätte man also erst das Organpulver mit Alkohol und später mit Äther behandelt, so wäre die Trennung von diesen Phosphatiden unmöglich gewesen. Auch geht hieraus sicher hervor, dass die ätherlöslichen Phosphatide des Alkoholextraktes mit anderen Bestandteilen des Organpulvers verbunden vorkommen müssen, und dass diese Verbindungen nicht durch Äther zerlegt werden.

Die Darstellung der Phosphatide aus dem sekundären Alkoholextrakte ist also erst zum geringsten Teil durchgeführt, selbst über Vorkommen, Zusammensetzung und Eigenschaften der in kaltem Alkohol schwerlöslichen Phosphatide sind wir noch viel weniger gut unterrichtet, als über die ungesättigten Phosphatide. Diese Tatsache ist recht sonderbar, da diese Phosphatide z. B. im Gehirn in reichlicher Menge vorkommen, und ihre Darstellung viel einfacher ist als diejenige der ungesättigten Phosphatide (sie kristallisieren sogar grösstenteils) und da sie zudem nicht autoxydabel und überhaupt nicht so zersetzlich sind wie jene. Es fragt sich, ob nicht das unglückselige Protagonproblem zum grossen Teil hierfür verantwortlich ist.

Spezielle Chemie der Phosphatide.

Die Phosphatide lassen sich in Übereinstimmung mit Thudichum je nach ihrem Gehalt an Stickstoff und Phosphor einteilen. Ein anderes Einteilungsprinzip wäre die Verwandschaft der Bausteine des Moleküls, als welche sowohl die Fettsäureradikale wie die stickstoffhaltigen Gruppen (Cholin usw.) und die Alkohole (Glyzerin u. a.) in Betracht kommen. Da der Kern in der grossen Mehrzahl aus Glyzerinphosphorsäure besteht und es weiter zweifelhaft ist, ob überhaupt ein anderer Alkohol als Glyzerin gefunden ist, so kommt diesen Gruppen als Einteilungsprinzip keine praktische Bedeutung zu. Auch die stickstoffhaltigen Gruppen sind in dieser Beziehung bedeutungslos, da sie sehr unvollständig studiert sind und ausserdem wenig Einfluss auf die Eigenschaften der Phosphatide ausüben. Um so mehr verdienen die Fettsäuren Berücksichtigung, da sie, wie schon oben erwähnt, den Charakter der Phosphatide sehr stark beeinflussen. Die Eigenschaften und Löslichkeitsverhältnisse sind von den vorkommenden Fettsäureradikalen abhängig. Hier soll Thudichums Prinzip befolgt werden, das übrigens recht gut mit Fränkels Einteilung harmoniert, wie gleich gezeigt werden soll.

Nach Thudichum kann man folgende Gruppen aufstellen: 1 Monaminomonophosphatide (1 N : 1 P), 2. Diaminomonophosphatide (2 N : 1 P), 3. Diaminodiphosphatide (2 N : 2 P). Erlandsen hat weiter Monaminodiphosphatide (1 N : 2 P) gefunden, Fränkel Triaminomonophosphatide (3 N : 1 P) und Triaminodiphosphatide (3 N : 2 P). Hierzu kommt Protagon, welches nach Cramer ein Dekaaminodiphosphatid (10 N : 2 P) ist und zudem S enthält. Andere, ähnlich N- oder P-reiche Phosphatide sind von Thudichum in der Galle (4 N : 1 P) und Fränkel im Eidotter (8 N : 1 P) gefunden worden.

Von diesen Gruppen sind die Diaminodiphosphatide in Beziehung auf ihre Existenz sehr zweifelhaft und ebenso die zuletzt genannte Gruppe; beide sollen deshalb hier übergangen werden. Das Protagon hingegen muss berücksichtigt werden, und ferner bleiben einige biologisch wichtige Substanzen übrig, welche vielleicht zu den Phosphatiden gehören. Auch die Existenz der Triaminomono- und -diphosphatide ist nicht über jeden Zweifel sicher gestellt. Zuletzt müssen die Pflanzenphosphatide kurz für sich besprochen werden; sie lassen sich noch nicht in das obige Schema einreihen.

Wenn wir mit Fränkel die Natur der Fettsäureradikale der Einteilung zu Grunde legen, so haben wir folgende Gruppen aufzustellen: 1. Phosphatide, welche die Radikale ungesättigter Fettsäuren enthalten, und 2. solche, die nur gesättigte Fettsäureradikale enthalten. Die ersteren sind gewöhnlich halbfeste oder zähe Stoffe, die nicht krystallisieren, hingegen autoxydabel und auch sonst leicht zersetzlich sind. Sie reagieren leicht mit anderen Körpern und sind schwer rein darzustellen, z. B. sind sie so gut wie immer gefärbt. Die gesättigten Phosphatide dagegen sind feste Körper, welche von Licht (?) und Luft nicht verändert werden. Viele von ihnen vermögen zu krystallisieren. Sie sind gewöhnlich schwerer in organischen Lösungsmitteln löslich als die ungesättigten und sind verhältnismässig leicht darzustellen. Auch sind sie lange nicht so zersetzlich wie die ungesättigten. Diese Verhältnisse erinnern sehr an den Unterschied zwischen gesättigten und ungesättigten Fetten.

Die ungesättigten Phosphatide zerfallen in 1. Monaminomonophosphatide, 2. Monaminodiphosphatide und 3. Triaminodiphosphatide.

Unter den gesättigten Phosphatiden unterscheidet man die Gruppen: 1. Diaminomonophosphatide, 2. Triaminomonophosphatide (3. Protagon).

A. Ungesättigte Phosphatide.

1. Monaminomonophosphatide.

Lezithin.

Geschichte. Lezithin wurde zuerst von Gobley[1]) (1847) aus Eigelb dargestellt und mit seinem Namen belegt. Gobley erkannte in ihm auch die Existenz des Restes der Glyzerinphosphorsäure, welche kurz vorher von Pelouze synthetisch dargestellt worden war, und wies ferner das Vorkommen der Fettsäurereste nach, sowie auch den Stickstoff (als NH_3). Der stickstoffhaltige Bestandteil wurde 1864 von Liebreich[2]) als Neurin $C_5H_{14}N$ beschrieben, dann erkannte Strecker[3]) 1869, dass die Verbindung Sauerstoff enthielt und mit dem von ihm aus der phosphorhaltigen Substanz der Galle dargestellten Cholin identisch war. 1868 wurde die Konstitution von Diakonow[4]) festgestellt. Kurz nachher (1869) stellte Strecker[5]) die wichtigen Lezithinverbindungen mit $PtCl_4$ und $CdCl_2$ dar. Nach Strecker und Gilson[6]) tritt das Cholin in esterartiger Bindung mit Glyzerinphosphorsäure auf, während Diakonow eine salzartige Verbindung angenommen hatte. Streckers Formel ist, im Gegensatz zu Diakonows, hauptsächlich auf das Studium der Spaltungsprodukte aufgebaut. Seine analytischen Bestimmungen des $PtCl_4$- und $CdCl_2$-Lezithins sind unvollständig, und die Werte differieren untereinander erheblich. Weiter erkannte Diakonow, dass im Eigelb mehrere Lezithine vorkommen, deren jedes eine spezifische Fettsäure enthält. Die Verbindungen mit Ölsäure und Stearinsäure wurden von ihm dargestellt, Palmitinsäure wurde von Strecker unter den Spaltungsprodukten gefunden. Gegen diese Auffassung hat Thudichum hervorgehoben, dass das Lezithin immer Ölsäure neben einer anderen Fettsäure enthält. (Die Lezithine — aus Gehirn — wurden als $PtCl_4$- und $CdCl_2$-Verbindungen analysiert. Belege fehlen.) Auch diese Auffassung dürfte nicht richtig sein, indem Henriques und Hansen[7]), Cousin[8]) und Erlandsen zeigten, dass Eigelblezithin (und Muskellezithin) noch andere ungesättigte Fettsäuren ausser Ölsäure enthält — nach Cousin Ölsäure und Linolsäure, nach Erlandsen Linol- oder Linolensäure. 1906 wies Erlandsen nach, dass das Lezithin autoxydabel ist; beim Liegen an der Luft werden die Fettsäuren oxydiert, was die Abnahme der Jodzahl überzeugend beweist.

---

[1]) Gobley, Journal de Pharm. et de Chemie 17, 18 u. 19.
[2]) E. Liebreich, Annalen d. Chemie u. Pharm. 134, 29.
[3]) Strecker, Annalen d. Chemie u. Pharm. 148, 77. 1868.
[4]) Diakonow, Hoppe-Seylers Med.-chem. Untersuchungen 221, 465. 1868.
[5]) Strecker, Annalen d. Chemie u. Pharm. 123, 359. 1862.
[6]) Gilson, Zeitschr. f. physiol. Chemie 12, 585. 1888.
[7]) Henriques u. Hansen, Skandin. Archiv. f. Physiol. 14, 390. 1903.
[8]) Cousin, Comptes rendus 137, 68.

48   Zusammensetzung des Lezithins.

Erlandsen hat weiter erwiesen, dass 1 Molekül Lezithin zwei Moleküle Fettsäuren enthalten muss.

Die optische Aktivität des Lezithins wurde von Ulpiani nachgewiesen, diejenige der Glyzerinphosphorsäure von Willstätter und Lüdeke[1]), und hierdurch zugleich dargetan, dass die Glyzerinphosphorsäure nicht mit der synthetisch dargestellten identisch ist. Mayer[2]) glaubt bewiesen zu haben, dass Lezithin auch als razemische Verbindung und in Gestalt beider optischen Antipoden dargestellt werden könne.

Definition. Das Lezithin ist ein Monaminophosphatid im Sinne Thudichums: es enthält auf 1 Atom P 1 Atom N. ·Es ist im Gegensatz zu Kephalin in Alkohol leicht löslich und besteht aus Glyzerinphosphorsäure, Cholin und 2 Fettsäuren, wovon die eine Stearinsäure ist und die andere einer noch nicht definierten ungesättigten Fettsäure entspricht.

Die elementare Zusammensetzung ist bei sämtlichen Monamino-phosphatiden sehr ähnlich. Erlandsen hat auf die Autoxydation des Lezithins aufmerksam gemacht. Durch die Aufnahme von zwei Atomen Sauerstoff muss die Zusammensetzung erheblich verändert werden (die Jodzahl des nicht oxydierten Lezithins war 100,4, diejenige des oxydierten nur 29), und da bis jetzt niemand hierauf Rücksicht genommen hat, finden hierdurch die recht abweichenden Analysenwerte der verschiedenen Untersucher ihre Erklärung. Andererseits teilen Thierfelder und Stern ganz andere Werte mit. Hat man ferner mit Diakonow mehrere Lezithine zu berücksichtigen, so kommt den Elementaranalysen eine noch geringere Bedeutung zu. Wenn auch die Auffassung Diakonows recht zweifelhaft und jedenfalls unbewiesen ist, so hat Erlandsen andererseits erwiesen, dass sämtliche bis jetzt dargestellten Lezithine andere Phosphatide, und zwar Diaminophosphatide, als Ver-unreinigungen enthalten haben müssen.

Die Eigenschaften des Lezithins bieten nichts charakteristisches dar. Für die CdCl$_2$-Verbindung hat Thudichum charakteristische Merkmale gefunden; nach Erlandsen ist aber Thudichums Auffassung, wie schon erwähnt, unrichtig.

Es bleiben noch die Spaltungsprodukte zu erwähnen. Von diesen kommen ausschliesslich der stickstoffhaltige Bestandteil und die Fettsäuren in Betracht, indem die Glyzerinphosphorsäure in allen Lezithinen auftritt. Nach Thudichum kommt nun sowohl bei Lezithin als auch bei Kephalin und Paramyelin (und Myelin?) derselbe stickstoffhaltige Bestandteil, Cholin, vor. Doch hat Koch[3]) im Kephalin eine andere Base, Monomethyl-oxäthylamin, gefunden. Nach Thudichum gibt es aber mehrere Kephaline, deren einige methylärmere Basen enthalten, und die Variationen der Methyl-gruppen können hiernach kaum massgebend sein.

---

[1]) Willstätter u. Lüdeke, Ber. d. d. chem. Gesellschaft 37, 3735. 1904.
[2]) P. Mayer, Biochem. Zeitschr. 1, 34. 1906.
[3]) W. Koch, Zeitschr. f. physiol. Chemie 36, 134. 1902.

Sonach sind es vorwiegend die Fettsäuren, deren Individualität nach Thudichum das betreffende Phosphatid charakterisiert. Nach Thudichum werden aus Kephalin die Kephalinsäure, aus Lezithin Ölsäure, Stearin- oder Palmitinsäure, aus Paramyelin andere unbekannte Fettsäuren erhalten. Weil die Fettsäuren das einzige charakteristische Merkmal der Monaminodiphosphatide darstellen, ist es um so notwendiger, auf sie besondere Rücksicht zu nehmen.

Aus den Beobachtungen von Henriques und Hansen[1]) geht hervor, dass Thudichums Auffassung über die Fettsäuren des Lezithins nicht vollständig richtig sein kann. Die Jodzahl des Komplexes sämtlicher Fettsäuren des Lezithins war 96—102, während die flüssigen Säuren eine Jodzahl von 154 aufweisen. Hieraus lässt sich folgern, dass das Lezithin auch ungesättigte Fettsäuren mit mehr Doppelbindungen als die Ölsäure enthalten muss, da die Jodzahl dieser Säure nur $= 90$ ist. Cousin[2]) hat für die aus den löslichen Barytsalzen regenerierten Säuren eine Jodzahl von 130—150 gefunden, und er nimmt an, dass es sich um eine Mischung von Ölsäure und Linolsäure (Jodzahl 182) handelt, zumal er bei Oxydation mit Permanganat Tetraoxystearinsäure und Dioxystearinsäure, Oxydationsprodukte der Linol- und der Ölsäure, darstellen konnte. Erlandsen fand für die gesamten Fettsäuren des Lezithins als Minimalwert in einem Versuche (Präparat P-haltig!) eine Jodzahl von 110. Der elementaren Zusammensetzung sämtlicher Säuren entsprach eine Formel $C_{18}H_{32}O_2$. Es ist nicht recht gut verständlich, dass dieser Formel nicht eine höhere Jodzahl als 110 entspricht. Ebenso wirkt es etwas befremdend, dass das Lezithin eine Jodzahl von 100,5 aufwies, wenn den daraus dargestellten Fettsäuren nur eine Jodzahl von 110 entsprach. Anderseits fanden Thierfelder und Stern bei Eigelblezithin nur eine Jodzahl von 48,7. Nach Baskoff war die Jodzahl des Leberlezithins 63. Aus den Silbersalzen schliesst Baskoff auch auf das Vorkommen niedriger stehender Glieder aus der homologen Reihe der Säuren. Rollett folgert aus seinen Untersuchungen, dass neben den Fettsäuren auch eine andere Ursache der Jodaddition vorhanden sein müsse.

Es ist sehr fraglich, ob diese Lezithine einen einheitlichen Körper darstellen. Ausser den grossen Differenzen in der Jodzahl fanden Erlandsen und Mac Lean[3]) beim Herzmuskellezithin nur 42 % des N als Cholin auf, Baskoff[4]) beim Leberlezithin hingegen 58 %, und beim Eigelblezithin ergab sich nach Mac Lean[5]) 66 % des N als Cholin. Wahrscheinlich enthält also das Lezithin neben Cholin noch andere N-haltige Spaltungsprodukte. Otolski[5])

[1]) Henriques u. Hansen, Skandin. Archiv f. Physiol. 14, 390. 1903.
[2]) Cousin, Comptes redus 137, 68.
[3]) Mac Lean, Zeitschr. f. physiol. Chemie. 59, 223. 1909.
[4]) Baskoff, Zeitschr. f. physiol. Chemie. 53, 395, 1907; 60, 426, 1909.
[5]) Otolski, Biochem. Zeitschr. 4, 124. 1907.

macht auf die Möglichkeit des Vorkommens von Pyridin aufmerksam (positive Isonitrilreaktion). Dass etwa das Cholin durch die Operationen der Darstellung teilweise zerstört würde, dürfte nach Mac Leans Untersuchungen ausgeschlossen sein.

Nach allem diesem ist es noch nicht endgültig festgestellt, welche Fettsäuren das Lezithin enthält. Es ist recht unwahrscheinlich, dass Linolensäure, wie Erlandsen hervorgehoben hat, vorkommen kann, da die Jodzahl dieser Säure = 274 ist.

Wenn aber die Natur der Fettsäuren und der Basen des Lezithins noch so zweifelhaft ist, so muss man das Lezithin als einen noch ungenügend charakterisierten Körper ansehen. Hierzu kommt weiter, dass sowohl Erlandsen wie Thierfelder und Stern ausdrücklich bemerken, dass ihr Lezithin gar nicht rein war. Die Reindarstellung des Lezithines ist überhaupt noch nicht gelungen.

Das Lezithin kommt als Handelspräparat vor, und derartige Präparate sind sehr häufig zu wissenschaftlichen Zwecken benutzt worden, und zwar sowohl zu rein chemischen Forschungen als auch besonders zum Studium der biologischen Bedeutung des Lezithins. Von diesen Präparaten kommt, ausser Mercks Fabrikat, das sogenannte »Agfa«-Lezithin besonders in Betracht.

Mercks Präparat ist aus Eigelb nach einer mir unbekannten Methode dargestellt. Meinem Freunde Herrn Prof. Dr. J. Bock in Kopenhagen verdanke ich die Mitteilung, dass die Elementaranalysen einer Formel $C_{45}H_{103}N_{1.35}PO_{14}$ entsprachen. Es enthielt 2,05 °/₀ N und 3,35 °/₀ P. Die richtige Formel ist $C_{43}H_{80}NPO_9$ mit 1,8 °/₀ N und 3,9 °/₀ P. Mercks Präparat ist demnach sehr unrein und zu wissenschaftlichen Zwecken vollkommen unbrauchbar.

Das Agfa-Lezithin ist z. B. von Mayer zur Darstellung der optischen Antipoden des Lezithins etc. benutzt worden. Mayer bemerkt ausdrücklich, dass das Präparat »in grosser Reinheit aus Eigelb« gewonnen wird.

Dies Lezithin wird aus Eigelb nach Bergells Methode dargestellt. Dass dieses Präparat jedenfalls ein oxydiertes Produkt sein muss, zeigt das daraus dargestellte Bromlezithin mit 27–29 °/₀ Brom. Nach Bergell[1]) wird das Lezithin als $CdCl_2$-Verbindung ausgeschieden und aus dieser, nach Auswaschen mit Äther, durch Ammoniumkarbonat in heisser alkoholischer Lösung regeneriert. Das Verfahren soll nach Bergell sowohl qualitativ als quantitativ vorzüglich sein. Aus 2,2 kg Eigelb wurden ca. 120 g regeneriertes Lezithin erhalten. Wenn man sich daran erinnert, dass Erlandsen aus einer reinen alkoholischen Lezithinlösung nur 66 °/₀ als $CdCl_2$-Fällung erhielt, während 33 °/₀ in Lösung blieben, und wenn man ferner bedenkt, dass nach

¹) Bergell, Ber. d. d. chem. Gesellschaft 33, 2584. 1900.

Hoppe-Seylers wahrscheinlich etwas zu hohen Bestimmungen das Eidotter etwa 9—10 % Lezithin enthält, so hätte Bergell 75—80 % der theoretischen Menge erhalten, trotzdem er nur 6 Stunden mit der fünffachèn Alkoholmenge extrahierte und weiter nicht quantitativ arbeitete. Andererseits haben Erlandsen und Ulpiani nur eine geringe Menge wiedergewonnen und deshalb diese Methode verlassen, während wiederum Schulze und Winterstein[1]) das Verfahren empfohlen haben.

Da das Eigelb Diaminophosphatide enthält, so muss das Präparat nach dieser Darstellung unrein sein. Bergell hat nur N- und P-Bestimmungen an dem regenerierten Lezithin ausgeführt. Die Durchschnittswerte von 8 Analysen waren 3,76 % P und 1,75 % N (zwei Analysen). Hiermit ist aber die Reinheit nicht bewiesen, da andererseits Erlandsen gezeigt hat, dass das Lezithin schon bei der. Verbindung mit $CdCl_2$ hochgradig verändert wird.

Erlandsen stellte aus Herzmuskel einerseits reines Lezithin dar; andererseits wurde hieraus die $CdCl_2$-Verbindung gewonnen. Die Elementaranalysen zeigten folgendes Ergebnis:

	Lezithin.		Lezithin·$CdCl_2$.	
	Berechnet für		Berechnet für	
	$C_{43}H_{80}NPO_9$	Gefunden	$C_{43}H_{80}NPO.CdCl_2$	Gefunden
C	65,70 %	66,29 %	53,32 %	45,66 %
H	10,21 %	10,17 %	8,27 %	7,07 %
N	1,79 %	1,87 %	1,45 %	1,46 %
P	3,95 %	3,95 %	3,20 %	3,19 %
Cd	—	—	11,57 %	17,54 %
Cl	—	—	7,11 %	11,09 %

Während der N- und P-Gehalt unverändert geblieben ist, erthielt die $CdCl_2$-Verbindung bedeutend weniger C und H, und in demselben Maße bedeutend mehr $CdCl_2$, als die Formel es verlangt. Auf 1 N und 1 P kommt 1,5 $CdCl_2$ und nicht 1 $CdCl_2$, wie Thudichum gefunden hat. Nach Erlandsens Analysen liegt die Vorstellung nahe, dass bei der $CdCl_2$-Einwirkung eine Abspaltung von Fettsäuren stattgefunden hat. Im Filtrate der $CdCl_2$-Fällung hat auch Erlandsen solche mit Wahrscheinlichkeit nachweisen können.

Wenn sich aber die Sache so verhält, dann kann Bergell das Lezithin nicht unverändert regenerieren. Bergell hat für das regenerierte Lezithin 3,75 % P und 1,74 % N gefunden; nach Abzug des $CdCl_2$ fand Erlandsen für das $CdCl_2$-Lezithin 4,52 %/ₙ P und 2,02 % N. Diese Differenzen liegen weit ausserhalb der Fehlgrenzen.

[2]) E. Schulze u. Winterstein, Zeitschr. f. physiol. Chemie 40, 107. 1903—1904.

4*

Erlandsens Auffassung über die zersetzende Wirkung des $CdCl_2$ wird durch Streckers und Ulpianis Cd-Bestimmungen gestützt. Strecker fand 13—15 °/₀ Cd (gegen berechnet 11,57 °/₀), Ulpiani 14 °/₀ Cd. Auch Bergells eigene Analysen seines $CdCl_2$-Lezithins sprechen für Erlandsens Auffassung, indem Bergell 12,1 bis 12,7 °/₀ Cd fand. Bergell erklärt, ähnlich wie Strecker, die Differenzen dadurch, dass die $CdCl_2$-Verbindung des Lezithins inkonstant zusammengesetzt sei. Eben diese Inkonstanz deutet aber entschieden auf die Richtigkeit von Erlandsens Befunden hin.

Es fragt sich dann, wie diese grossen Unterschiede zu erklären sind. Am wahrscheinlichsten erscheint es, dass das Lezithin-$CdCl_2$ bei dem Auswaschen mit Äther (ein Moment, welches nach Erlandsen an sich eine Zersetzung herbeiführt), bei dem Erhitzen in alkoholischer Lösung und bei der Einwirkung von Ammoniumkarbonat noch weiter zerlegt worden ist. Hierzu kommt noch, dass die $CdCl_2$-Verbindung Diamino- und vielleicht Monaminophosphatide enthält, welche sich nach der Umsetzung geltend machen[1]).

Die $CdCl_2$-Methode ist deswegen zur Darstellung des Lezithins unbrauchbar. Das Agfa-Lezithin ist daher ein für wissenschaftliche Zwecke unzureichendes Präparat, und sämtliche Untersuchungen, welche mit diesem Lezithin ausgeführt worden sind, sind als Lezithinuntersuchungen wertlos.

Zur Darstellung des reinen Lezithins steht nur Erlandsens Verfahren zur Verfügung (siehe hierüber oben S. 41).

Das Lezithin wird quantitativ extrahiert.

Vorkommen. Da die älteren, hauptsächlich nach Hoppe-Seylers Methode ausgeführten Untersuchungen gar nichts über das Vorkommen des Lezithins im Gegensatze zu anderen Phosphatiden besagen, so hat man augenblicklich keinen sicheren Überblick über die Verbreitung des Lezithins in den Zellen. Es ist möglich, dass Lezithin ein primärer Zellbestandteil ist, aber andererseits ist es durchaus nicht ausgeschlossen, dass es bisweilen fehlt und durch andere Phosphatide ersetzt ist. Der exakte Nachweis des Vorkommens von Lezithin ist bisher von Erlandsen, von Thierfelder und Stern, sowie vielleicht von Baskoff geliefert und zwar 1. im Herzmuskel. 2. in den Extremitätenmuskeln (hier aber in sehr geringer Menge), 3. im Eigelb und 4. in der Leber.

Thudichum und viele andere haben das Lezithin im Gehirn gefunden. Fränkel[2]) konnte dagegen nach Thudichums $CdCl_2$-Methode kein Lezithin

---

[1]) Wintgen und Keller (zit. nach Otolski, Biochem. Zeitschr. 4, 124, 1907) haben auch darauf aufmerksam gemacht, dass der Mehrgehalt von N zum Teil von Verunreinigungen mit kohlensaurem Ammonium herstammt.

[2]) Fränkel, Biochem. Zeitschr. 24, 268. 1910.

im Gehirn nachweisen, sondern fand anstatt Lezithin ein Triaminophosphatid (als $CdCl_2$-Verbindung). Hierüber folgt unten noch näheres. Fränkel bemerkt weiter, dass er vergebens in mehreren Organen, darunter der Niere, nach Lezithin gesucht hat. Koch aber fand es im Gehirne. Ob alle diese Lezithine identisch sind, dürfte auch, wie bemerkt, fraglich sein.

Fasst man den Lezithinbegriff in dem Sinne auf, dass man damit Monaminophosphatide überhaupt bezeichnet — eine Auffassung, der ich mich nicht anschliessen kann — so ist Lezithin auch andernorts mit Sicherheit nachgewiesen worden, so im Gehirne (Thudichum[1]), in der Galle (Hammarsten[2]) und wahrscheinlich im Blute (Manasse[3]); ferner in den Pflanzensamen (Schulze und Winterstein[4]). In diesem Falle ist die Darstellung der $CdCl_2$-Verbindung wahrscheinlich ausreichend, weil das Verhältnis zwischen N und P nicht verändert wird. Auch dürften die Befunde von Glyzerinphosphorsäure und Cholin (nicht aber von Glyzerinphosphorsäure allein, da viele andere Phosphatide eine solche Gruppe enthalten) das Vorkommen von Monaminophosphatiden wahrscheinlich machen.

Wie die Sache steht, lohnt es sich nicht, die verschiedenen Befunde von »Lezithin« zusammenzustellen.

Die vorliegenden Analysen des Lezithins ergaben:

	Thudichum.	Erlandsen.	Thierfelder und Stern.	Baskoff.	Koch[5].
C	66,75 %	65,70 %	64,63 %	64,64 %	64,03 %
H	18,67 »	10,21 »	10,96 »	10,71 »	10,4 »
N	1,81 »	1,79 »	1,79 »	1,95 »	1,8 »
P	4,00 »	3,95 »	3,95 »	4,00 »	3,79 »

Thudichums und Kochs Lezithin stammten aus dem Gehirn, Erlandsens aus Herzmuskel, Thierfelders und Sterns aus Eigelb, Baskoffs aus der Leber.

Stellt man die hieraus berechneten Formeln zusammen, so erkennt man, dass die Zahl der Wasserstoffatome immer weiter sinkt, was darauf hindeutet, dass man auf das Vorkommen ungesättigter Fettsäuren aufmerksam geworden ist.

	Diakonow.	Thudichum.	Erlandsen.	Thierfelder und Stern.
C	44	43	43	42
H	90	84	80	78
N	1	1	1	1
P	1	1	1	1
O	9	9	9	9

[1] Thudichum, Die chemische Konstitution des Gehirnes etc. Tübingen 1901.

[2] Hammarsten, Bidrag till Känedomen om Gallan etc. Inbjudningsskrift Upsala 1902.

[3] Manasse, Zeitschrift f. physiol. Chemie 14, 437. 1890.

[4] E. Schulze u. Winterstein, Zeitschrift f. physiol. Chemie 40, 107. 1903—1904.

[5] Koch, Zeitschrift f. physiol. Chemie 36, 134. 1902.

Diakonows Formel ist aus den Spaltungsprodukten abgeleitet, Thudichums scheint aus den Analysen der Silberverbindung berechnet zu sein. Nach Erlandsen nimmt das Lezithin bei der Autoxydation zwei Atome O auf und zeigt alsdann die Formel $C_{4,}H_{90}NPO_{11}$.

Über die Konstitution des Lezithins sind wir durch Ulpiani, Willstätter und Lüdecke einigermafsen unterrichtet. Wenn die Glyzerinphosphorsäure ein asymmetrisches C-Atom enthält, muss sie folgendermafsen zusammengesetzt sein:

$$CH_2O-PO.(OH)_2$$
$$|$$
$$CHOH$$
$$|$$
$$CH_2OH$$

und das Lezithin:

$$OH$$
$$|$$
$$CH_2O-PO.O-C_2H_4$$
$$|$$
$$CHOR \qquad (CH_3)_8 = N$$
$$|$$
$$CH_2OR \qquad\qquad OH$$

Wie schon bemerkt, wissen wir noch nicht, welche Fettsäureradikale (R) das Lezithin enthält. Immerhin geht aus Erlandsens und Rollets Untersuchungen bestimmt hervor, dass zwei verschiedene Fettsäureradikale vorliegen. Es ist auch sehr wahrscheinlich, dass das eine von diesen einer gesättigten Fettsäure entspricht. Auch darf man wohl weiter annehmen, dass das andere einer ungesättigten Fettsäure zugehört. Ob nur Cholin oder auch andere N-haltige Reste im Lezithinmolekül auftreten, ist, wie bemerkt, noch unentschieden.

Die Befunde Mayers betr. zwei optischen Antipoden sind unbewiesen; er wählte Agfa-Lezithin als Ausgangsmaterial und nahm eine sehr eingreifende Behandlung vor.

Eigenschaften. Lezithin bildet klebrige, wachsartige weisse oder orangefarbene Massen. Das regenerierte Lezithin (aus der $CdCl_2$-Verbindung) kristallisiert nach Thudichum in dünnen Blättchen. Diakonows Lezithin war teilweise kristallinisch. Erlandsen hat nichts über die Kristallisation seines Lezithins mitgeteilt. Es ist sehr hygroskopisch, beim Liegen an der Luft nimmt es begierig Wasser auf und wird halbflüssig. Nach Thudichum kommt das Lezithin in einer wasserlöslichen und einer wasserunlöslichen Modifikation vor. Lezithin quillt, in Wasser aufgeschwemmt, auf und bildet eine undurchsichtige kolloidale Lösung, die aus unendlich kleinen Partikelchen besteht.

Unmöglich wäre es nicht, dass das oxydierte Lezithin eine wahre Lösung bilden könnte. Für ein anderes Phosphatid, das Cuorin, hat Erlandsen gefunden, dass das nichtoxydierte Produkt eine Suspension, das oxydierte dagegen eine Lösung bildet. Bei Hammarsten (Lehrbuch, 6. Auflage) findet man sowohl lösliches als unlösliches Lezithin angeführt.

Eine wässerige Lezithinemulsion oder Lösung wird von Salzen mit zweiwertigen Kationen gefällt (Koch[1]). Die Fällungen lösen sich in Wasser. Einwertige Kationen verhindern diese Fällung.

Lezithin ist äusserst leicht in Alkohol löslich. Aus der konzentrierten alkoholischen Lösung wird es durch Wasser als gelatinöse Fällung niedergeschlagen (Thudichum). Es löst sich ferner in Äther, Chloroform, Benzol, Petroleumäther, Essigäther und fetten Ölen. In Azeton ist es bei gewöhnlicher Temperatur unlöslich, in heissem Azeton löst es sich dagegen leicht auf. In Methylazetat ist es unlöslich.

Lezithin ist ein sehr unbeständiger Körper. In Berührung mit Wasser wird es bei gewöhnlicher Temperatur langsam, schneller beim Erhitzen zerlegt. Bei der Einwirkung von Säuren oder Alkalien geht die Verseifung schnell vor sich. Nach Maruzzi[2] wird bei einstündiger Erhitzung mit 10 proz. H_2SO_4 alles Cholin abgespalten. Nach Mac Lean[3] genügt hierzu 2—3 proz. HCl. Organische Säuren sollen keine Zersetzung bewirken. In alkoholischer Lösung verträgt es Erhitzen bis zu 50°; inwieweit eine höhere Temperatur schädigend wirkt, ist unsicher. Nach Thudichum wird es von kochendem Alkohol nicht zersetzt, wohl aber zum Teil »anhydriert«. Eine konzentrierte alkoholische Lösung wird dagegen beim Erhitzen zweifellos zersetzt. Beim Erhitzen der trockenen Substanz beginnt die Zerlegung erst bei 100°.

Die Verseifung, welche schon bei Einwirkung von Salzen wie $CdCl_2$ so leicht stattfindet, ist doch schwer quantitativ durchzuführen. Bei 8 stündiger Verseifung mit alkoholischer Kalilauge gelangte Erlandsen nicht zu vollständig P-freien Fettsäuren. Vielleicht tritt hierbei Bildung von Lipophosphorsäure ein.

Von den Verdauungsfermenten wird das Lezithin gespalten. Dem Steapsin soll nach Mayer[4] diese Eigenschaft in hervorragender Weise zukommen. (Die Untersuchungen sind mit Agfa-Lezithin ausgeführt.) Dagegen wird nach Kalaboukoff und Terroine[5] Lezithin nicht von Steapsin verseift. Bei der Darmfäulnis wird auch Lezithin zerlegt (Hasebrock[6]).

Verbindungen. Lezithin besitzt in höherem Grade als die meisten organischen Körper die Fähigkeit mit anderen Substanzen Verbindungen einzugehen. Diese Verbindungen können verschiedener Art sein. Einmal

---

[1] Koch, Zeitschrift f. physiol. Chemie 37, 181. 1902—1903.
[2] Maruzzi, Zeitschr. f. physiol. Chemie 55, 352. 1908.
[3] Mac Lean, Zeitschr. f. physiol. Chemie 59, 223. 1909.
[4] P. Mayer, Biochem. Zeitschr. 1, 34. 1906.
[5] Kalaboukoff u. Terroine, Compt. rend. soc. biol. 66, 176. 1909.
[6] Hasebrock, Zeitschr. f. physiol. Chemie 12, 148. 1888.

addieren sich die Körper in molekularem Verhältnis und liefern hierbei relativ wohl charakterisierte Verbindungen. Ferner sind noch Lezithinverbindungen bekannt, über deren Wesen man unsicher ist, für die es insbesondere unsicher ist, ob echte chemische Komplexe oder Adsorptionserscheinungen vorliegen. Sie sind sämtlich höchst unvollständig studiert, wobei zuzugeben ist, dass solche Untersuchungen überaus schwierig sind.

Lezithin verbindet sich mit Säuren und Basen. Die Salzsäureverbindung hat nach Thudichum die Zusammensetzung $C_{43}H_{84}NPO_8 + HCl$. Es soll auch mit Kali eine kristallisierte Verbindung eingehen, welche aber nicht analysiert worden ist (Thudichum). Der genannte Autor erwähnt auch eine nicht näher studierte Verbindung mit Silberoxyd. Lezithin kann sich mit vielen Salzen verbinden. Das NaCl-Lezithin ist nach Bing[1] in Äther löslich, in Alkohol dagegen unlöslich und wird durch Alkohol aus der ätherischen Lösung niedergeschlagen. Es ist in Azeton — auch in der Hitze — vollständig unlöslich. Diese Verbindung verdient aus methodischen Gründen eine genauere Untersuchung, seit das $CdCl_2$ sich als unbrauchbar zur Darstellung des reinen Lezithins erwiesen hat. Die Verbindungen mit Natriumsalzen der organischen Säuren sind im Gegensatz zur NaCl-Verbindung alkohollöslich (Bing). (Das betreffende Lezithin war aus Eigelb dargestellt und unrein.) Nerking[2] hat die $CaCl_2$- und $MgCl_2$-Verbindungen studiert. Zu erwähnen ist noch die Molybdänverbindung (Ehrenfeld[3]). Das Lezithin soll auch präformiert anorganische Stoffe enthalten. Thierfelder und Stern (l. c.) fanden Ca und Cl, Glikin[4] Fe.

Wichtig sind die Additionsprodukte mit Schwermetallsalzen. Die Sublimatverbindung (Bing) ist ätherlöslich, aber alkoholunlöslich. Die Verbindung mit $PtCl_4$ mit oder ohne HCl verhält sich ebenso. Nur die $CdCl_2$-Verbindung ist genauer untersucht worden. Die $CdCl_2$-Verbindung ist sowohl in Äther als in Alkohol schwer löslich, aber nicht unlöslich, dagegen in Benzol und in einem Gemisch von CS_2 und Äther oder Alkohol löslich. Wahrscheinlich sind alle diese Verbindungen keine wahren Additionsprodukte, sondern unter Zersetzung entstanden. Dass $PtCl_4$ eine Zersetzung bewirkt, ist längst bekannt; Gilson[5] u. a. haben das Auftreten von Cholin wahrgenommen.

Mit vielen verschiedenen organischen Substanzen soll das Lezithin in Verbindung treten, doch sind diese Verbindungen alle wenig studiert. 1. Mit Glykosiden wie Phlorhidzin, Salizin und Amygdalin. 2. Mit Alkaloiden, wie salzsaurem Morphin und Nikotin und salpetersaurem Strychnin (Bing).

[1] Bing, Undersögelser over reducerende Substanser i blodet Kjobenhavn 1899 und Scand. Archiv f. Physiol. 11, 166. 1901.

[2] Nerking, Biochem. Zeitschr. 23, 262. 1909.

[3] Ehrenfeld, Zeitschr. f. physiol. Chemie 56, 89. 1908.

[4] Glikin, Biochem. Zeitschr. 4, 241. 1907.

[5] Gilson, Zeitschr. f. physiol. Chemie 12, 585. 1888.

3. Mit Toxinen wie Kobragift (Kyes[1]), Bienengift (Morgenroth und Carpi[2]).
4. Mit Cholesterin. 5. Mit Enzymen. 6. Mit Farbstoffen (Overton[3]). 7. Mit
Kohlenhydraten und 8. mit Eiweisskörpern.

Das »Kobralezithid«.

Nach Kyes bildet Lezithin mit Kobragift mehrere Verbindungen:
ungesättigte Lezithide und ein gesättigtes Lezithid. Das letztgenannte zeigte
eine weder mit dem Lezithin noch mit dem Gifte selbst übereinstimmende
Löslichkeit. Seine Zusammensetzung stimmte ziemlich gut mit der eines
»Monostearyllezithins« überein, woraus gefolgert werden darf, dass das Gift
nur einen minimalen Bestandteil der Verbindung ausmacht; doch war das
zur Darstellung verwendete Lezithin ein Handelspräparat. Bei Untersuchung
des reinen aus Eigelb dargestellten Lezithins konnte Verf.[4] keine aktivierenden
Eigenschaften desselben nachweisen. Da man ferner aus demselben Handelspräparat durch Kyes Verfahren einen Körper mit genau denselben chemischen
Eigenschaften wie das »Lezithid« (aber selbstverständlich ohne Giftwirkung)
darstellen kann, so dürfte die Existenz eines Kobralezithids im Sinne Kyes
ausgeschlossen und damit auch den übrigen Lezithiden der Boden entzogen sein.

Lezithin-Kohlenhydratverbindungen.

Diese sind zuerst von Manasse[5] und Henriques[6] erwähnt, aber
erst von Bing[7] eingehend studiert worden. Bing stellte mit den Kohlenhydraten Glukose, Fruktose, Maltose, Laktose und Saccharose die entsprechenden
Komplexverbindungen dar. Von diesen wurde hauptsächlich die Lezithin-
Glukose studiert. Diese Verbindung wurde von Bing für identisch mit
Drechsels Jekorin gehalten; eine durchaus unberechtigte Annahme, wie die
verschiedene elementare Zusammensetzung beider zeigt. Das Jekorin wird
demgemäfs erst später für sich besprochen werden.

Lezithin-Glukose wird durch Eintrocknen einer Lösung von Lezithin und
Glukose in Alkohol dargestellt. Sie ist in Äther und Benzol löslich (Bing)
und wird von Alkohol, allerdings unter grossen Verlusten, niedergeschlagen.
Mit Wasser lassen sich opalisierende Lösungen darstellen. (Bing hat einmal
eine wasserklare Lösung erhalten.) Diese Reaktionen sind die einzigen, welche
für eine chemische Verbindung zwischen beiden Gruppen sprechen Gegen
diese Auffassung lassen sich aber gewichtige Tatsachen anführen. 1. Die Verbindung besitzt keine konstante Zusammensetzung. Bing erhielt auf ein

---

[1] Kyes, Berl. klin. Wochenschr. 1903; Biochem. Zeitschr. 4, 99. 1907.
[2] Morgenroth u. Carpi, Berl. klin. Wochenschr. 1906; Biochem. Zeitschr. 4, 248. 1907.
[3] Overton, Jahrbücher f. wissenschaftl. Botanik 34, 669. 1900.
[4] Bang, Biochem. Zeitschr. 11, 521. 1908.
[5] Manasse, Zeitschr. f. physiol. Chemie 20. 478. 1895.
[6] Henriques, Zeitschr. f. physiol. Chemie 23, 244. 1897.
[7] Bing, Undersögelser over reducerende Substanser i blodet Kjøbenhavn 1899; Scand.
Archiv f. Physiol 11, 166. 1901.

58   Lezithin-Glukose.

Molekül Lezithin 1, 2,9 und 5,5 Moleküle Glukose, Mayer[1]) erhielt eine Verbindung mit 84,5% Traubenzucker. 2. Die ursprüngliche klare ätherische
Lezithin-Glukoselösung setzt nach und nach allen Zucker ab, bis zuletzt nur
das Lezithin zurückbleibt. Das deutet an, dass der Zucker nur durch die
Gegenwart von Lezithin in Lösung gehalten wird. Möglich wäre auch, dass
die Oxydation des Lezithins in Ätherlösung besonders schnell stattfindet
und so die Zerlegung einer zunächst doch wirklich vorhandenen Verbindung
vor sich gehen könnte. 3. Bei Dialyse geht der Zucker quantitativ in das
Dialysat über. 4. Mehrmaliges Eintrocknen der Lezithin-Glukoselösung führt
ebenfalls eine Zerlegung der hypothetischen Verbindung herbei, indem danach
nur das Lezithin in Äther übergeht. Auch hierbei ist es nicht ausgeschlossen,
dass eine Zersetzung stattfinden kann. Einige analytische Bestimmungen von
P. Mayer[1]) sprechen dafür. Die Lezithinglukose, welche 85% Traubenzucker
(titrimetrisch bestimmt) enthielt, wurde analysiert, ebenso das Lezithin. Die
Glukose war chemisch rein.

	Lezithinglukose.	Lezithin.	Glukose.
C	38,7 %	65 %	40%
H	9,29 »	10,8 »	6,7 »
N	1,09 »	1,8 »	—
P	0,66 »	3,9 »	—

Es zeigt sich also, dass der C-Gehalt der Lezithinglukose geringer
war als derjenige der beiden Komponenten (38,7% C gegen 65°₀ und 40%).
Weiter zeigt der P-Gehalt einen Lezithingehalt von 17% an, während der
N-Gehalt von 1,09% einem Lezithingehalt von über 50% entspricht. Setzt
man die Richtigkeit der Analysen voraus, so muss danach die gebildete
Lezithinglukose ein Zersetzungsprodukt gewesen sein. Aber auch für ein
solches weichen die Werte von P und N weit mehr ab, als man erwarten
dürfte. Ich kann den Verdacht nicht unterdrücken, dass das benutzte Agfa-
Lezithin, welches zwar hier zufriedenstellende analytische Werte erwiesen hat,
(der C-Gehalt beträgt 65% gegen berechnete 65,7%), weil nach Bergells
Verfahren dargestellt und deswegen nicht ausreichend rein, diese widersprechenden Ergebnisse wenigstens teilweise verursacht hat. Infolgedessen
darf man den Mayerschen Untersuchungen keine grössere Bedeutung beimessen. Auch Bings Lezithin war nicht rein, sondern stellte ein Phosphatidgemisch dar.

Aus den angeführten Tatsachen geht nach meiner Ansicht hervor, dass
man unmöglich von einer wahren chemischen Verbindung zwischen Lezithin
und Zucker sprechen kann.

Eine ähnliche Veränderung der Löslichkeit ruft das Lezithin bekanntlich
auch an anderen Körpern, z. B. den Eiweisskörpern, hervor. Übrigens ist eine

[1]) P. Mayer. Biochem. Zeitschr. 4, 545. 1907.

solche Veränderung eine nicht ungewöhnliche Erscheinung bei den Lipoid-stoffen. Bei den Gehirnlipoiden hat z. B. Thudichum auf die Fähigkeit des Sphingomyelins und Kerasins hingewiesen einander in Lösung zu halten. Wird das Sphingomyelin durch CdCl₂ niedergeschlagen, so fällt zugleich das Kerasin als solches aus der Lösung. Hier hat man keine chemische Ver-bindung angenommen, sondern eine gegenseitige Beeinflussung der Löslichkeit.

Dagegen sprechen sowohl Bings sowie Mayers und andere Befunde für die Möglichkeit, dass die Phosphatide — inwieweit Lezithin selbst in erster Linie oder überhaupt von Bedeutung ist, steht noch offen — mit Zucker dissoziierbare, von dem Partialdrucke der einzelnen Stoffe abhängige Verbindungen eingehen. Wenn reichlich Zucker vorhanden ist, nehmen sie viel davon auf, und umgekehrt geben sie bei der Dialyse nach und nach allen Zucker ab. Man kann sich auch vorstellen, dass Adsorptions-vorgänge vorliegen, was garnicht mit einer dissoziierbaren Verbindung in Widerspruch zu stehen braucht. Vorläufig lassen sich aus dem ungenügenden Tatsachenmaterial keine bestimmten Folgerungen ableiten. Der Umstand, dass Handelslezithin und Kobragift, je nach der vorhandenen Menge des letzteren, Komplexe mit mehr oder weniger hohem Gehalt an diesem bildet, kann zu der Vermutung Anlass geben, dass auch hier ähnliche Verhältnisse vorliegen.

Die Lezithinglukose ist von Bing u. a. aus verschiedenen Gebieten des Organismus isoliert worden. Meistens ist sie hierbei mit Jekorin identifiziert worden, wie schon gesagt mit Unrecht. Es ist aber der Darstellung nach unmöglich, festzustellen inwieweit diese Verbindung präexistiert hat. Da z. B. das Blut tatsächlich sowohl Lezithin (d. h. Phosphatid) als auch Zucker ent-hält, die beide von Alkohol extrahiert werden, so ist es klar, dass sich schon beim blossen Eintrocknen Lezithinglukose bilden muss, selbst wenn sie nicht präformiert war. Bing hat auch erwiesen, dass man durch Zusatz von Zucker zum Blutserum die Ausbeute an Lezithinglukose vermehren kann. Aus den Versuchen von Schenk[1], Asher[2] Michaelis und Rona[3] u. a. geht andererseits hervor, dass der Zucker wahrscheinlich frei im Blute vor-kommt, denn er kann quantitativ dialysieren. Ganz abgemacht dürfte diese Frage doch nicht sein.

Bei alledem bleibt dennoch die Möglichkeit offen, dass dissoziierbare Verbindungen zwischen Zucker und Phosphatiden im Blut vorkommen. Denk-bar wäre, dass der Zucker gerade in einer solchen Form in die Zellen gelangen könnte. Der Zucker würde also derart die notwendige »passive« Permeabilität erlangen, die er sonst entbehrt. Anderseits könnte aber auch die Lezithinglukose des Blutes ein Kunstprodukt darstellen.

---

[1] Schenk, Archiv f. die gesamte Physiol. 47. 621. 1890.
[2] Asher, Zentralbl. f. Physiol. 19, 449. 1905.
[3] Michaelis u. Rona, Biochem. Zeitschr. 14, 476. 1908.

Das Jekorin.

Das zuerst von Drechsel[1]) aus der Leber und später aus verschiedenen Organen und aus Blut dargestellte Jekorin wird aus den eingetrockneten Alkoholextrakten durch Verwendung von Äther-Alkohol isoliert, also nach demselben Verfahren, das später zur Darstellung der Lezithinglukose verwendet worden ist. Das Jekorin wird auch von Bing mit Lezithinglukose identifiziert. Dies ist aber unmöglich richtig, wenn andererseits das Jekorin eine einheitliche Substanz darstellt, da die Lezithinglukose die Elemente Na und S nicht enthält. Wäre aber Jekorin keine einheitliche Verbindung, so liesse sich allerdings denken, dass unter seinen Bestandteilen auch eine solche Lezithin-Zuckerverbindung präformiert oder nachträglich gebildet vorkommen könnte.

Es fragt sich also, ob das Jekorin eine einheitliche Verbindung sein kann oder nicht.

Zunächst kann man mit grosser Wahrscheinlichkeit behaupten, dass die Jekorine aus verschiedenen Organen nicht identisch sein können. Aus Nebennieren hat Manasse[2]) ein Jekorin dargestellt, welches nur nach einer intensiven Hydrolyse reduzierte, während Leberjekorin ohne Inversion direkt reduziert. Auch die chemische Zusammensetzung dieses Jekorins war von dem der Leber sehr verschieden, indem der N-Gehalt nur $0,3^o/_o$ betrug.

Aber auch für das Leberjekorin sind die Angaben der verschiedenen Verfasser sehr widersprechend. Siegfried und Mark[3]) haben wasserlösliche Jekorine dargestellt; die meisten übrigen Forscher wie Drechsel u. a. erklären das Jekorin für wasserunlöslich. Mayers Jekorin enthielt $18,2^o/_o$ Traubenzucker, Meinertzs[4]) $14^o/_o$; Offer[5]) dagegen hat aus der Leber ein Jekorin dargestellt, welches keine Kohlenhydratgruppe enthielt. Meinertz fand das Jekorin gärungsfähig, Jakobsen[6]) aber nicht. Auch die elementare Zusammensetzung des Leberjekorins ist sehr verschieden angegeben, wie folgende Zahlen illustrieren:

	Drechsel[1])	Baldi[7])	Mayer[8])
C	$51,5^o/_o$	$46,8^o/_o$	$55,8^o/_o$
H	$8,2^o/_o$	$7,9^o/_o$	$4,4^{0}{}_{0}$
N	$2,9^o/_o$	$4,5^o/_o$	$2,6^o/_o$
S	$1,5^o/_o$	$2,4^o/_o$	$1,6^o/_o$
P	$3,5^o/_o$	$2,5^o/_o$	$1,4^o/_o$
Na	$2,7^o/_o$	$3,7^o/_o$	$3,5^o/_o$

[1]) Drechsel, Journal f. prakt. Chemie 33, 425. 1886.
[2]) Manasse, Zeitschr. f. physiol. Chemie 20, 478. 1895.
[3]) Siegfried u. Mark, Zeitschr. f. physiol. Chemie 46, 492. 1905.
[4] Meinertz, Zeitschr. f. physiol. Chemie 46, 376. 1905.
[5]) Offer, Chemikerztg. 28, 1023. 1904.
[6]) Jacobsen, Skandin. Archiv f. Physiol. 6, 262. 1895.
[7]) Baldi, Archiv f. Anat. u. Physiol. Physiol. Abt. 1887. Suppl. S. 100.
[8] P. Mayer, Biochem. Zeitschr. 1, 93. 1906.

Hammarsten[1]) fand für das Jekorin der Eisbärgalle 1,41% S und 1,04% P.

Es fragt sich hiernach, ob nicht die Leber vielleicht mehrere verschiedene Jekorine enthält, oder ob Jekorin überhaupt kein chemisches Individuum darstellt. Baskoff[2]) stellte in der Tat aus der Leber mehrere Jekorine dar. Bei einer fraktionierten Darstellung haben Siegfried und Mark[3]) mehrere Jekorinpräparate isoliert, deren Zusammensetzung untereinander sehr variierte. Ich führe hier nur die Werte für N, P, S und Na an.

	Fraktion I.	Fraktion II.	Fraktion III.	Fraktion IV.	Fraktion V.
N	4,55%	4,55%	2,29%	4,59%	1,45%
P	3,16%	2,40%	0,64%	0,72%	0,38%
S	1,84%	1,74%	0,49%	0,66%	0,39%
Na	5,10%	2,05%	1,22%	2,04%	1,13%

Gegen die benutzte Versuchsanordnung lässt sich anführen, dass eine Zerlegung nicht ausgeschlossen erscheint, da die Lösungen bei saurer Reaktion eingedampft und die zwei letzten Fraktionen als Kupferverbindungen analysiert wurden. Es verdient hervorgehoben zu werden, dass die Präparate, ungeachtet der sauren Reaktion, einen Na-Gehalt aufwiesen, der bei Fraktion I nicht weniger als 5,10% betrug. Das Jekorin dürfte deshalb vielleicht kein Na-Salz darstellen.

Ist demgemäß das Jekorin nach den Verfassern als keine einheitliche Substanz anzusehen, so ist doch hervorzuheben, dass sämtliche Fraktionen die gleichen Elemente, wenn auch in verschiedener Menge, enthielten. Weiter lässt sich für die Existenz eines einheitlichen Jekorins anführen, dass nach Meinertz der Zuckergehalt konstant ist und weiter hat Hammarsten das Jekorin als $CdCl_2$-Verbindung dargestellt und analysiert. Zuletzt ist daran zu erinnern, dass viele Pflanzenphosphatide tatsächlich Zucker im Molekül enthalten.

Nach allem ist es also doch nicht ausgeschlossen, dass das Jekorin, d. h. ein Phosphatid, welches Zucker, S- und Na-haltige Komplexe enthält, wirklich existiert.

Auf der anderen Seite ist es nicht unwahrscheinlich, dass das Jekorin eine Mischung verschiedener Stoffe ist, von denen Zucker und Lezithin erst bei der Darstellung in Verbindung miteinander treten. Der Zucker ist als Glukose identifiziert; Manasse[4]) hat die Spaltungsprodukte des Lezithins, Glyzerinphosphorsäure, Cholin und Fettsäuren, nachgewiesen. Ausserdem bildet sich bei der Verseifung Schwefelwasserstoff. Weiter hat Meinertz[5])

---

[1]) Hammarsten, Bidrag till Känedomen om Gallan etc. Inbjudningsskrift Upsala 1902; Zeitschr. f. physiol. Chemie 36, 528. 1902.

[2]) Baskoff, Zeitschr. f. physiol. Chemie 60, 426. 1909.

[3]) Siegfried u. Mark, Zeitschr. f. physiol. Chemie 46, 492. 1905.

[4]) Manasse, Zeitschr. f. physiol. Chemie 20, 478. 1895.

[5]) Meinertz, Zeitschr. f. physiol. Chemie 46, 376. 1905.

gezeigt, dass der Zucker durch Dialyse quantitativ entfernt werden kann. Allerdings war bei diesen Versuchen das Jekorin mit HCl versetzt, was kaum indifferent sein dürfte.

Ganz ausgeschlossen ist es jedenfalls — auch abgesehen von den Elementen S und Na — dass das Jekorin aus Lezithin und Glukose bestehen kann. Schon das Verhältnis zwischen N und P ist hier ein ganz anderes als bei dem Lezithin. Ferner lässt sich z. B. für Mayers Jekorin keine Übereinstimmung zwischen dem Gehalte von 1,4°/₀ P und dem Zuckergehalte von 14°/₀ finden, da doch das Lezithin 3,95°/₀ P enthält. Deshalb ist anzunehmen, dass andere P-haltigen Komponenten als Lezithin vorkommen müssen, wie auch die Formel Drechsels mit 3 Atomen P anzeigt. Möglich wäre auch, dass andere Phosphatide, und nicht gerade Lezithin, vorkommen könnten, denn die oben erwähnten Spaltungsprodukte sind nicht ausschliesslich für das Lezithin eigentümlich (s. später).

Jekorin wurde gefunden: in der Leber (Drechsel, Meinertz, Baskoff u. a.), Milz, Gehirn (Baldi), Blut (Henriquès, Baldi, P. Mayer, Letsche u. a.), Extremitätsmuskeln (Baldi, Erlandsen), Herz (Erlandsen), Knochenmark (Otolski), Nebennieren (Manasse), Galle (Hammarsten).

Drechsel gewann das Jekorin aus konzentrierten Alkoholextrakten durch Fällung mit absolutem Alkohol. Dann wird weiter mit wasserhaltigem Äther aufgenommen und daraus mit Alkohol, allerdings unter grossen Verlusten, gefällt. Baskoff fand in der Leber sowohl ätherlösliche wie ätherunlösliche Jekorine. Bei Erlandsens Methode befindet sich das Herzmuskeljekorin in dem sekundären Alkoholektrakt und lässt sich aus ihm durch absoluten Alkohol extrahieren und mit Azeton niederschlagen.

Die Lezithinglukose lässt sich nach Drechsels Verfahren durch Konzentration einer alkoholischen Lösung von Lezithin und Zucker gewinnen.

Trockenes Jekorin bildet eine poröse, erdige, feste Masse oder ein feines, fast farbloses Pulver. Es ist sehr hygroskopisch. In wasserhaltigem Äther, bisweilen auch in Wasser ist es klar löslich. Andere Jekorine quellen in Wasser zu einer mehr oder weniger stark opalisierenden Lösung. Jekorin wird durch konzentrierte Salzlösungen gefällt und gibt mit Kupferazetat und Silbersalzen Niederschläge. Die Silberfällung ist in überschüssiger Jekorinlösung zu einer opalisierenden Flüssigkeit löslich, die beim Erhitzen mit Ammoniak portweinrot gefärbt wird; diese Reaktion ist als Identitätsreaktion angesehen worden; sie ist als solche jedoch wertlos, weil nur zuckerhaltige Jekorine, und auch andere reduzierende unreine Körper, dieselbe zeigen.

Lezithin-Eiweissverbindungen

1. Vitellin. Nachdem Valenciennes und Fremy im Ichthulin organisch gebundenen Phosphor nachgewiesen hatten, wurde von Hoppe-

Seyler[1]) aus Eidotter das Vitellin als erste bekannte Lezithin-Eiweiss-verbindung dargestellt. Später wurde das Vitellin als Globulin aufgefasst. Jetzt wird es von Hammarsten (Lehrbuch, 6. Aufl., S. 504), der modernen Anschauung folgend, als ein Nukleoalbumin angesehen. Die Begründung dieser Auffassung involviert die Frage, ob aller P des Vitellins als Lezithin, d. h. als Phosphatid, vorkommt, denn nur im letzten Falle kann man die Nukleoalbuminnatur aufrecht halten. Die alten Analysen von Baumhauer und Aronheim[2]) zeigten, dass »Phosphor nur darin zu finden ist, wenn die Substanz nicht hinreichend oft mit Alkohol warm ausgezogen ist«, alle späteren Untersucher sind dagegen zu der Überzeugung gekommen, dass man nicht allen P durch Alkohol und Äther entfernen kann. Andererseits hat Hammarsten[3]) für das Vitellin des Barsch-Eies nach Alkoholbehandlung und Erschöpfung mit Äther einen P-Gehalt von 0,74% gefunden, der durch einmonatliche, täglich erneute Alkoholextraktion bis auf 0,45% sank und nach zwei Monaten fortgesetzter Behandlung nur noch 0,39% betrug. Dieses Ergebnis zeigt unzweideutig, wie ausserordentlich schwierig es ist, die Phosphatide quantitativ zu entfernen. Weiter hat Liebermann[4]) P-freies Eiweiss mit Lezithin versetzt und gezeigt, dass auch hier durch Extraktion mit Alkohol im Soxhletschen Apparate während dreier Tage sich das Phosphatid nur unvollkommen auszehen lässt.

Hiernach ist es recht schwer, bestimmt zu sagen, ob das Vitellin als ein Nukleoalbumin oder als eine Phosphatideiweissverbindung anzusehen ist. Die Reaktionen, die Löslichkeit in verdünnten Salzlösungen bezw. Unlöslichkeit in Wasser, sprechen nicht für die Nukleoalbuminnatur, können aber aus der Gegenwart des Phosphatids erklärt werden. Die Koagulation beim Erhitzen spricht ebenfalls gegen die Nukleoalbuminnatur, dagegen deutet die Bildung eines Pseudonukleins bei Pepsindigestion auf ein Nukleoalbumin, obwohl nach Liebermann auch Lezithoalbumine sich ebenso verhalten. Liebermanns Befunde können aber auch anders ausgelegt werden.

Berücksichtigt man, dass nach Bunge das gebildete Pseudonuklein bis 5,2% P enthält, während der C-Gehalt nur 42,1% ausmacht, so erscheint es unwahrscheinlich, dass aller P aus einem Phosphatid, und gar nur aus Lezithin, herstammen könne. Osborne und Campbell[5]) haben für das Pseudonuklein 44—47% C und 2,5—4,2% P gefunden, für das Vitellin selbst aber 51,24% C und 0,94% P. Die Phosphatide sind meistens noch reicher an C, Lezithin z. B. enthält 65,7%.

[1]) Hoppe-Seyler, Med.-chem. Untersuchungen 216. 1867.

[2]) Zitiert nach Hoppe-Seyler.

[3]) Hammarsten, Skandin. Arch. f. Physiol. 17, 113. 1905—1906.

[4]) Liebermann, Archiv f. die gesamte Physiol. 54, 573. 1893.

[5]) Osborne u. Campbell, Connect. Agric. exp. Stat. 23.

Aus diesen Analysen muss man folgern, dass jedenfalls nicht aller P aus einem Phosphatid stammen kann, und das Vitellin wäre demgemäß als ein Nukleoalbumin zu betrachten.

Dann fragt sich aber weiter, ob das ursprüngliche Vitellin nicht Lezithin enthalten müsse und folglich das phosphatidfreie Vitellin eine denaturierte Verbindung darstelle. Hoppe-Seylers Argumente für diese Auffassung sind: 1. man kann dem Vitellin das Lezithin nicht entziehen, ohne es selbst zu verändern; 2. bringt man Vitellin in eine 0,1-prozentige Salzsäurelösung, so löst sich das Eiweiss, während das Lezithin ungelöst zurückbleibt. Hammarstens Substanz aus dem Barsch-Ei verhielt sich nach Extraktion ohne Salzsäure wie ein Vitellin, d. h. wie ein Globulin, bei Zusatz von 0,05—0,1°/₀ HCl wurde der Körper augenblicklich verändert: die Nukleoalbuminnatur desselben war nun nicht zu verkennen. Aus Hammarstens erster Mitteilung ist nicht ersichtlich, wie weit eine Abspaltung von Phosphatid stattgefunden hat; in seinem Lehrbuch bemerkt er, dass dies nicht der Fall war.

Nach Hoppe-Seyler soll das Vitellin 25°/₀ Lezithin enthalten, andere Forscher fanden viel weniger. Gross[1]) hat an einem nach einer anderen Methode [Fällung mit $(NH_4)_2SO_4$] dargestellten Präparat 0,32—0,35°/₀ P erhalten, was, unter der willkürlichen Voraussetzung, dass aller P dem Lezithin angehört, etwa 8°/₀ Lezithin entspricht.

Wenn auch wirklich eine solche Vitellin-Phosphatidverbindung existiert, so ist für sie nicht erwiesen, dass gerade Lezithin in ihr vorkommt. Erlandsen hat, wie erwähnt, dargetan, dass das Eigelb auch ein Diaminophosphatid enthält, das, nach seiner Ansicht, eben mit den Eiweisskörpern verbunden ist, während, im Gegensatze hierzu, das Lezithin frei vorkommt. Hammarsten hat aus dem Vitellin des Barsch-Eies durch intensive Alkoholextraktion organische Phosphorverbindungen erhalten; ihr P-Gehalt war 5,02°/₀ P und 5,18°/₀ P, gegenüber 3,95°/₀ P im Lezithin.

Fasst man alles gesagte zusammen, so darf man wohl das Vitellin, bezw. die Vitelline als Nukleoalbumine ansehen. Es ist nicht erwiesen, obwohl nicht unwahrscheinlich, dass die Substanz präformiert als Phosphatidverbindung vorkommt, noch weniger bewiesen ist das Vorkommen des spezifischen Phosphatids Lezithin. Wahrscheinlicher ist dann schon, dass eine Diaminophosphatid vorliegt.

2. Lezithoalbumin. Weitere lezithinhaltige Eiweisskörper sollen nach Liebermann[2]) sehr verbreitet im Organismus vorkommen, z. B. in der Magenschleimhaut, Leber, Niere, Lunge und Milz. Diese Verbindungen sind von Liebermann Lezithoalbumine genannt worden.

---

[1]) Gross, Inaug.-Dissert. Strassburg 1899.
[2]) Liebermann, Archiv f. die gesamte Physiol. 54, 573. 1893.

Betrachtet man die Beweise genauer, die Liebermann für die Existenz der Lezithoalbumine beigebracht hat, so erscheinen sie wenig überzeugend. Die gesamte Magenschleimhaut bezw. andere Organe wurden anfangs 2—3 Tage bei 40° mit Pepsinsalzsäure digeriert; der Rückstand stellt das Lezithoalbumin dar. Bei den späteren Darstellungen wurde die Substanz durch Auflösen in Sodalösung und Fällen mit Säuren gereinigt. Das erhaltene Produkt war P-haltig und in dem Alkoholextrakte wurden Fettsäuren und N-haltige Substanz (meistens als NH_3) nachgewiesen. Purinbasen liessen sich in den Körpern aus Magenschleimhaut nicht nachweisen, was insofern befremdend ist, als doch bekanntlich alle Zellen Nukleoproteide enthalten, die purinhaltige echte Nukleine liefern. Es ist nicht ersichtlich, wie Liebermann bei Verarbeitung der anderen Organe das Lezithoalbumin von den Nukleinen getrennt hat.

Auch ist nicht bewiesen, dass das Alkoholextrakt Lezithin enthält. Im Gegenteil, die Substanz war nur in heissem Alkohol leicht löslich, während Lezithin auch in kaltem Alkohol sehr leicht löslich ist. Bei der gewählten Darstellungsweise musste auch ein eventuell vorkommendes Lezithin zersetzt werden, denn die Verbindung war 2—3 Tage bei 40° mit 0,2% HCl behandelt und später — also bei saurer Reaktion — mit Alkohol 3—4 Stunden ausgekocht worden. Kein Wunder, dass der Alkohol hierbei eine braune Färbung bekam!

Ferner wiesen die Körper keine immer gleiche Zusammensetzung auf und auch der »Lezithin«-Gehalt war sehr verschieden. In einem Falle, (Pflügers Archiv Bd. 50, S. 31) liess sich überhaupt kein P durch Alkohol extrahieren.

Es ist bekannt, dass alle Zellen Phosphatide enthalten. Da nun Liebermann unterlassen hat, die Zell-Lipoide zuerst zu entfernen und weiter die Zellen in toto verarbeitet, so ist es ganz selbstverständlich, dass alle Lipoide, die nicht von Magensaft zerstört wurden, in das Präparat eingehen müssen. Wenn sie nachher sämtlich durch Alkohol extrahiert werden konnten, so ist das doch kein Beweis für die Existenz einer Lezithin-Eiweissverbindung.

Nach Liebermann soll aller P als Lezithin vorkommen. In einem Falle betrug der P-Gehalt etwa 3% (Doppelbestimmung); der P-Gehalt des Lezithins ist 3,95%. Obwohl also diese Verbindung etwa 80% Lezithin enthalten musste, liess sich durch kochenden Alkohol nichts extrahieren!

Trotz Liebermanns Untersuchungen kann man demnach den Begriff Lezithoalbumin nicht sicher aufstellen. Damit ist natürlich nicht ausgeschlossen, dass solche Verbindungen nicht doch vorkommen können, nur sind die Beweise Liebermanns hierfür nicht ausreichend. Mehrere Forscher nehmen an, dass die Phosphatide des Serums mit dem Globulin in Relation stehen. Preti, Joachim, Barlocco, Cantoni u. a. schreiben den Lezithinverbindungen des Globulins das milchähnliche Aussehen der chyliformen

Ergüsse zu (vgl. die Cholesterinverbindung des Globulins). Nach Erlandsens Untersuchungen lässt sich aus Muskeln alles Lezithin vollständig extrahieren, und es ist nach ihm nicht unwahrscheinlich, dass dies auch bei anderen Zellen der Fall ist, nach meinen Untersuchungen ist diese Frage aber noch nicht entschieden. Durch mikroskopische Untersuchungen, über die später berichtet werden soll, dürfte jedenfalls eine intravitale Verbindung der Phosphatide mit anderen Zellbestandteilen ziemlich sichergestellt sein. Von welcher Art diese, wie überhaupt die Eiweissphosphatidverbindungen sind, ist natürlich unbekannt.

Kephalin.

Geschichte. Das Kephalin wurde zuerst im Gehirn von Thudichum gefunden, und dieser Autor beschrieb auch die Zusammensetzung und Eigenschaften des Kephalins. Koch[1]) fand es später in mehreren Organen; doch bedürfen seine Angaben der Bestätigung. Thierfelder und Stern, sowie Mac Lean fanden es im Eigelb. Im Herzmuskel und Extremitätsmuskeln kommt wahrscheinlich kein Kephalin vor. Die Fettsäuregruppen des Kephalins sind von Cousin[2]) und besonders von Parnas[3]) eingehend studiert worden. Nach Thudichum und Dimitz gibt es mehrere Kephaline. Dimitz[4]) Angabe, dass das Kephalin eine rechtsdrehende Glyzerinphosphorsäure enthält, während Lezithin eine linksdrehende besitzen soll, muss nach Tutins und Hahns[5]) Untersuchungen als wenig gesichert gelten.

Definition. Kephalin ist ein Monaminomonophosphatid, das sich von Lezithin besonders durch seine Schwerlöslichkeit in kaltem Alkohol unterscheidet. Es enthält Glyzerinphosphorsäure, Cholin oder wahrscheinlich methylärmere Basen (Koch, Fränkel und Neubauer) und zwei Fettsäureradikale, deren eines der Stearinsäure und deren anderes wahrscheinlich der Linolsäure zugehört. Kephalin ist autoxydabel. Übrigens ist es zweifelhaft, ob man schon ganz reines Kephalin dargestellt hat.

Die elementare Zusammensetzung ist nach Thudichum C 60,00%, H 9,38%, N 1,68%, P 4,27%. Koch fand C 59,5%, H 9,8%, N 1,75% und P 3,83°/₀. Thierfelder und Stern fanden (im Kephalin aus Eigelb) C 59,68%, H 9,74%, N 1,57%, P 3,64%. Nach Mac Lean enthielt dieses Kephalin noch ein Monaminodiphosphatid, wie auch Thierfelder und Stern selbst ausdrücklich bemerken, dass ihre Präparate nicht ganz rein waren. Zuelzer[6]) fand C 60,27%, H 6,8%, N 3,8—5,7%, P 2,7%, Falk[7]) für Nerven-Kephalin C 57,0%, H 9,1%, N 1,94%, P 4,4%, Fränkel und Neubauer[8]) C 62,05%, H 9,85%, N 1,69%, P 3,45%.

---

[1]) Koch, Zeitschr. f. physiol. Chemie 36, 134, 1902 und 37, 184. 1903.
[2]) Cousin, Journ. d. Pharm. et de Chim. 24, 101. 1906.
[3]) Parnas, Biochem. Zeitschr. 20, 411. 1909.
[4]) Dimitz, Biochem. Zeitschr. 21, 343. 1909.
[5]) Tutin u. Hahn, Journ. chem. Soc. 87, 1. 249.
[6]) Zuelzer, Zeitschr. f. physiol. Chemie 27, 265. 1899.
[7]) Falk, Biochem. Zeitschr. 13, 153. 1908 und 16, 101. 1906.
[8]) Neubauer, Biochem. Zeitschr. 21, 321. 1909.

Die Formel ist wahrscheinlich $C_{42} H_{80} NPO_9$.

Die Konstitution wird wahrscheinlich durch folgendes Schema ausgedrückt:

$$
\begin{array}{l}
\qquad\qquad\qquad OH \\
\qquad\qquad\qquad | \\
CH_2 . O - PO . O - C_2H_4 \\
| \\
CH . O . C_{18}H_{35}O \qquad CH_3 - N \\
| \qquad\qquad\qquad\qquad\qquad OH \\
CH_2 . O . C_{18}H_{31}O
\end{array}
$$

Darstellung. Kommt in dem primären Ätherextrakt vor, wird durch kalten Alkohol von dem Lezithin getrennt. Die Trennung von einem anderen vorkommenden alkoholunlöslichen Phosphatid gelingt durch Alkohol von 60°, welcher ausschliesslich das Kephalin auflöst (Mac Lean[1]).

Vorkommen. Kephalin ist nach Thudichum das Hauptphosphatid des Gehirns und soll im übrigen noch weiter verbreitet als Lezithin in den Organen vorkommen.

Eigenschaften. Kephalin ist eine harzige, leicht pulverisierbare, hygroskopische Substanz von heller Farbe. Parnas gibt dagegen an, dass es ein farbloser fester Körper ohne deutliche krystallinische Struktur sei. Es ist löslich in Äther (nach Parnas nur in wasserhaltigem), Chloroform, Benzol, Petroleumäther und CS_2. Auch in heissem Essigäther ist es löslich und wird beim Abkühlen ausgeschieden. In Azeton und in Alkohol ist es unlöslich. Thudichums Kephalin war nur in kaltem Alkohol schwer löslich, in heissem jedoch relativ leicht löslich, Kochs Präparat dagegen völlig unlöslich. Andererseits erhöht nach Koch eine geringe Menge HCl die Alkohollöslichkeit bedeutend, was bemerkenswert ist, weil Kephalin anorganische Basen wie Ca und K enthält. Vielleicht ist also das freie Kephalin doch alkohollöslich. Zu Wasser verhält es sich ebenso wie Lezithin. Schmelzpunkt nach Parnas bei 114°. Es ist leicht zersetzlich, indem es einmal autoxytabel ist und ferner wird, wie beim Lezithin, durch Wasser, Säuren und Alkalien, wahrscheinlich auch durch Salze, ein Teil der Fettsäuren abgespalten. In Ätherlösung soll nach Thudichum Kephalin besonders leicht unter Verfärbung oxydiert werden, was Parnas jedoch bestreitet.

Verbindungen. Die $CdCl_2$-Verbindung soll im Gegensatz zum Lezithin-$CdCl_2$ in Äther löslich, aber in Alkohol unlöslich sein. Sie enthält nach Thudichum 16,62 % $CdCl_2$ gegenüber einem theoretischen Wert von 17,97 %. Die Verbindung lässt sich, ebensowenig wie Lezithin-$CdCl_2$, durch H_2S regenerieren. Die Pt-Verbindung enthält nach Thudichum nur 3,6 % Pt gegenüber dem berechneten Werte 9,5 %. Allem Anschein nach geht die Bildung dieser Verbindungen unter Zersetzungserscheinungen vor sich.

---

[1] Mac Lean, Zeitschr. f. physiol. Chemie 57, 304. 1908.

Die Spaltungsprodukte des Kephalins sind prinzipiell die gleichen wie beim Lezithin: Glyzerinphosphorsäure, Fettsäuren und eine stickstoffhaltige basische Gruppe. Die letztere ist nach Cousin Cholin, nach Koch dagegen Monomethyloxäthylammoniumhydroxyd, während Thudichum Neurin, Oxäthylamin und eine Base von der Formel $C_5H_{14}N_2O$ auffand. Die Fettsäuren sind nach Cousin und Parnas Linölsäure und Stearinsäure. Es ist nicht unwahrscheinlich, dass die Linölsäure eine Isomere der gewöhnlichen ist, und insofern ist man berechtigt, Thudichums Bezeichnung Kephalinsäure für dieselbe aufrecht zu erhalten. Kephalin ist nach Thudichum u. a. widerstandsfähiger gegen Verseifung als Lezithin und andere Phosphatide. Die Hydrolyse geht nicht bis zur Bildung von Glyzerinphosphorsäure, sondern nur bis zu einer komplexen Fettsäure-Glyzerinphosphorsäure, der sogenannten Kephalophosphorsäure. Eine schöne Bestätigung dieser Angaben lieferte Parnas, der nach 12-stündiger Einwirkung von Baryt bei 120° das Salz einer vierbasischen phosphorhaltigen Säure, $C_{21}H_{53}O_{10}PBa_2$, in einer Ausbeute von 50 % erhielt. Stearinsäure und die stickstoffhaltige basische Gruppe wurden abgespalten. Die Formel stimmt aber nicht mit der einer Kephalophosphorsäure überein. Parnas ist andererseits gar nicht davon überzeugt, dass tatsächlich Glyzerinphosphorsäure vorkommt.

Ausser dem eigentlichen Kephalin hat Thudichum ein Oxykephalin, Peroxykephalin, Kephaloidin und Oxykephaloidin beschrieben. Ob alle diese Verbindungen tatsächlich präformiert vorkommen oder ob sie andererseits bei den zu ihrer Isolierung ausgeführten Operationen entstehen, ist unentschieden. Für die Oxy-Verbindungen dürfte die zweite Eventualität sehr wahrscheinlich sein.

Zusammenfassend kann man sagen, Kephalin ist ein Monaminomonophosphatid, das, zum Unterschied von Lezithin, in Alkohol schwer löslich ist und ferner wahrscheinlich anstatt Cholin eine Monomethylbase enthält. Auch sind die Fettsäuregruppen andere als beim Lezithin. Bei Behandlung mit Baryt entsteht aus Kephalin Kephalophosphorsäure, eine fettsäurehaltige Glyzerinphosphorsäure, aus Lezithin dagegen nur Glyzerinphosphorsäure. In wie weit Kephalin ähnliche komplexe Verbindungen mit Zuckerarten usw. wie Lezithin bildet, ist nicht untersucht worden. Doch kann man ihre Existenz als sicher annehmen; auch bei ihnen dürften Adsorptionserscheinungen oder dissoziierbare Verbindungen vorliegen.

Die übrigen Monophosphatide sind im wesentlichen nur als $CdCl_2$-Verbindungen bekannt und deshalb schlecht charakterisiert.

Paramyelin, von Thudichum aus Gehirn dargestellt, ist wahrscheinlich ein Zersetzungsprodukt anderer Monophosphatide.

Ein azetonlösliches Monophosphatid aus Herzmuskel wurde von Erlandsen aufgefunden und ist im übrigen unbekannt.

Vesalthin aus Eigelb wurde von Pari[1]) aus dem Azetonextrakt dargestellt und ist Erlandsens Phosphatid sehr ähnlich. Es enthält, neben anderen Gruppen, Myristinsäure.

Myelin

besitzt charakteristische Reaktionen, weshalb seine Identität als ziemlich sicher gelten darf. Es wurde von Thudichum in nicht sehr grosser Menge aus Gehirn dargestellt und kommt wahrscheinlich auch anderwärts, z. B. im Herzmuskel, vor. Es ist das einzige bekannte Phosphatid, das nicht durch $CdCl_2$ gefällt wird, dagegen gibt es gleichfalls im Gegensatz zu anderen Phosphatiden — mit Bleizucker einen Niederschlag, aus dem es sich durch H_2S regenerieren lässt.

Zusammensetzung: C 63,41 %, H 9,83 %, N 1,79 %, P 4,09 %, O 20,87 % (Thudichum).

Formel: $C_{40}H_{75}NPO_9$.

Eigenschaften: Myelin kristallisiert aus Alkohol und Äther; es ist in kaltem Alkohol wenig, dagegen leicht in heissem Alkohol löslich und scheidet sich beim Abkühlen der Lösung grösstenteils aus. Trotz seiner geringen Löslichkeit in Äther kommt es dennoch, obwohl nicht quantitativ (?), in der primären Ätherlösung vor (Thudichum). Es enthält die Reste ungesättigter Fettsäuren und ist nach Thudichum selbst eine ungesättigte Säure. Im übrigen ist seine Zusammensetzung unbekannt.

2. Monaminodiphosphatide.

Diphosphatide kommen nach Erlandsen regelmäßig in grosser Menge im Herzmuskel vor, in den Extremitätenmuskeln wurden sie nur spurenweise gefunden. Auch sonst im Organismus sind sie nachgewiesen, obwohl weniger eingehend studiert als beim Herz. Im Gehirn sind sie nicht gefunden worden.

Cuorin.

Das Diphosphatid des Herzmuskels, das Cuorin, findet sich mit dem Lezithin zusammen im primären Ätherextrakt. Die Trennung beider ist sehr einfach, indem das Cuorin in kaltem Alkohol unlöslich ist.

Dagegen bietet die Trennung vom Kephalin Schwierigkeiten. Im Herzmuskel scheint aber Kephalin nicht vorzukommen.

Die Formel des Cuorins ist $C_{71}H_{125}NP_2O_{21}$, das Molekül ist also weit grösser als das des Lezithins.

Es besteht aus Glyzerinphosphorsäure, drei Fettsäure-Molekülen und einer stickstoffhaltigen Gruppe, die nicht mit Cholin identisch sein kann, da

[1]) Fränkel u. Pari, Biochem. Zeitschr. 7, 68. 1909.

ihre Pt-Verbindung 37,26 % Pt enthält, gegen 31,64 % Pt bei Cholin. Beim Glühen wird Trimethylamin entwickelt.

Die Fettsäuren des Cuorins sind vorwiegend ungesättigt. Ihre elementare Zusammensetzung entspricht einer Formel $C_{19}H_{34}O_2$. Die Jodzahl ist = 130,1. Sie gehören der Linol-Linolengruppe an.

Aller Wahrscheinlichkeit nach lässt sich durch Baryt eine der Kephalophosphorsäure ähnliche Verbindung auch aus Cuorin darstellen. Sogar nach Verseifung mit Natronlauge resultierten P-haltige Fettsäuren, während beim Kephalin die Verseifung mit NaOH zu reinen Fettsäuren führt.

Das Cuorin ist in noch höherem Maße als Lezithin autoxydabel. Beim Liegen an der Luft wird es zu einer Verbindung oxydiert, welche der Formel $C_{71}H_{125}NP_2O_{30}$ entspricht. Die Jodzahl der ursprünglichen Substanz ist 100,4, diejenige der oxydierten 22,3 (bei Lezithin betrugen die entsprechenden Werte 100,4 bezw. 29,1.).

Cuorin geht mit $CdCl_2$ und $PtCl_4$ Verbindungen ein. Das Verhältnis zwischen $N : P : PtCl_4$ ist = 1 : 2 : 2. Wie weit die Verbindungen sonst von der ursprünglichen Substanz verschieden sind, bleibt noch zu untersuchen.

Das Cuorin bildet nach dem Trocknen eine gelbbraune, durchsichtige harte Substanz. Es ist sehr hygroskopisch, und leicht in Äther, Chloroform, Petroleumäther, Schwefelkohlenstoff und Benzol löslich. Ferner ist es in heissem Essigäther und Amylalkohol löslich, wird aber beim Erkalten wieder ausgeschieden. In Alkohol, Methylalkohol und Azeton ist es selbst beim Kochen unlöslich. Mit Wasser bildet Cuorin eine Emulsion.

Die Eigenschaften des Cuorins werden durch Autoxydation stark verändert:

Ursprüngliche Substanz.	Oxydierte Verbindung.
In Äther und anderen Lösungsmitteln leicht löslich.	In Äther und anderen Lösungsmitteln unlöslich.
In Wasser unlöslich.	In Wasser löslich.
Nicht harzähnlicher Konsistenz.	Harzähnlicher Konsistenz.

Leberphosphatid.

ist von Baskoff[1]) aus der Leber nach Erlandsens Methode dargestellt worden. Es stimmt in seinem Verhalten mit dem Cuorin im allgemeinen gut überein. Kleine Differenzen lassen sich daraus erklären, dass Baskoffs Phosphatid nicht ganz rein war. Bemerkenswert ist, dass das Leberphosphatid nicht mit Zucker reagiert[1]). Für das Cuorin und Kobragift hatte ich ähnliches gefunden.

---

[1]) Baskoff, Zeitschr. f. physiol. Chemie. 53, 395. 1907.

Monaminodiphosphatid aus Eigelb.

kommt nach Mac Lean[1]) in ungefähr gleicher Menge wie Kephalin vor
und lässt sich durch Verwendung von heissem Alkohol, in welchem das
Diphosphatid unlöslich ist, trennen. Sonstige Eigenschaften sind nicht
bekannt.

3. Triaminodiphosphatide.

Sie sind nur von Fränkel und seinen Mitarbeitern als $CdCl_2$-Verbind-
ungen dargestellt worden Im weiteren Verlauf der Arbeit wurden diese
Verbindungen (aus Niere und Gehirn) mit heissem Benzol behandelt, was
nach Erlandsen erhebliche Zersetzungen nach sich zieht. Fränkel hat
nicht zu beweisen versucht, dass diese Angaben Erlandsens unrichtig sind.
Man hat auch keine Garantie (vgl. Erlandsen), dass die Benzolbehandlung
zu einer Trennung von Phosphatiden dienen kann. Fränkels Analysen-
befunde lassen sich auch unter der Annahme deuten, dass gewisse Verunreinigungen vorkommen, die auf den N- oder P-Gehalt einwirken. So
gelangte z. B. Fränkel selbst durch H_2S-Behandlung seiner Gehirn-$CdCl_2$-
Verbindung zu einer N-haltigen, P-freien Substanz. Es ist ja durchaus
möglich, dass diese von dem Phosphatid abgespalten worden ist, andererseits
könnte in ihr auch eine Verunreinigung vorliegen, die auf den N-Gehalt
sehr erheblich einwirken müsste. Diese Möglichkeit verdient deshalb besondere
Berücksichtigung, weil Fränkel sein Gehirnphosphatid im Gange der Darstellung an der Stelle gefunden hat, an der frühere Forscher das Lezithin
fanden. Subtrahiert man nur 1 Atom N von der Formel, so kommt man
zu einem Monaminomonophosphatid, denn zwischen Diaminodiphosphatiden
und den Mono-Verbindungen ist es schwer zu unterscheiden.

Die von Fränkel erhaltenen Phosphatide sind einander nicht gleich,
denn das Phosphatid der Niere reagiert mit 2 Molekülen $CdCl_2$, während die
Gehirnverbindung 3 Moleküle $CdCl_2$ bedarf. Im übrigen hat Fränkel die
Formel des Nierenphosphatids nur mit Vorbehalt aufgestellt.

Eingehend ist nur das Triaminodiphosphatid aus Gehirn, das »Sahidin«,
studiert[2]).

Die petrolätherische Fraktion (vgl. oben, ihr entspricht etwa das primäre
Ätherextrakt) des Gehirns wird durch absoluten Alkohol von Kephalin befreit,
und aus der verbleibenden Lösung wird mittels ammoniakalischer Bleizucker·
lösung das Myelin entfernt. Der Bleiüberschuss wird mit alkoholischer Salzsäure
entfernt und dann das Sahidin mit $CdCl_2$ gefällt. Der Niederschlag wird
mit Benzol ausgekocht (!); das Sahidin-$CdCl_2$ geht hierbei in Lösung und
wird nach erfolgtem Abkühlen durch absoluten Alkohol gefällt, und wieder
in derselben Weise gereinigt.

---

[1]) Mac Lean, Zeitschr. f. physiol. Chemie. 57, 304. 1908.
[2]) Fränkel, Biochem. Zeitschr. 24, 268. 1910.

Eigenschaften: Das bei 100° im absoluten Vakuum über Schwefelsäure (!) getrocknete Präparat ist ein lichtgelbes, kristallinisches Pulver vom
Schmelzpunkt ca. 243°. Die Substanz ist rechtsdrehend. Sie ist ein ungesättigter Körper; ihre Jodzahl beträgt 36, bezw. auf die kadmiumfreie
Verbindung umgerechnet 49.

Formel: $C_{80}H_{167}N_3P_2O_{12}Cd_3Cl_6$.

Zusammensetzung: Bei der Hydrolyse wurden Cholin, Glyzerinphosphorsäure und Fettsäuren gefunden, unter letzteren eine solche, deren
Barytsalz ätherlöslich ist. Sahidin enthält ausser der ungesättigten auch
eine gesättigte Fettsäure. Das freie Sahidin wurde nicht dargestellt.

Wie ersichtlich stimmen diese Befunde gut zu der Auffassung, dass
ein Monaminomonophosphatid vom Typus des Lezithins vorliegen könnte,
das durch eine N-haltige Substanz verunreinigt ist.

Ein anderes Triaminodiphosphatid, von der Formel $C_{78}H_{133}N_3P_2O_{21}Cd_2Cl_6$,
haben Fränkel und Noguéira[1]) aus der Niere dargestellt. Es ist nur
sehr unvollständig untersucht.

B. Gesättigte Phosphatide.

1. Diaminomonophosphatide.

Während die Diphosphatidgruppe (1 N : 2 P) unter den Zell-Lipoiden
nur wenig vertreten ist, scheint die Diaminomonophosphatidgruppe (2 N : 1 P)
allgemeiner vorzukommen. Wahrscheinlich gehören diese Verbindungen zu
den primären Zellbestandteilen. Jedenfalls sind sie überall dort gefunden,
wo man danach gesucht hat. Diese Verbindungen bieten in mehrfacher
Beziehung Interesse dar.

Sphingomyelin.

Das Sphingomyelin wurde von Thudichum aus dem Gehirn dargestellt;
der genannte Autor fasst das Protagon als eine Mischung von vorwaltendem
Sphingomyelin mit Zerebrosiden auf. Sphingomyelin oder nahe verwandte
Körper müssen auch in anderen Zellen vorkommen, da »Protagon« ein
gewöhnlicher, vielleicht sogar ein konstanter Zellbestandteil ist.

Sphyngomyelin ist noch sehr unvollständig studiert. Thudichums
Angaben über seine Zusammensetzung und Konstitution sind wahrscheinlich
nicht ganz richtig, während die Untersuchungen von Rosenheim und
Tebb[2]) grösseren Anspruch auf Richtigkeit erheben können. Nach diesen
Verfassern ist die proz. Zusammensetzung C 62,9 %, H 11,54 %, N 3,33 %,
P 3,46 %, O 18,77 %, entsprechend einer Formel $C_{49}H_{104}N_2PO_{10}$. Als andere
Formel ist auch aufgestellt worden: $C_{52}H_{104}N_2PO_9 + H_2O$.

1) Fränkel u. Noguéira, Biochem. Zeitschr. 16, 366. 1909.
2) Rosenheim u. Tebb, Quart. Journ. of exp. Physiol. 1, 297. 1908.

Thudichum stellte die $CdCl_2$-Verbindung dar; dieselbe wurde durch H_2S oder durch Dialyse zerlegt. Rosenheim und Tebb gehen von dem Protagon aus und trennen das Sphingomyelin von den Zerebrosiden durch Pyridin Bei 30° wird das »Protagon« von Pyridin gelöst und beim Abkühlen scheidet sich Sphingomyelin aus, während die Zerebroside in Lösung bleiben. Kitagawa und Thierfelder[1]) benutzen zur Trennung chloroformhaltigen Methylalkohol.

Eigenschaften: Sphingomyelin kristallisiert aus Alkohol in Nadeln, Sternen und Tafeln. Es lässt sich pulverisieren, ist opak und nicht wachsartig wie die ungesättigten Phosphatide. In heissem Alkohol ist es leicht, in kaltem Alkohol schwer löslich, in Äther unlöslich, mit Wasser bildet es eine Emulsion. Nach Rosenheim und Tebb[2]) dreht die Suspension in Alkohol die Ebene des polarisierten Lichtstrahles nach links. Sphingomyelin verbindet sich mit HCl, $PtCl_4$ und $CdCl_2$; die letztgenannte Verbindung wurde von Thudichum studiert, ihre Zusammensetzung ist nicht konstant.

Über die Spaltungsprodukte ist wenig bekannt. Thudichum vermisste unter ihnen Glyzerin und Cholin, und fand an deren Stelle Sphingol $C_9H_{18}O$ oder $C_{18}H_{36}O_2$ und einen stickstoffhaltigen Körper »Sphingosin« von schwankender Zusammensetzung. Wahrscheinlich kommt nur eine, und zwar eine gesättigte Fettsäure vor; nach Thudichum handelt es sich um eine mit der gewöhnlichen Stearinsäure isomere Säure.

Die von Thudichum sonst im Gehirne gefundenen Diaminophosphatide Amidomyelin und Apomyelin sind nicht näher studiert worden und können übergangen werden.

Diaminophosphatid aus Muskeln.

Ein neues Diaminophosphatid, das vielleicht dem Sphingomyelin nahe steht, hat Erlandsen im Herzmuskel und in den Extremitätenmuskeln gefunden. Es kommt hier in reichlicher Menge vor. Das Vorkommen derselben Verbindung im Eigelb dürfte, nach Erlandsen, ziemlich sichergestellt sein.

Dieses Phosphatid ist nur als $CdCl_2$-Verbindung untersucht worden, da es Erlandsen nicht gelang, aus ihr das reine Phosphatid zu regenerieren. Es ist sowohl in Äther als in Alkohol leicht löslich, und stimmt in dieser Beziehung ganz mit dem Lezithin überein. Die Trennung von diesem war nur dadurch möglich, dass das Diaminophosphatid nicht in die primäre Ätherlösung geht, sondern erst bei der nachfolgenden Alkoholbehandlung extrahiert wird.

Die $CdCl_2$-Verbindung wird schon durch Extraktion mit Äther verändert, in noch höherem Maße wirkt warmes Benzol zerstörend ein.

---

[1]) Kitagawa u. Thierfelder, Zeitschr. f. physiol. Chemie 49, 286. 1906.
[2]) Rosenheim u. Tebb, Journ. of Physiol. 37, 348. 1908.

Als $CdCl_2$-Verbindung analysiert, zeigte die Substanz eine mit der Formel $C_{40}H_{75}N_2PO_{12}$ übereinstimmende Zusammensetzung. (Für Aminomyelin ist die Formel $C_{44}H_{92}N_2PO_{10}$, für Sphingomyelin $C_{52}H_{104}N_2PO_9$ aufgestellt). Die Verbindung enthält 2 Moleküle $CdCl_2$.

Wie das Sphingomyelin, so soll nach Erlandsen auch dieses Phosphatid als $CdCl_2$-Verbindung nur 1 Molekül Fettsäure enthalten, und diese Fettsäure ist, im Gegensatz zu den früher erwähnten Phosphatiden, eine Oxysäure ($C_{21}H_{36}O_4$ oder $C_{22}H_{38}O_4$). Man darf hierbei nicht vergessen, dass es nicht ausgeschlossen ist, dass — ebenso wie beim Lezithin — bei der Verbindung mit $CdCl_2$ Fettsäuren abgespalten werden, und es wäre demgemäß nicht unmöglich, dass die ursprüngliche Substanz 2 Moleküle Fettsäuren enthalten hätte. Die Werte für $CdCl_2$ sind allerdings schwankend.

Ferner wurde hier · Glyzerinphosphorsäure nachgewiesen, während Sphingomyelin nach Thudichum kein Glyzerin enthält. Bei der Analyse des Bleisalzes wurde jedoch keine gute Übereinstimmung mit den berechneten Werten erhalten (5,22% P und 44,56% Pb gegen berechnet 8,23% P und 54,88% Pb). Die Akroleinreaktion war stark positiv.

Die stickstoffhaltige Gruppe zeigte als Pt-Verbindung einen Pt-Gehalt von 32,62%, beim Erhitzen wurde Trimethylamin entwickelt. Es ist nicht unwahrscheinlich, dass mehrere stickstoffhaltige Gruppen vorkommen.

Hier ist demnach ein Phosphatid nachgewiesen, das in Beziehung auf Löslichkeit vollständig mit Lezithin übereinstimmt, das ferner Glyzerinphosphorsäure und Fettsäuren enthält, und dessen stickstoffhaltige Gruppe eine Pt-Verbindung von ungefähr demselben Pt-Gehalt wie Cholin liefert. Nur durch Analysen des rein dargestellten Phosphatids kann der fundamentale Unterschied erwiesen werden. Hierbei muss noch hervorgehoben werden, dass das Phosphatid, nach Diakonows Verfahren aus der sekundären Alkohollösung dargestellt, mit Verunreinigungen derartig behaftet war, dass auch der P- und N-Gehalt mit demjenigen des Lezithins übereinstimmte. Durch Fraktionierung mit abs. Alkohol, Äther und Azeton und Fällung mit $CdCl_2$ gelang die Reindarstellung.

Nach Erlandsen soll dieses Phosphatid vielleicht in den Zellen als Eiweissverbindung präformiert vorkommen. Ich habe diese Frage schon oben erörtert und verweise hierauf (S. 38). Jedenfalls ist die Existenz derartiger Verbindungen mindestens ebenso sicher erwiesen, als diejenige der Lezithin-Eiweissverbindungen. Die exakten Beweise fehlen aber freilich noch und bis sie geliefert worden sind, darf man von Phosphatid-Eiweiss nur mit Vorbehalt sprechen.

Diaminophosphatid aus Eigelb.

Dieses wurde von Thierfelder und Stern aus Eigelb, und zwar aus dem primären Ätherextrakt, dargestellt. Es bildet mit etwas Eiweiss zusammen die »in Äther schwer lösliche« Fraktion, und demnach erscheint die Annahme nicht unbegründet, dass die Gegenwart anderer Stoffe für seinen Übergang in das Ätherextrakt verantwortlich ist.

Auch diese Verbindung kristallisiert. Sie lässt sich pulvern und behält dauernd ihre weisse Farbe. Sie ist kaum hygroskopisch. Ihre Löslichkeitsverhältnisse stimmen mit denjenigen des Sphingomyelins überein. In Chloroform ist sie leicht löslich. Schmelzpunkt 169°—170°. Sie wird durch $CdCl_2$ und Bleiazetat gefällt. Über die Konstitution ist nichts bekannt.

Die Verbindung kommt nur in sehr geringer Menge vor, aus 100 Eiern wurden $^3/_4$ g erhalten. Denkbar wäre, dass eine nachfolgende Extraktion mit heissem Alkohol viel mehr von diesem Körper auflösen könnte, jedenfalls enthält das Eigelb nach Erschöpfen mit Äther noch Phosphatide in reichlicher Menge. Das sekundäre Alkoholextrakt ist in diesem Sinne hier noch nicht untersucht worden.

Diaminophosphatid aus Pferdepankreas.

Nach dem Verfahren der Vesalthindarstellung (Seite 69) konnten Fränkel und Offer[1]) aus Pferdepankreas ein gesättigtes, kristallinisches Phosphatid mit der Formel $C_{72}H_{141}N_2PO_{11}$ darstellen. Es ist bemerkenswert, dass dieser Körper nicht im Ochsenpankreas vorzukommen scheint. Anderseits enthält das Pferdepankreas nach Fränkel kein mit dem ungesättigten Vesalthin übereinstimmendes Phosphatid.

2. Triaminomonophosphatide.

Neottin.

Von Fränkel und Buffalio[2]) aus Eigelb dargestellt. Zusammensetzung: C 67,51 %, H 11,52 %, N 2,81 %, P 2,07 %. Formel: $C_{84}H_{172}N_3PO_{15}$. Die Konstitution ist unbekannt, doch ist die Gegenwart des Cholins erwiesen, auch Stearinsäure, wahrscheinlich Palmitinsäure und vielleicht Zerebronsäure (vgl. 81) wurden gefunden.

Darstellung: Aus dem mit Azeton erschöpften Eidotter wurde das Neottin durch heissen Alkohol extrahiert. Aus der filtrierten Lösung kristallisiert das Phosphatid beim Erkalten aus. Es bleibt noch zu untersuchen, in wie weit nicht die übrigen, in Alkohol schwer löslichen Phosphatide (Kephalin und Diaminophosphatid) das Präparat verunreinigen. Fränkel und Buffalio erwähnen diese Möglichkeit nicht; auch muss man wohl an die Zerebroside denken. Eigenschaften: Das Neottin ist ein aus feinen Nadeln bestehendes Pulver, das in Wasser, Äther, Azeton, Petroleumäther und kaltem Alkohol

[1]) Fränkel und Offer, Biochem. Zeitschr. 26, 53. 1910.
[2]) Fränkel u. Buffalio, Biochem. Zeitschr. 9, 44. 1908.

unlöslich, dagegen in heissem Alkohol, Benzol, Chloroform, Xylol und Tetra-
chlorkohlenstoff löslich ist. Es enthält keine ungesättigten Fettsäuren und
ist optisch inaktiv. Sein Molekulargewicht, bestimmt aus der Gefrierpunkts-
niedrigung in Naphtalin, entspricht 1483. Dieses Ergebnis verdient besondere
Berücksichtigung, da sonst nur sehr wenig direkte Molekulargewichts-
bestimmungen an Phosphatiden vorgenommen wurden.

Carnaubon

nennen Dunhem und Jacobson[1]) ein neues, recht sonderbares Phosphatid,
das sie aus der Niere dargestellt haben.

Es wird durch Alkohol extrahiert, in Benzol gelöst und aus dem Benzolextrakt schliesslich fraktioniert mit Äther gefällt. Carnaubon wird (im Gegensatz zum Fränkelschen Triaminodiphosphatid) von Äther nicht gelöst.
Schliesslich wird es durch Umkristallisieren aus heissem Alkohol gereinigt.

Die Zusammensetzung war 66,70 %, C, 11,38 % H, 3,19 °₀ N und 2,38 % P,
entsprechend der Formel $C_{74} H_{150} N_3 PO_{13}$. Seiner Konstitution nach enthält
das Carnaubon Phosphorsäure, Cholin und drei Fettsäureradikale, nämlich
Stearin-, Palmitin- und Carnaubinsäure, dagegen soll Glyzerin nicht vorkommen. Anderseits enthält das Carnaubon Zucker und zwar Galaktose,
die sehr fest gebunden ist, so dass eine einfache Hydrolyse den Zucker
nur sehr unvollständig abspaltet. In dieser Beziehung ist also dieses Phosphatid durchaus von der sogen. Lezithinglukose verschieden, welche ihrerseits
mit dem Zucker nur sehr lose verbunden ist, während hier der Zucker einen
Bestandteil des Phosphatidmoleküls ausmacht. Das Carnaubon unterscheidet
sich hierin von sämtlichen tierischen Phosphatiden, dagegen kommen ähnlich
zusammengesetzte Phosphatide im Pflanzenreiche vor. Anderseits enthalten
auch die Zerebroside Galaktose und der Verdacht einer Verunreinigung des
Carnaubons mit Zerebrosiden bleibt zu berücksichtigen. Der hohe N-Gehalt
spricht nicht gerade gegen eine solche Möglichkeit.

3. Protagon.

Will man zur Protagonfrage Stellung nehmen, so müssen zwei Gesichtspunkte berücksichtigt werden, nämlich 1. ob das Protagon das einzige oder
jedenfalls hauptsächliche Phosphatid des Gehirns darstellt und 2. die davon
ganz unabhängige Frage, ob ein Körper, der seinen Eigenschaften und seiner
Zusammensetzung nach mit dem Protagon übereinstimmt, überhaupt existiert.
Die erste Auffassung repräsentiert den Standpunkt der alten Protagonisten,
welche die ganze Phosphatidtheorie Thudichums energisch bekämpften. Sie
ist jetzt durchaus verlassen und Thudichum hat prinzipiell den Sieg davon-

---

[1]) Dunhem u. Jacobson, Zeitschr. f. physiol. Chemie 64, 302. 1910.

getragen. Es ist tragisch, dass ihm erst nach seinem Tode Anerkennung zuteil geworden ist, während er bei Lebzeiten nicht berücksichtigt wurde. Hieraus ist die Bitterkeit verständlich, die in seiner Monographie der Gehirnchemie Ausdruck findet, einer Arbeit, die ein dauerndes Denkmal seiner grossartigen Leistungen auf diesem Gebiete bleiben wird. Protagon ist also sicher nicht das einzige Gehirnphosphatid; im Gegenteil, es stellt, wenn es überhaupt vorkommt, nur einen kleinen Bruchteil der Gesamtphosphatide dar (Chittenden und Frisselt u. a.)

Der wichtigste Beweis für die reale Existenz des Protagons ist seine leichte Kristallisierbarkeit, sowie der Umstand, dass die Kristalle konstante Zusammensetzung aufweisen und ohne Änderung derselben umkristallisiert werden können. Zwar glauben Thudichum sowie Rosenheim und Tebb[1]) das entgegengesetzte gefunden zu haben, dennoch ist es über jeden Zweifel, dass Protagon beim Umkristallisieren seine konstante Zusammensetzung beibehalten kann. Schon ältere Untersucher und besonders Cramer[2]), sowie Lesem und Gies[3]) fanden dieses Ergebnis, das freilich nicht unter allen Bedingungen zutrifft.

Gegen die reale Existenz des Protagons lässt sich anführen: 1. Man kann aus Mischungen seiner Zerfallsprodukte (Sphingomyelin und Zerebroside) das Protagon mit unveränderten Eigenschaften regenerieren (Rosenheim und Tebb). 2. Die Zerfallsprodukte besitzen dieselben Löslichkeitsverhältnisse in Alkohol wie das Protagon selbst, können also kaum durch Alkohol getrennt werden für den Fall, dass nur eine Mischung vorliegt. 3. Dagegen ist es Rosenheim und Tebb, sowie Kitagawa und Thierfelder gelungen, durch Verwendung von Pyridin resp. chloroformhaltigem Methylalkohol ohne erheblichen Eingriff die beiden genannten Komplexe von einander zu trennen. 4. Das hohe Molekulargewicht des Protagons, welches mindestens ca. 6000 beträgt, spricht nicht für die Einheitlichkeit, ebensowenig die 10 N-Atome, die es enthalten muss. Dagegen zeigt der S-Gehalt an, dass Sphingomyelin und Zerebroside zum mindesten nicht die einzigen Komponenten sind, wenn freilich auch zuweilen S-freie Präparate dargestellt worden sind. Aus allen diesen Gründen verhalte auch ich mich in Übereinstimmung mit den meisten Forschern dem Protagon gegenüber ablehnend.

Darstellung. Nach Gamgee und Blankenhorn (welche das Protagon als das einzige Gehirnphosphatid ansehen) extrahiert man mit 85 proz. Alkohol bei 45° während 18 Stunden. Aus dem Filtrate fällt Protagon beim Abkühlen aus. Nach Wilson und Cramer ist die langdauernde Alkoholextraktion schädlich; sie extrahieren deshalb das mit Äther und kaltem Alkohol

[1]) Rosenheim u. Tebb, Quart. Journ. of Physiol. 1, 297, 1908; Journ. of Physiol. 37, 341 u. 348, 1908; Biochem. Zeitschr. 25, 151. 1910.
[2]) Cramer u. Wilson, Quart. Journ. of Physiol. 1, 97, 1908; 2, 91. 1909.
[3]) Gies u. Lesem, Americ. Journ. of Physiol. 8, 183, 1902.

erschöpfte Gehirnpulver 2 Minuten mit kochendem Alkohol und kristallisieren einmal aus kochendem Alkohol um.

Eigenschaften. Das Protagon ist ein weisses, aus mikroskopischen Nadeln bestehendes, lockeres Pulver, das mit Wasser eine Emulsion bildet. Es ist schwer löslich in kaltem, leicht löslich in heissem Alkohol und löst sich bei 30° klar in Pyridin auf. Diese Lösung zeigt eine spezifische Drehung $[a]_D = + 6{,}8°$. Beim Abkühlen der Lösung scheidet sich Sphingomyelin ab und die Drehung nimmt ab, bis sie schliesslich in eine Linksdrehung von $- 24{,}2°$ übergeht. Die Linksdrehung soll von den doppelbrechenden Sphärokristallen des Sphingomyelins herrühren (Rosenheim und Tebb[1]). Das Protagon gibt nach Levene[2] die Pentosereaktion mit Orzin-Salzsäure, eine Reaktion, die übrigens auch die Galaktose aufweist.

C. Ungenügend charakterisierte Phosphatide.

1. Aus der Galle hat Thudichum ein Phosphatid mit dem Atomverhältnis 4 N : 1 P beschrieben; Hammarsten[3] hat dies nicht bestätigen können.

2. In dem Azetonextrakt des Eidotters fand Fränkel[4] die CdCl$_2$-Verbindung eines Phosphatids mit 8 N : 1 P. Dieses Ergebnis ist recht frappant, da Erlandsen aus dem Azetonextrakt des Eidotters durch ein Verfahren, das nur unwesentlich von demjenigen Fränkels verschieden war, ein Monaminophosphatid erhielt. Aus dem Azetonextrakt des Menschengehirns haben Fränkel und Elias[5] ein ähnliches Dekaaminodiphosphatid dargestellt.

3. Sulphatide und Sulphophosphatide kommen nach Thudichum im Gehirn vor. Sie sind nicht näher untersucht worden.

4. Aus dem Ätherextrakt der Blutkörperchen haben Forssman und Bang[6] einen Körper dargestellt, der nach Einspritzung beim Kaninchen eine artspezifische Hämolysinbildung erkennen liess. Die Verbindung ist in Azeton, Alkohol und, nach vorhergehender Reinigung, auch in Äther unlöslich, dagegen in Benzol löslich und, nach Takaki[7], auch in Wasser. Sie ist wahrscheinlich autoxydabel. Nach Forssman[8] ist sie dialysabel. Bisher hat man den Körper noch nicht rein dargestellt, das gereinigte Lysinogen enthält vielmehr nach Takaki noch viel Asche. P und N wurden nachgewiesen, ebenso eine Zuckergruppe. Weiter lässt sich nichts über die Natur der Verbindung aussagen.

[1] Rosenheim u. Tebb, Journ. of Physiol. **37**, 348. 1908.
[2] Levene, Zeitschr. f. physiol. Chemie **53**, 499.
[3] Hammarsten, Zeitschr. f. physiol. Chemie **36**, 528. 1902.
[4] Fränkel, Biochem. Zeitschr. **9**, 44. 1907.
[5] Fränkel und Elias, Biochem. Zeitschr. **28**, 320. 1910.
[6] Bang u. Forssman, Beitr. z. chem. Physiol. u. Path. **8**, 238. 1906.
[7] Takaki, Beitr. z. chem. Physiol. u. Path. **11**, 288. 1908.
[8] Forssman, Biochem. Zeitschr. **9**, 330. 1908.

Zur Darstellung des Körpers, welcher also vorläufig nur durch seine Löslichkeitsverhältnisse und seine biologische Wirkung charakterisiert ist, werden Blutkörperchen mit Äther ausgeschüttelt. Das konzentrierte Ätherextrakt wird mit Azeton fraktioniert und der Rückstand mit Alkohol ausgekocht. Nach einer abermaligen Ätherbehandlung kocht man den Rückstand mit Benzol $^1/_2$ Stunde aus und filtriert. In Benzollösung ist der Körper lange haltbar, während er, in Gestalt des ursprünglichen Ätherextraktes aufbewahrt, recht schnell verändert und wirkungslos wird.

Anhang zu den Phosphatiden.

Pflanzenphosphatide.

Die Pflanzenphosphatide unterscheiden sich sehr deutlich von den tierischen. Lezithin kommt, aller Wahrscheinlichkeit nach, im Pflanzenreiche n i c h t vor und ebenso wenig finden sich andere aus dem Tierkörper bekannte Phosphatide. Zwar haben S c h u l z e und seine Mitarbeiter Phosphatide, die sie mit Lezithin und Kephalin identifizierten, beschrieben, doch sind diese Angaben wohl nicht mehr aufrecht zu erhalten. Ebenso wie die tierischen, sind auch die Pflanzenphosphatide sehr zahlreich. Ihre Trennung ist noch weniger gelungen als die der tierischen. Gegenüber den tierischen sind die Pflanzenphosphatide durch ihren Gehalt an Z u c k e r charakterisiert. Zwar sind auch aus dem Tierkörper zuckerhaltige Phosphatide beschrieben worden, wie z. B. Jekorin; doch kommt diesem gegenüber bei den Pflanzenphosphatiden der Zucker fest gebunden und in konstantem stöchiometrischen Verhältnis vor. Man kann hieraus folgern, dass die Zuckergruppe einen i n t e g r i e r e n d e n B e s t a n d t e i l des Phosphatidmoleküls darstellt und nicht nur mehr oder weniger lose damit verbunden ist, wie das bei den tierischen Phosphatiden der Fall ist (vgl. hiergegen jedoch das Carnaubon). Der Zucker ist gewöhnlich Galaktose, doch kommen auch Glukose und Pentosen vor. Unter den sonstigen Spaltungsprodukten sind regelmäfsig Glyzerinphosphorsäure und Cholin nachgewiesen worden; auch andere stickstoffhaltige Gruppen, wie Trigonellin, kommen vor. Am besten untersucht sind die Phosphatide des Weizensamens. Auf die Ergebnisse des näheren Studiums dieser Verbindungen soll hier nicht eingegangen werden; Interessenten verweise ich auf die Arbeiten von H i e s t a n d [1] sowie von W i n t e r s t e i n und seinen Mitarbeitern [2]).

[1]) H i e s t a n d, Dissert. Zürich 1906.
[2]) W i n t e r s t e i n u. S t e g m a n n, Zeitschr. f. physiol. Chemie 58, 527. — W i n t e r s t e i n u. S m o l e n s k i, Zeitschr. f. physiol. Chemie 58, 506. — W i n t e r s t e i n, Zeitschr. f. physiol. Chemie 58, 500. 1908—1909.

IV. Die Zerebroside.

Die Zerebroside sind Glykoside und liefern bei der Hydrolyse Zucker, und zwar immer Galaktose, ferner Fettsäuren und N-haltige Bestandteile, aber keine Phosphorsäure. Es ist wohl möglich, dass die Pflanzenphosphatide, welche auch Galaktose enthalten — doch sind auch andere Saccharide, wie Glukose, gefunden worden — einen Übergang von den eigentlichen tierischen Phosphatiden zu den Zerebrosiden bilden. Da aber die Konstitution sowohl der Pflanzenphosphatide wie der Zerebroside noch sehr wenig bekannt ist, lässt sich vorläufig nichts bestimmteres hierüber sagen. Die Zerebroside wurden zuerst von Thudichum nachgewiesen und zwar im Gehirn, wo sie vorwiegend, vielleicht sogar ausschliesslich in der weissen Substanz vorkommen. Auch als Bestandteil der Zellen wurden Zerebroside aufgefunden. Systematische Untersuchungen liegen allerdings nicht vor und wir wissen kaum mehr hierüber, als dass die roten Blutkörperchen, die Spermatozoen, die Eiterzellen und die Milz solche Substanzen enthalten. Doch kann man wohl sagen, dass überall wo »Protagon« nachgewiesen worden ist (d. h. in den meisten Zellen) tatsächlich Zerebroside vorkommen werden. Die verschiedenen Zerebroside sind einander sehr ähnlich, ja es ist nicht unwahrscheinlich, dass die zwei wichtigsten, Phrenosin und Zerebron, tatsächlich identisch sind.

Phrenosin

wurde von Thudichum aufgefunden, aber nicht ganz rein dargestellt. Die prozentische Zusammensetzung war C $67,96\%$, H $11,43\%$, N $1,997\%$, O $18,61\%$, was mit einer Formel $C_{40}H_{80}NO_8$ gut übereinstimmt. Die aus den Spaltungsprodukten berechnete Zusammensetzung zeigte etwa 2% C mehr und stimmt gut mit dem Zerebron überein. Es ist in kaltem Alkohol unlöslich, löst sich aber in heissem auf und scheidet sich als weisse kristallinische Masse beim Abkühlen aus. In Äther und in Wasser ist es unlöslich und es quillt auch nicht in Wasser. Die Raspail-Pettenkofersche Reaktion ist positiv, auch ohne Zuckerzusatz.

Bei Hydrolyse mit verdünnten Mineralsäuren entstehen Galaktose, die der gewöhnlichen Stearinsäure isomere Neurostearinsäure $C_{18}H_{36}O_2$, und eine Base Sphingosin $C_{17}H_{35}NO_2$, welche auch im Sphingomyelin vorkommen soll. Sie scheint eine Aminofettsäure zu sein.

Kerasin

benannte Thudichum ein zweites Gehirnzerebrosid, das sich nur langsam aus heissem Alkohol ausscheidet und dadurch von dem rasch auskristallisierenden Phrenosin getrennt werden kann. Es ist beinahe unlöslich in kaltem Alkohol und bildet feine lange Nadeln, die sich als gallertartige Massen ausscheiden. Zusammensetzung: C $70,06\%$, H $11,60\%$, N $2,23\%$, O $16,11\%$, entsprechend der Formel $C_{36}H_{78}NO_6$. Die Spaltungsprodukte sind Galaktose, eine Fettsäure und wahrscheinlich Sphingosin.

Zerebron

wurde von Thierfelder und Wörner[1]) aus Protagon dargestellt. Das Pseudozerebrin von Gamgee ist mit diesem Zerebron identisch. Man löst das Protagon in chloroformhaltigem Methylalkohol unter ganz gelindem Erwärmen auf; nach 24 Stunden scheidet sich das Zerebron aus, während das Phosphatid in Lösung bleibt. Nach mehrmaligen Umfällungen ist das Präparat P-frei. Zusammensetzung: $C\,69,19\%$, $H\,11,45\%$, $N\,1,76\%$, $O\,17,6\%$, entsprechend der Formel $C_{46}H_{90}NO_9$. Das Zerebron ist eine weisse, in Wasser nicht quellende Substanz; es ist unlöslich in Äther und kaltem Alkohol, löslich in Chloroform, in chloroform- oder benzolhaltigem Alkohol in der Wärme, sehr wahrscheinlich auch löslich in Pyridin und Petroleumäther (vgl. die Phosphatide Sphingomyelin und Kephalin). Es kristallisiert besonders schön aus chloroformhaltigem Azeton, nach Loening und Thierfelder[2]) noch besser aus Methylalkohol oder Chloroform-Methylalkohol. In 85 proz. Alkohol bei 50° bilden sich nadel- und blättchenförmige Kristalle aus. Eine 5 proz. Lösung in Chloroform-Methylalkohol zeigte $[\alpha]_D = +7,6°$. Schmelzpunkt 212°. Zerebron addiert Brom. Bei der Hydrolyse wurden Galaktose, Sphingosin und Zerebronsäure $C_{25}H_{50}O_3$, eine in Äther und warmem Alkohol lösliche Fettsäure, erhalten.

Zerebrin und Homozerebrin

wurden von Parcus[3]) und Kossel und Freytag[4]) durch Verseifung des Protagons mit Baryt erhalten. Der durch Kochen des Gehirns mit Baryt-wasser erhaltene Niederschlag wird mit Alkohol ausgekocht. Beim Erkalten kristallisiert Zerebrin aus, während Homozerebrin in Lösung bleibt. Zerebrin ist wahrscheinlich mit Phrenosin bezw. Zerebron identisch, während das Homo-zerebrin dem Kerasin entspricht. Die Zusammensetzung, Löslichkeitsverhältnisse und übrigen Eigenschaften dieser Zerebroside stimmen mit denjenigen des Phrenosins bezw. Kerasins völlig überein und brauchen deshalb hier nicht aufgeführt zu werden. Ausser diesen Zerebrosiden fand Parcus ein drittes, Leukephalin, welches er durch Azeton von Homozerebrin trennen konnte. Diese Substanz war aber wahrscheinlich ein durch die Darstellungsoperationen entstandenes Produkt.

Resümieren wir die Ergebnisse über die Zerebroside des Gehirns, so haben wir guten Grund anzunehmen, dass nur zwei Individuen existieren, Thudichums Phrenosin und Kerasin. Die in Aussicht gestellten Unter-suchungen von Thierfelder werden hierüber entscheiden. Wir dürfen

[1]) Thierfelder u. Wörner, Zeitschr. f. physiol. Chemie 43, 21, 1904—05; 44, 366. 1905; vergl. auch Thierfelder u. Kitagawa, Zeitschr. f. physiol. Chemie 49. 286. 1906.
[2]) Loening u. Thierfelder, Zeitschr. f. physiol. Chemie 68, 464. 1910.
[3]) Parcus, Journ. f. prakt. Chemie N. F. 24, 310. 1881.
[4]) Kossel u. Freitag, Zeitschr. f. physiol. Chemie 17, 431. 1883.

weiter mit Recht voraussetzen, dass diese Zerebroside nicht als Bestandteile des Protagons vorkommen, sondern selbständige Gehirnedukte darstellen. Dass sie ebenso wenig wie die sonstigen Gehirnlipoide für sich allein vorkommen, sondern mit den übrigen reagieren, ist dagegen sehr wahrscheinlich.

<h3 style="text-align:center">Pyosin und Pyogenin</h3>

sind von Hoppe-Seyler[1]) und von Kossel und Freytag aus Eiterzellen und Milz dargestellte Zerebroside von folgender Zusammensetzung. Pyosin: $C 64,34^0/_0$, $H 16,43^0/_0$, $N 2,64^0/_0$; Pyogenin: $C 62,62^0/_0$, $H 10,45^0/_0$, $N 2,47^0/_0$. Sie kristallisieren in Knollen und liefern bei der Hydrolyse Zucker. Auch aus Spermatozoen hat Kossel ein Zerebrosid dargestellt und Pascucci[2]) aus Blutkörperchen (Stromata) ein ähnliches.

<h2 style="text-align:center">Anhang.</h2>

<h3 style="text-align:center">V. Lipoidstoffe unbekannter Konstitution.</h3>

Ausser den schon erwähnten, relativ wohlcharakterisierten Verbindungen enthalten die Zellen auch andere Lipoidstoffe, deren nähere Untersuchung noch aussteht. Es ist auch unbekannt, ob diese und andere ähnliche Stoffe weit verbreitet im Organismus oder nur in ganz bestimmten Zellen vorkommen, indem die Untersuchungen nur auf den bestimmten Fundort begrenzt geblieben sind. Die meisten von ihnen kommen in so geringer Menge vor, dass eine chemische Untersuchung vorläufig aussichtslos ist, deshalb sind nur einige wenige Eigenschaften bisher bekannt geworden. Sie besitzen zum Teil physiologische Bedeutung.

Unzweifelhaft kommen auch hier in chemischer Beziehung höchst verschiedenartige Körper vor.

1. Der chemisch best charakterisierte Körper von allen diesen ist unzweifelhaft die von Erlandsen in Alkoholextrakten von Herz- und Extremitätenmuskeln des Rindes gefundene Substanz, welche in erheblicher Menge besonders in Extremitätenmuskeln vorkommt und dort $57,65^0/_0$ des Alkoholextraktes ausmacht. Der Körper ist eine P-, S- und N-haltige Säure, die eine gewisse Übereinstimmung mit Siegfrieds Muskelnukleon darbietet. Sie geht mit den Salzen der schweren Metalle Verbindungen ein, von denen die $CdCl_2$-Verbindung leicht Verwechslung mit Phosphatiden veranlassen kann. Die ursprüngliche Substanz ist in Azeton, Chloroform, starkem Alkohol und Äther unlöslich, löst sich aber leicht in Wasser und wasserhaltigem Alkohol. Wenn der Körper trotzdem von Alkohol ausgezogen wird, so dürfte diese relative Alkohollöslichkeit von der Gegenwart anderer Sub-

[1]) Hoppe-Seyler, Med.-chem. Untersuchungen 4, 486. 1871.
[2]) Pascucci, Beitr. z. chem. Physiol. u. Path. 6, 543. 1905.

stanzen (Phosphatide?) abhängig sein. Unmöglich wäre es auch nicht, dass er als eine kompliziertere Verbindung in die Alkohollösung geht. Die Verbindung stellt keine einheitliche Substanz dar, da eine fraktionierte $CdCl_2$-Fällung Präparate mit sehr verschiedener Zusammensetzung ergab.

2. In den Blutkörperchen haben Forssman und Bang[1] mehrere, chemisch noch nicht definierte Körper nachgewiesen, welche sämtlich nur in minimaler Menge vorkommen. Sie sind deshalb hauptsächlich nur durch ihre physiologischen Wirkungen charakterisiert.

a) Ein Körper, welcher das artspezifische Hämolysin zu neutralisieren vermag (»die neutralisierende Substanz«) und sich durch Äther aus den Blutkörperchen extrahieren lässt, und zwar ebensogut aus eingetrockneten als aus feuchten Erythrozyten. Die Substanz ist ferner azetonlöslich und lässt sich infolgedessen von den Phosphatiden und anderen azetonunlöslichen Körpern trennen. Die Trennung von Cholesterin und Fett wird durch 0,7-prozentige NaCl-Lösung, in welcher die Substanz löslich ist, ausgeführt. Der Körper ist ferner in Alkohol, Chloroform, Benzol und destilliertem Wasser löslich. Er ist thermostabil, wird aber äusserst leicht von Säuren, Alkalien und sauren Salzen zerstört.

b) Extrahiert man die Azetonlösung mit Wasser, so geht ausser der neutralisierenden Substanz eine andere Verbindung in Lösung, welche von ihr bequem durch NaCl getrennt werden kann, indem sie in 0,7-prozentiger NaCl-Lösung unlöslich, in destilliertem Wasser aber löslich ist.

c) Wird die azetonunlösliche Fraktion des Ätherextraktes aus feuchten Blutkörperchen mit Benzol erschöpft, so bleibt eine undefinierte Masse ungelöst zurück. Sie stellt der Menge nach den Hauptanteil des Extraktes dar und ist beinahe vollständig in Wasser löslich. Die darin enthaltenen Verbindungen sind nicht näher untersucht. Vielleicht sind sie keine Lipoidstoffe sondern nur Beimengungen, die indirekt mit aufgelöst worden sind.

3. Als Lipoidstoffe der Zellen kommen ferner die zymoplastischen Stoffe von A. Schmidt[2] in Betracht, thermostabile Substanzen, welche durch Alkohol aus den Zellen extrahiert werden können. Ähnlich wirkende, aber nicht thermostabile Verbindungen sind ebenfalls bekannt.

4. Eine gewisse Analogie mit diesen zeigen die bakteriziden Körper, welche Conradi[3] bei der Autolyse von Organen erhalten hat. Aus Leukozyten hat Petterson[4] ähnlich wirkende Körper extrahiert. Sie sind gleichfalls thermostabil und alkohollöslich. Dasselbe ist mit den hämolytisch wirkenden Körpern, welche Korschun und Morgenroth[5] aus ver-

[1] Bang u. Forssman, Beiträge zur chem. Physiol. u. Pathol. 8, 238, 1906.
[2] A. Schmidt, Zur Blutlehre. Leipzig 1892.
[3] Conradi, Beiträge zur chem. Physiol. u. Pathol. 1, 193, 1902.
[4] Petterson, Zeitschr. f. Immun.-Forschung 1, 52. 1908.
[5] Korschun u. Morgenroth, Berl. klin. Wochenschrift 1902, S. 870.

schiedenen Organen extrahiert haben, der Fall. Vielleicht darf man auch das Sekretin und verschiedene sehr wenig studierte Antifermente zu dieser Gruppe rechnen.

5. Eine äther- und alkohollösliche Substanz des Blutserums, welche Cancerzellen zerstören soll, ist von Freund und Kaminer[1] beschrieben worden. Die Substanz war in Petroleumäther und Chloroform, sowie in kaltem Alkohol unlöslich. Sie wird mit der Euglobulinfraktion ausgeschieden.

Die Verteilung der Lipoidstoffe in den Zellen.

Eines der wichtigsten Probleme der Lipoidforschung ist unzweifelhaft die Frage nach der Verteilung der Lipoide in den Zellen. Zwar wissen wir, dass sie in der Lipoidmembran enthalten sind, und weiter ist festgestellt, dass die Lipoidstoffe innerhalb der Zellen vorkommen müssen (die Vakuolen sind z. B. von einer Lipoidmembran umkleidet), wie aber die verschiedenen Lipoide hier verteilt sind, ist grösstenteils unbekannt.

Das darf uns nicht wundern, wenn wir uns erinnern, dass die Lipoide, z. B. die Lipoidmembran, beim Tode oder kurz nachher wesentlich verändert werden. Es ist deshalb notwendig, die Untersuchungen an lebenden Zellen, oder jedenfalls an unveränderten Zellen, auszuführen. Wir begegnen demnach denselben Schwierigkeiten, wie sie die Untersuchung des lebendigen Eiweisses darbietet.

Trotzdem sind diese Probleme einer Untersuchung zugänglich, zu deren Durchführung sogar mehrere Wege zur Verfügung stehen.

Bei der Untersuchung der chemischen Individuen in der Lipoidmembran kann man davon ausgehen, dass mehrere Substanzen mit Lipoiden der Plasmahaut reagieren können. Man kann ferner Lipoidstoffe, welche die gleichen Reaktionen zeigen, isolieren und chemisch charakterisieren und derart das Vorkommen bestimmter Lipoidstoffe der Plasmahaut erweisen. Von solchen Stoffen ist die neutralisierende Substanz der Blutkörperchen zu erwähnen, die sich in der Plasmahaut befinden muss, weil sie mit dem spezifischen Hämolysin (Komplement) reagiert. Eine andere, die sensibilisierende neutralisierende Substanz, ist von Landsteiner[2] gefunden.

Overton hat die Permeabilität der semipermeablen Plasmahaut für bestimmte Stoffe zur chemischen Charakteristik derselben herangezogen und hält aus den schon erwähnten Gründen die Bestandteile der Lipoidmembran für Cholesterin oder ein Cholesterin-Lezithingemisch. Bestimmte Beweise hierfür sind jedoch nicht geliefert worden, da auch andere Lipoide dieselben Forderungen an Permeabilität für Narkotika und Farbstoffe erfüllen. Ich

---

[1] Freund und Kaminer, Wiener klin. Wochenschr. 1910, Nr. 34.
[2] Landsteiner u. v. Eisler, Wiener klin. Wochenschr. 1904, S. 676.

habe einige Versuche angestellt, die bestimmt erweisen, dass die Membran nicht ausschliesslich aus Cholesterin bestehen kann. [1])

Blutkörperchen wurden einerseits mit Äther behandelt, und andererseits mit Äther, der mit Cholesterin gesättigt war. Wenn die Plasmahaut aus Cholesterin bestünde, müsste im zweiten Falle keine Hämolyse eintreten. Dies traf aber nicht zu, die Hämolyse trat vielmehr in beiden Proben zu genau derselben Zeit ein. Der Versuch beweist nicht etwa, dass kein Cholesterin in der Membran vorkommt, aber er zeigt, dass sie auch andere ätherlösliche Substanzen enthalten muss, deren Auflösung die Hämolyse bewirkt (die neutralisierende Substanz?). Diese Substanzen sind nicht Phosphatide, also auch kein Lezithin, was folgender Versuch dartut. Ätherextrakt aus 1 l Blutkörperchen wurde eingetrocknet und mit sehr wenig Äther versetzt. Hierbei blieben u. a. auch Phosphatide ungelöst zurück, aber die erhaltene Ätherlösung hämolysierte Blutkörperchen genau ebenso schnell wie gewöhnlicher Äther. Hieraus lässt sich folgern, dass die Substanz (oder die Substanzen), welche hier in Betracht kommen. nur in sehr geringer Menge vorkommen können, weil sonst das gesättigte Ätherextrakt aus Blutkörperchen in Beziehung auf die Schnelligkeit der Hämolyse sich vom reinen Äther hätte unterscheiden müssen.

Auch die aktivierende Wirkung des Lezithins auf Kobragift-Hämolysin kann vielleicht Auskunft über die Zusammensetzung der Plasmahaut der Blutkörperchen geben. Kyes[2]) hat gefunden, dass ausgewaschene Erythrozyten von Meerschweinchen, Hund, Mensch, Kaninchen und Pferd direkt hämolysiert werden, während Blutkörperchen von Rind, Hammel und Ziege nicht angegriffen werden. Die letztgenannten müssen demnach das Lezithin entbehren; auch Kephalin kann aus demselben Grunde nicht in ihnen vorkommen. Lezithin wäre hiernach kein konstanter Bestandteil der Erythrozyten. Diese Folgerungen sind aber durchaus unrichtig und die Verhältnisse liegen, wie später gezeigt werden soll, ganz anders.

Andererseits hat Ransom[3]) gefunden, dass eine Affinität zwischen Cholesterin und Saponin besteht. Das Saponin soll Auflösung der Blutkörperchen bewirken, indem es sich mit dem Cholesterin verbindet und die Lipoidmembran müsse dementsprechend Cholesterin enthalten. Auch diese Folgerung ist nicht zwingend

―――――――

[1]) Aus einer Publikation von Stewart (Journ. of Pharm. and Experim Ther. Vol. 1, 49, 1909), (Sonderabdruck) ersehe ich, dass Peskind (Americ. Journ. of Physiol. 12, 184, 1904) früher ähnliche Versuche ausgeführt hat. Wenn Stewart den Anschein erweckt, dass ich diese Versuche Peskinds verschwiegen habe, so ist dies ein Irrtum: sie waren mir unbekannt.

[2]) Kyes, Berl. klin. Wochenschr. 1903. S. 956 u. 982.

[3]) Ransom, Deutsche med. Wochenschr. 1901. Sitzungsber. d. Gesellsch. z. Beförd. d gesamt. Naturwissensch. z. Marburg 1901, 37.

Pascucci[1]) hat ferner an künstlichen Lipoidmembranen aus Cholesterin-Lezithin gefunden, dass die Permeabilität derselben nach Einwirkung
von verschiedenen Giften von dem Lezithingehalte abhängig ist. Je weniger
Lezithin in der Plasmahaut vorhanden ist, desto geringer ist die Permeabilität.
Eine geringe Lezithinmenge genügte aber, um die — allerdings wenig hervortretende — Permeabilität zu bewirken.

Die Lipoidmembran der Blutkörperchen enthält nach vorstehendem:
Cholesterin, komplementneutralisierende Substanz, sensibilisierende neutralisierende Substanz und Lezithin bezw. Phosphatide, und neben allen diesen
wahrscheinlich noch andere, unbekannte Verbindungen.

Bei Bearbeitung der Frage nach dem Vorkommen der Lipoide im
Inneren der Zelle muss man zu mikrochemischen Reaktionen greifen.

Die Mikrochemie der Lipoide ist bekanntlich sehr wenig entwickelt;
es bleibt noch zu erforschen, was eigentlich' bei der histologischen Färbung
der Zelle tingiert wird, jedenfalls ist es nicht unwahrscheinlich, dass die
Lipoidstoffe hierbei eine weit grössere Rolle spielen als allgemein angenommen
wird. Von dem mikrochemischen Nachweis von Fett ist hierbei abgesehen,
er gelingt nicht durch die spezifischen Fettfärbungen. Auch der Nachweis
von Cholesterinestern ist recht einfach, wenn man die Doppelbrechung berücksichtigt. Diese Verhältnisse sind von Aschoff eingehend behandelt
worden.

Für die Bakterienfärbung ist die eben erwähnte Rolle der Lipoidstoffe sogar ziemlich sicher gestellt. Klebs, Koch und Aronson haben
gefunden, dass die spezifische Farbenreaktion der Tuberkelbazillen auf der
»Wachssubstanz« beruhen muss, die sich wie die Bazillen färben lässt und
der Entfärbung widersteht. Dagegen geben die Bazillenreste, wenn sie durch
Benzol völlig entfettet sind (Klebs), etwas Farbe an Säure ab. Die
tingierbare Substanz der Tuberkelbazillen wird auch durch Toluol entfärbt,
während man mittels Äther nicht zum Ziele kommt. (Forssman und
Bang, unveröffentlichte Beobachtung.)

Für die Nervenzelle haben Monaco und Marroni[2]) eine ähnliche
Entfärbung des Zellkernes durch Äther und Petroleumäther erwiesen. Die
Zellkernfärbung dürfte demgemäß den Lipoidstoffen zuzusprechen sein. Nach
Gad und Heymans[3]) verlieren die Nerven auch durch Alkoholextraktion
ihre Färbbarkeit.

Nachdem Overton[4]) die Löslichkeit der basischen Anilinfarbstoffe
in Cholesterin und Phosphatiden gefunden hatte, hat er auch die Frage auf-

[1]) Pascucci, Beiträge zur chem. Physiol. u. Pathol. 6, 543, 1905.
[2]) Monaco u. Marroni, Archiv di Farm. spirim Heft 1, 1902.
[3]) Gad u. Heymans, Archiv f. Anat. u. Physiol.; Physiol. Abt., S. 530, 1890.
[4]) Overton, Jahrbuch f. wissensch. Botanik 34, 669, 1900.

geworfen, ob die Färbung des Protoplasmas intra vitam durch basische Anilinfarbstoffe und andere organische Farbstoffe nicht einfach auf die Aufspeicherung von Verbindungen solcher Körper in der Zelle zurückzuführen sei. Diese Frage wird von Overton auf Grund der Überlegung verneinend beantwortet, dass das Protoplasma intravital durch Methylenblau kaum merklich gefärbt wird, obwohl Methylenblau zu den Farbstoffen gehört, die von Lezithin etc. am kräftigsten aufgespeichert werden. »Man muss bedenken, dass der Gehalt der meisten Protoplaste an Lezithin und Cholesterin ein ziemlich geringer ist, und dass diese Verbindungen wenigstens in den inneren Schichten des Protoplasmas sich wahrscheinlich in einem stark gequollenen Zustande befinden. Je stärker die Quellung des Lezithins ist, desto geringer ist dessen Aufspeicherungsvermögen.« »Ein stark gequollenes Lezithin wird in dünneren Schichten ungefärbt scheinen.«

Die Sache verhält sich tatsächlich wohl anders. Nach Albrecht[1]) werden zwar frische Organzellen nicht gefärbt, bei steriler Aufbewahrung bei Körpertemperatur wird spätestens nach 24 Stunden »Myelin« auftreten und zwar ziemlich gleichförmig in Form teils ganz feiner, teils ziemlich grober Myelinformationen über die Zellen verteilt. »Hiermit war der Nachweis erbracht, dass im Protoplasma in der Tat eine leicht erkennbare und entweder während des Lebens in Lösung oder in lockerer Verbindung mit Eiweisskörpern etc. befindliche Substanz vorhanden sei (Lezithin? Lezithalbumin? in Verbindung mit Proteiden?).« Später hat Albrecht seine Behauptung etwas modifiziert, er findet es nicht unmöglich, dass »bereits physiologisch das „Myelinogen" in irgendwelchen sichtbaren Bildungen präformiert ist«, was gegen Overton spricht.

Die Untersuchungen von Sjövall[2]) bei Ganglienzellen und Markscheiden zeigen sehr schön die Richtigkeit von Albrechts Befunden und geben zugleich einen weiteren Einblick in diese schwierigen Verhältnisse. Die Netzbildungen bezw. Körnchenreihen, welche durch Einwirkung von Osmiumsäure hervortreten, sind von den Lipoidstoffen abhängig, die durch Einwirkung von Wasser derartig in Freiheit gesetzt werden, dass sie auf Osmiumsäure reagieren können. Osmiumsäure in Wasser gelöst, tingiert weit besser als in physiologischer Kochsalzlösung gelöst. Eine primäre kurze Wassereinwirkung ist für das Zustandekommen der Färbung vorteilhaft, bei längerer Einwirkung des Wassers werden die Lipoidstoffe aufgelöst oder derart verändert, dass die Zellen nicht mehr gefärbt werden können. Die Markscheiden verhalten sich wie die Ganglienzellen. Das Wasser zerlegt hiernach die lockere Verbindung zwischen den Lipoiden und dem übrigen Zellinhalt. Weil die Netze und Körnchenreihen in konstanten Formen

[1]) E. Albrecht, Verh. d. anat. Ges. 1902 und Beiträge zur pathol. Anat. Bollinger-Festgabe 1903.

[2]) Sjövall, Anat. Hefte, herausg. v. Merkel u. Bonnet 1905.

und in konstanter Topographie vorkommen, erscheint es nicht unwahrscheinlich, dass diese Lipoidstoffe intravital, oder jedenfalls in der toten Zelle, das
gleiche topographische Vorkommen haben, wie es die Färbungen anzeigen.
Histochemische Untersuchungen scheinen nach allem diesem auf diesem
Gebiete grössere Bedeutung zu erhalten.

In gewissem Widerspruch zu vorstehendem stehen O v e r t o n s Ausführungen über die intravitale Färbung des Nervensystems, die nach ihm
auf einer Aufspeicherung durch das Lezithin beruhen soll Ein reichlicher
Gehalt des Nervensystems an Lezithin wäre hierfür Voraussetzung. Die
Markscheiden werden, im Gegensatz zu den Zellen, von Methylenblau gefärbt.

Die Untersuchungen von B i n g und E l l e r m a n n zeigten aber, dass
die Markscheiden nach Extraktion mit Äther (und Azeton) sich ganz unverändert mit Methylenblau färben lassen, dass dagegen eine kurze Alkoholbehandlung genügte, um die Färbung zu verhindern. Hieraus folgt, dass
das Lezithin (und Cholesterin) jedenfalls nicht das Substrat der Färbung sein
kann. Die Markscheiden werden gefärbt, weil sie eine andere Substanz
besitzen, welche die Zellen nicht enthalten, aber auch in ihnen ist das Lezithin
nicht direkt tingierbar.

Fortgesetzte Untersuchungen von E l l e r m a n n [1]) haben weitere Auskunft
über die Natur der betreffenden Substanz gegeben. Die Methode Ellermanns
dürfte einer allgemeinen Verwendung fähig sein und es ist wahrscheinlich,
dass eine spezielle Mikrochemie sich aus ihr entwickeln lässt. Sie basiert
auf der Verwendung g e s ä t t i g t e r L ö s u n g e n. Wie bemerkt, verhindert
eine Vorbehandlung mit Alkohol die Aufnahme von Methylenblau; wird der
Alkohol zuvor mit Cholesterin gesättigt, so tritt das gleiche ein. Auch
gesättigte alkoholische Lezithinlösungen, Zerebrinlösungen und Kerasinlösungen
verhielten sich ebenso, mit Protagon gesättigter Alkohol war dagegen indifferent.
Trotzdem war die tingierbare Substanz kein Protagon, sondern sie wurde mit
dem Protagon ausgezogen. Reines Protagon war nämlich unwirksam. Die
Substanz liess sich aus Gehirn und Rückenmark durch Kochen mit Natronlauge und Ausschütteln mit Äther isolieren. Die Verbindung zeigt eine
erhebliche Ähnlichkeit mit dem Zerebrin, ist aber entschieden nicht mit ihm
identisch.

Fassen wir zum Schluss die Ergebnisse der Studien über die Verteilung
der Zelllipoide zusammen, so können wir mit guten Gründen annehmen:
1. Die Lipoide sind in der Zelle ungleichmäßig verteilt. Eine äussere aus
Lipoiden bestehende Grenzschicht, die L i p o i d m e m b r a n, erkennt man
allgemein an; möglicherweise existieren aber auch intrazellular gewisse An-
häufungen der Lipoide an verschiedenen Stellen. 2. Die einzelnen Lipoide
kommen aller Wahrscheinlichkeit nach mit einander verbunden vor, entweder

---

[1]) E l l e r m a n n, Undersögelser over Marvskedernes Kemi. Köbenhavn 1902

als einfache gegenseitige Lösung oder als dissoziierbare chemische Verbindung.
3. Sie sind auch sicher mit anderen Zellbestandteilen, vor allem den Eiweisskörpern, in irgend welcher Weise verbunden. 4. Wahrscheinlich ist das
Lipoidgemisch an den verschiedenen Stellen ungleichmäßig zusammengesetzt.
5. Einzelne Lipoide kommen vielleicht vorzugsweise in der Lipoidmembran
vor. 6. Verschiedene Zellen enthalten sowohl gemeinsame, wie auch spezifische
Lipoidstoffe.

Biochemie der Lipoidstoffe.

In der Einleitung wurde schon andeutungsweise ausgesprochen, dass die
Lipoidstoffe eine eminente biologische Bedeutung besitzen. In dieser Beziehung
ist folgende Entscheidung zu treffen. Auf der einen Seite besitzen die Lipoide
an und für sich Eigenschaften von physiologischer Bedeutung, die sich
natürlich in den Zellen oder ausserhalb derselben, in den tierischen Flüssigkeiten, geltend machen können. Anderseits bilden die Lipoidstoffe in der
Zelle eine biologische Einheit, so zu sagen ein Organ (oder mehrere)
der Zelle, welchem als solchem gewisse lebenswichtige Funktionen zukommen,
die sowohl vorwiegend passiver, als auch aktiver Natur sein können.
In letzterem Falle haben wir es offenbar mit Veränderungen des Lipoid-
gemisches zu tun und zwar mit reversiblen Veränderungen. Diese Veränderungen des Verhaltens der Lipoide führen verschiedene nachweisbare
Veränderungen des Zelllebens mit sich. Hierbei können möglicherweise die
einzelnen Lipoide gesondert aktiv auftreten In diesen Fällen haben wir es
also mit der zuerst genannten Eventualität, daher mit der physiologischen
Bedeutung der einzelnen Lipoide, zu tun. Doch sind die Verhältnisse in der
Zelle weit komplizierter, indem nicht eine einzige Kategorie der Lipoidstoffe,
sondern vielleicht die ganze Lipoidphase verändert wird. Die verschiedenen
Lipoide können aufeinander und auf andere Zellbestandteile reagieren, entgegengesetzte Wirkungen ausüben usw. Stellen wir uns vor, dass sie im
Ruhezustande sich in einem Gleichgewicht befinden, so muss die Änderung
darin bestehen, dass dieses Gleichgewicht gestört wird, und da der Vorgang
reversibel ist, muss das Gleichgewicht danach sich wieder einstellen (Regulation).
Er kann aber auch, wie bei der postmortalen Autolyse, unkompensiert ver-
laufen. So fanden Satta und Fasiani[1], dass zugesetzte Lipoide auf den
Verlauf der Autolyse einwirken; Conradi[2] beobachtete anderseits das Auftreten bakterizider, alkohollöslicher Körper bei der Autolyse. Schliesslich
kann man durch Zusatz lipoidlösender Stoffe die Autolyse sehr befördern
(Autolyse von Hefezellen durch Zusatz von Äther).

[1] Satta und Fasiani, Berliner klin. Wochenschr. 1908. S. 1500.
[2] Conradi, Beiträge z. chem. Physiol. u. Pathol. 1, 193, 1902

Wollen wir uns eine Vorstellung über diese Verhältnisse verschaffen, so müssen wir zuerst über die Eigenschaften und Wirkungen der einzelnen Lipoide orientiert sein. Dies ist unschwer möglich, da die Vorgänge sich auch in vitro studieren lassen. Wir werden also im folgenden zuerst die biochemischen Eigenschaften der einzelnen, von einander verschiedenen Lipoide besprechen, um alsdann der passiven Rolle des Lipoidkomplexes der Zelle näher zu treten. Danach kommen schliesslich die aktiven Funktionen der Lipoidstoffe für das Zellleben zur Erörterung.

A. Die biochemische Bedeutung der einzelnen Lipoidstoffe.

1. Die Lipoide als Nahrungsstoffe.

Die grosse Bedeutung der Fette als Nahrungsstoffe soll hier nicht näher berührt werden. Das Schicksal des Cholesterins im Organismus ist wenig bekannt (siehe oben S. 21 über Príbrams Versuche), ebenso vermissen wir Untersuchungen über das Verhalten der Zerebroside in dieser Beziehung. Es erübrigen noch die Phosphatide. Wegen ihres Gehaltes an Fettsäureradikalen sind diese, sofern sie gespalten und verbrannt werden können, als Nahrungsstoffe zu betrachten, und da der Gehalt der Organe an Phosphatiden ein recht beträchtlicher ist, so spielen sie in dieser Beziehung eine nicht zu unterschätzende Rolle. Der Herzmuskel enthält ca. 8%, Extremitätsmuskeln ca. 4% (in der Trockensubstanz, Rubow[1]), Leber ca. 8% (in der Trockensubstanz, Heffter[2]), Eidotter ca. 10% (feucht, Parke), Gehirn ca. 20% (feucht, aus Thudichums Angaben berechnet).

Nach Deprez und Zaky[3], Serono[4] und Slowtzoff[5] üben die Phosphatide der Nahrung einen besonderen günstigen Einfluss auf die Ernährung und das Wachstum, indem eine Retention des Stickstoffes und Phosphors stattfindet. Diese Ergebnisse sind von Stepp[6] und Joshimoto[7] bestätigt worden. Joshimoto fand diese Wirkungen sogar schon bei ganz minimalen Phosphatidmengen,

Eine ganz andere Frage ist, ob die Phosphatide der Nahrung unentbehrlich sind. Sicher ist, dass der Organismus seine Phosphatide selbst aufbauen kann, da das Vorkommen artspezifischer Phosphatide als erwiesen gelten muss. So bleibt nach Henriqués und Hansen[8] die Jodzahl des

[1] Rubow, Arch. f. experim. Path. u. Pharm. 52, 173, 1905.
[2] Heffter, Arch. f. experim. Path. u. Pharm. 28, 97, 1891.
[3] Deprez u. Zaky, Comt. rend. de la Soc. biol. 54, 501; 57, 392.
[4] Serono, Arch. italian. d. biol. 27, 349.
[5] Slowtzoff, Beitr. z. chem. Physiol. u. Path. 8, 390. 1906.
[6] Stepp, Biochem. Zeitschr. 20, 452. 1909.
[7] Joshimoto, Zeitschr. f. physiol. Chem. 64, 464. 1910.
[8] Henriqués u. Hansen, Skand. Arch. f. Physiol. 14, 390, 1903.

Eilezithins nach Fütterung mit verschiedenen Fettarten unverändert, und Röhmann[1]) konnte Mäuse mit phosphatidfreier Nahrung dauernd am Leben erhalten. Anderseits fand Stepp, dass Mäuse bei Fütterung von mit Äther und Alkohol extrahiertem Brote nach kürzerer oder längerer Zeit eingehen. Nach Sieber[2]) zieht der Alkoholgenuss eine Abnahme der Phosphatide nach sich. Nach Siwertzeff[3]) und Glikin[4]) bringen neugeborene Tiere und Menschen einen grossen Vorrat von Phosphatiden mit auf die Welt, der mit fortschreitendem Wachstum abnimmt. Bei der Bebrütung des Eies geht nach Maxwell[5]) mit der Umbildung der Phosphatide eine Neubildung derselben parallel, nach Plimmer und Scott[6]) hingegen findet bei der Bebrütung nur ein Verbrauch statt. Tichomiroff[7]) fand, dass unentwickelte Eier vom Seidenspinner weniger Phosphatide enthielten, als die entwickelten Larven. Bokay[8]) und Hasebrock[9]) vermissten in den Fäzes Phosphatide und folgerten hieraus eine Resorption. Im Darmkanal sollen sie nach P. Mayer[10]) und Schumoff-Simanowski[11]) von Steapsin, und nach Bergell[12]) durch den Darmsaft verseift werden, dagegen konnten Kalaboukoff und Terroine[13]) für native Eigelbphosphatide keine Verseifung durch Steapsin nachweisen. Franchini[14]) fand bei Phosphatid-Fütterung eine Vermehrung der Leberphosphatide, nicht aber der Gehirnphosphatide, demgegenüber sah Heffter keine Änderung der Leberphosphatide durch Ernährung. Nach Slowtzoff[15]) gehen die Phosphatide in die Lymphe über. Heffter fand, dass die Leberphosphatide des Kaninchens bei Inanition stark abnehmen, während nach Rubow der Phosphatidgehalt des Herzens bei Hunger unverändert bleibt, und die übrigen Muskeln eine dem Fettrückgang proportionale Abnahme zeigen. Bei Vergiftungen und Infektionskrankheiten werden die Zelllipoide und besonders die Phosphatide verändert; hiervon soll später näher die Rede sein.

---

[1]) Röhmann, Allgem. med. Centralbl. 9. 1908.
[2]) Sieber, Biochem. Zeitschr. 23. 262, 1909.
[3]) Siwertzeff, Biochem. Centralbl. 1903, S. 1302.
[4]) Glikin, Biochem. Zeitschr. 4, 235. 1908.
[5]) Maxwell, Americ. chem. Journ. 15, 185.
[6]) Plimmer u. Scott, Journ. of Physiol. 38, 247, 1908—1909.
[7]) Tichomiroff, Zeitschr. f. physiol. Chemie 9, 518, 1885.
[8]) Bokay, Zeitschr. f. physiol. Chemie 1, 162. 1877/78.
[9]) Hasebrock, Zeitschr. f. physiol. Chemie 12, 148. 1888.
[10]) P. Mayer, Biochem Zeitschr. 1, 34. 1906.
[11]) Schumoff-Simanowski, Zeitschr. f. physiol. Chemie 49, 50. 1906.
[12]) Bergell, Centralbl. f. allg. Path. u. pathol. Anat. 12, 633. 1901.
[13]) Kalaboukoff u. Terroine, Compt. rend. soc. biol. 66, 176. 1909.
[14]) Franchini, Biochem. Zeitschr. 6, 210. 1907.
[15]) Slowtzoff, Beitr. z. chem. Physiol. u. Path. 7, 509. 1906.

2. Die Bedeutung der Lipoidstoffe für die Fermentlehre.

Dass die Lipoidstoffe für gewisse Fermentreaktionen eine sogar ganz hervorragende Bedeutung aufweisen können, ist längst bekannt, denn Alexander Schmidt und seine Schüler wiesen schon vor mehr als 25 Jahren auf die Beteiligung der Lipoidstoffe, der »zymoplastischen Substanzen«, an der Bildung bezw. Wirkung des Fibrinfermentes hin. Die Beobachtungen Schmidts haben indessen bis in die letzte Zeit nur wenig Berücksichtigung gefunden und haben keinerlei Untersuchungen an anderen, besser charakterisierten Enzymen, als das Fibrinferment es ist, angeregt, was um so mehr zu bedauern ist, als die Verhältnisse andernorts weit übersichtlicher sind als im Blute. Anderseits wäre es auch wünschenswert, die Versuche mit besser charakterisierten Lipoidstoffen anzustellen, als den von Schmidt gewählten, wie es allerdings zum Teil durch Wooldridge geschah. Erst in der letzten Zeit hat man den Lipoidstoffen auf diesem Gebiete mehr Aufmerksamkeit gewidmet und zwar mit schon merklichem Erfolge, der auch für die zukünftige Forschung viel verspricht.

Die Ergebnisse der bisherigen Forschung zeigen mehrere, verschiedene Wirkungen der Lipoide an. Hierzu kommen noch andere Möglichkeiten, die nur noch nicht ernstlich diskutiert worden sind. Man kann die Lipoidwirkungen in folgender Weise einteilen:

1. Es ist denkbar, dass Lipoide als eigentliche Enzyme auftreten können.

2. Lipoide können als Enzym-Aktivatoren auftreten.

3. Sie kommen als Kinasen vor.

4. Sie können eine Enzymbildung anregen, also eine analoge Rolle spielen, wie die immunisierend wirkenden Stoffe bei der Immunisierung.

5. Sie können die Rolle eines Hemmungskörpers bei der Enzymreaktion spielen.

Bevor ich zur Besprechung dieser Wirkungen übergehe, möchte ich zuerst die Definition einiger Begriffe präzisieren. Unter den Aktivatoren unterscheide ich a) solche, welche Zymogene in Enzyme überführen und b) solche, welche die Wirkung eines Enzyms verstärken. Die Lipoide treten — so weit wir wissen — nur als Repräsentanten der letzten Kategorie auf. Die Kinasen oder Koenzyme dagegen treten mit dem Enzym in der Weise in Verbindung, dass nur diese Verbindung aktiv ist, während sowohl das Enzym als das Koenzym für sich nie wirksam sind. Der Aktivator dagegen verstärkt nur eine Wirkung, welche auch ohne Aktivator in geringem Grade nachweisbar ist. Denkbar wäre auch, dass ein aktives Enzym wegen einer Hemmungsvorrichtung sich nicht geltend machen kann, bevor die Hemmung durch den Aktivator überwunden wird. In diesem Falle ist es schwer zu beurteilen, inwieweit ein Aktivator oder eine Kinase vorliegt. Es soll hervorgehoben werden, dass die Grenze zwischen beiden auch sonst keine scharfe ist (siehe übrigens bei Euler[1]).

Möglichkeit des Auftretens der Lipoidstoffe als eigentliche Enzyme.

Gewöhnlich fasst man die Enzyme als kolloide Stoffe von grosser Labilität gegen chemische und thermische Einwirkungen auf und hat sie hauptsächlich um dieser Labilität willen — wegen der stets minimalen Enzymkonzentration sind die qualitativen Eiweissreaktionen unbrauchbar — als Eiweisskörper angesehen. Bindende Beweise hierfür sind jedoch nicht geliefert worden und man könnte mit derselben Berechtigung auf Grund der erwähnten Tatsachen die Enzyme als Lipoidkörper ansprechen, denn z. B. die Phosphatide stellen in Wasser gleichfalls »mikroheterogene Systeme« von grosser Labilität gegen Erhitzung und chemische Reagentien dar.

Ob die Enzyme in der Tat Lipoide sind, lässt sich — der Lipoiddefinition nach — aus der Löslichkeit in organischen Lösungsmitteln bestimmen, und da es bekannt ist, dass die Enzyme sich nicht in ihnen lösen, so fällt die gemachte Voraussetzung zusammen. Gänzlich ausgeschlossen dürfte ihre Möglichkeit jedoch nicht sein, da systematische Untersuchungen nicht vorliegen und das richtige Lösungsmittel vielleicht nur noch nicht gefunden ist. Die Definition fordert ja nicht, dass der Lipoidstoff in sämtlichen oder in den gewöhnlichen Lösungsmitteln löslich sein soll. Auf der anderen Seite habe ich[2]) in roten Blutkörperchen eine Peroxydase gefunden, die in Alkohol von 95 % löslich, dagegen in Azeton und Äther unlöslich ist und schon früher wurde erwiesen, dass die Peroxydasen in wässerigem, etwa 50 proz. Alkohol löslich sind. Nach Palladin und Stanewitsch[3]) stehen Lipoide in enger Beziehung zu der Kohlensäureausscheidung der Pflanzen. Es liegt auch nahe, wegen der grossen Affinität der ungesättigten Phosphatide zu Sauerstoff an die Möglichkeit ihrer Betätigung als Oxydasen zu denken [Koch[4]), Erlandsen l. c.] Da aber die Oxydationsfermente unzweifelhaft eine Sonderstellung einnehmen, und da für die gewöhnlichen Enzyme eine entsprechende Löslichkeit noch nicht bekannt ist, so dürfen wir vorläufig davon ausgehen, dass die hydrolytisch und koagulierend wirkenden Enzyme den Lipoiden nicht zuzurechnen sind.

Lipoidstoffe als Enzym-Aktivatoren.

Die wichtigsten Untersuchungen auf diesem Gebiete verdanken wir Küttner[5]). Sie müssen schon deshalb an die Spitze gestellt werden, weil wir es bei ihnen mit relativ wenig komplizierten Enzymen und relativ wohl

[1]) Euler, Ergebnisse der Physiol. 6, 187, 1907.
[2]) Bang, Unveröffentl. Untersuchung.
[3]) Palladin und Stanewitsch, Biochem. Zeitschr. 26, 351, 1910.
[4]) Koch, Zeitschr f. physiol. Chemie 27, 181, 1902—1903.
[5]) Küttner, Zeitschr. f. physiol. Chemie 50, 476, 1906—1907.

charakterisierten Lipoidstoffen (Lezithin, höchst wahrscheinlich unreine, teilweise zersetzte Präparate, darunter Mercks Lezithin) zu tun haben.

Die ausführlichsten Versuche sind mit Pepsin (Magensaft eines Fistelhundes) ausgeführt.

Küttner konnte zwei entgegengesetzte Lezithinwirkungen nachweisen: kleine Dosen zeigten eine Hemmungswirkung auf Pepsin, etwas grössere eine befördernde und noch grössere wieder eine Hemmungswirkung. Prinzipiell wichtig ist, dass Lezithin bei einer bestimmten Konzentration als Aktivator auftritt und ferner, dass dieser Lipoidstoff je nach der Konzentration eine konträre Wirkung aufweist, eine Tatsache, der wir auch anderwärts begegnen werden.

Die genauere Analyse der aktivierenden Wirkung des Lezithins ergab, dass sie zum Teil in einer Aufhebung der hemmenden Wirkung fremder Stoffe besteht. Teils wurde der störende Einfluss von Kochsalz durch Lezithin beseitigt, und umgekehrt hebt Kochsalz die hemmende Wirkung einer grösseren Lezithinmenge auf, anderenteils liessen sich Pepsinlösungen ohne NaCl, welche beim Stehen abgeschwächt waren, durch Lezithinzusatz wieder aktivieren, wobei übrigens die ursprüngliche Wirkung nicht erreicht wurde. Es ist also wahrscheinlich, dass gewisse Hemmungskörper beim Stehen der Pepsinlösung gebildet worden sind, die durch Lezithin paralysiert werden und vielleicht ist die aktivierende Wirkung des Lezithins allgemein in dieser Weise zu erklären. Jedenfalls ist eine solche Erklärung plausibel, während sonst die aktivierende Rolle des Lipoidstoffes ziemlich unbegreiflich bleibt, wenn auch damit natürlich nicht erwiesen ist, dass die Erklärung richtig ist.

Ähnliche Lezithinwirkungen wurden weiter auch für das Trypsin und die Pankreaslipase nachgewiesen.

Lapidus[1]) konnte für verschiedene tierische Diastasen nur ganz ausnahmsweise eine Aktivierung durch Agfa-Lezithin nachweisen, dagegen trat die entgegengesetzte Wirkung stark hervor.

Kalaboukoff und Terroine[2]) prüften Küttners Versuche nach und konnten keine besondere Wirkung des Lezithins auf die Fermentreaktion finden. Dieser Befund sagt jedoch nicht viel, da die Verff. nicht den Einfluss des verschiedenen Alters usw. berücksichtigt haben. Auch ist zu bemerken, dass, wenn bei nur einer bestimmten Konzentration keine Wirkung gefunden ist, sich diese Tatsache nicht verallgemeinern lässt, da, wie Küttner gezeigt hat, der Einfluss mit wechselnder Konzentration sich erheblich ändert. Hierzu kommt noch die Möglichkeit, dass verschiedene »Lezithin«-Präparate sich verschieden verhalten können, indem sowohl die einzelnen Handelpräparate unter einander, wie auch gleiche, aus verschiedenen Darstellungen resultierende Präparate erheblich variieren können.

---

[1]) Lapidus, Unveröffentl. Untersuchung aus dem physiol.-chemisch. Institut zu Lund.
[2]) Kalaboukoff und Terroine, Compt. rend. de la soc. biol. 63, 372. 1907.

Hierin liegt auch nach meiner Ansicht der schwache Punkt bei Küttners Versuchen. Mercks Präparat ist sehr unrein, ja es ist zweifelhaft, ob überhaupt native Phosphatide darin vorliegen, und man weis demgemäß nicht, was eigentlich die oben erwähnten Erscheinungen ausgelöst hat. Es wäre deshalb wünschenswert, die Versuche mit rein dargestellten Phosphatiden zu wiederholen. Bei solchen Versuchen dürfte man auch die Möglichkeit nicht übersehen, dass vielleicht eine mehr oder weniger ausgesprochene spezifische — auch artspezifische — Lipoidwirkung vorliegen könnte. Durch solche artspezifische Lipoide konnte der Verf.[1]) eine sogar hervorragende aktivierende Wirkung auslösen.

Wie wir Alexander Schmidt die exakte Erkenntnis der Blutkoagulation als einer Fermentation verdanken und ihm die Darstellung des Fibrinfermentes schulden, so hat er auch die Faktoren, welche das Auftreten dieses Fermentes bedingen, genau präzisiert. Die sogenannten zymoplastischen Substanzen, d. h. die äther- und alkohollöslichen Extraktivstoffe der Gewebe, spielen dabei eine hervorragende Rolle. Besonders genau studiert ist ihre Wirkung als Aktivatoren. »Ein die Gerinnung beförderndes Mittel stellen die zymoplastischen Substanzen dar« (A. Schmidt). Schmidt zeigte z. B., dass man das »Salzplasma«, welches zwar Fibrinferment enthält, aber trotzdem wegen des Salzgehalts nicht gerinnen kann, durch die Lipoide zur Koagulation bringen konnte: eine Analogie zu den Küttnerschen Versuchen mit Pepsin, NaCl und Lezithin. Diese Übereinstimmung wird um so grösser durch die Tatsache, dass die zymoplastischen Substanzen, ihrer Darstellung nach, hauptsächlich Phospatide und ungesättigte Fettsäuren enthalten müssen, sowie durch den weiteren Umstand, dass Wooldridge diese Substanzen durch Lezithin selbst ersetzen konnte.

Ebenso wie das Pepsin, kann das durch Stehen inaktivierte Fibrinferment durch die zymoplastischen Substanzen reaktiviert werden. Ich halte auch hier die Auffassung für die wahrscheinlichste, dass verschiedene Hemmungsvorrichtungen, welche beim Stehen sich geltend machen können, beseitigt werden.

Weiter besteht auch zwischen den Systemen Pepsin-Lezithin und Fibrinferment-zymoplastische Substanzen die Übereinstimmung, dass ein Überschuss von den letzteren eine direkte Hemmungswirkung auf die Fermentation ausübt. Schliesslich sind nach Harden und Joung, sowie auch Buchner Lipoidstoffe Aktivatoren für die Zymase (siehe unten).

Lipoidstoffe als Kinasen.

Bekanntlich hat man für mehrere Enzyme eine komplexe chemische Natur angenommen. Als klassisches Beispiel darf an Pawlows Entdeckung des Trypsinogens und der Enterokinase erinnert werden. Eine genauere

---

[1]) Bang, Unveröffentl. Untersuchung.

Analyse der beiden Bestandteile eines komplexen Enzyms ist nur bei der
Zymase, dem alkoholbildenden Enzym der Hefe, ausgeführt und eben bei
dieser hat es sich herausgestellt, dass das Ko-Ferment einen Lipoidstoff
darstellt.

Harden und Joung[1]) stellten zuerst fest, dass gekochter Hefepresssaft
die Gärwirkung eines aktiven Presssaftes bedeutend — etwa um das Doppelte
verstärken kann. Harden und Joung[2]), sowie Buchner[3]) fanden
ferner, dass man den Presssaft mehrmals aktivieren kann. Wenn der erste
Effekt abgeklungen war, ruft ein neuer Zusatz erneute Gärung hervor etc.

Die nähere Analyse des Kochsaftes lehrte, dass der Aktivator diffusibel war. Es liess sich weiter nachweisen, dass Alkaliphosphate
dieselbe aktivierende Wirkung wie Kochsaft besassen (Harden und Joung)
und später erwiesen Buchner und Antony eine ähnliche Wirkung des
Lezithins.

Die Wirkung von Phosphat und Lezithin ist aber trotzdem nicht mit
denjenigen von Kochsaft identisch, denn der aktive Presssaft kann, wie
Harden und Joung[4]) zeigten, durch Dialyse in einen »inaktiven Rückstand«
und ein unwirksames Dialysat zerlegt werden. Dieser Rückstand liess sich
zwar durch Kochsaft oder Dialysat aktivieren, nicht aber durch Phosphat
oder Lezithin. Der Kochsaft enthält demgemäß sowohl einen Aktivator,
»welcher die Wirkung der aktiven Zymase verstärken kann, als auch eine
Kinase, ein Ko-Ferment, welches mit dem Zymaserückstand zusammen das
aktive Ferment konstituiert«. Näheres über die Zusammensetzung oder
Wirkung dieser beiden Komponenten ist nicht bekannt. Dagegen ist es sehr
wahrscheinlich, dass das Ko-Ferment ein Lipoidstoff ist, denn Buchner und
Klatte[5]) haben gefunden, dass es durch Lipase, nicht aber durch proteo-
lytische Enzyme zerstört wird. Weiter haben Buchner und Duchacek[6])
darauf aufmerksam gemacht, dass der aktive Presssaft mit unveränderten
Eigenschaften durch Azeton gefällt wird, dagegen durch Fällung mit
Alkohol und besonders mit Alkohol und Äther sehr geschädigt wird,
wahrscheinlich weil das Ko-Enzym in Lösung bleibt. Das Ko-Ferment ist
thermostabil und dialysierbar.

Beim Stehen und bei der Gärung wird die Zymase zerstört und zwar
die Kinase viel schneller als die eigentliche Zymase (»der Rückstand«), wahrscheinlich weil der Saft selbst Lipase enthält. Ein solcher inaktivierter Saft

1) Harden u. Joung, Proc. physiol. Soc. Nov. 1904; Proc. chem. Soc. 21, 189, 1905.
2) Harden u. Joung, Journ. of Physiol. 32, 1. 1904.
3) Buchner u. Antony, Zeitschr. f. physiol. Chemie 46, 136, 1905.
4) Harden u. Joung, Proc. Roy. Soc. 78, 369, 1906.
5) Buchner u. Klatte, Biochem. Zeitschr. 8, 520, 1907.
6) Buchner u. Duchacek, Biochem Zeitschr. 15, 221, 1909.

lässt sich anfangs durch Kochsaft, nicht aber durch inaktiven Rückstand reaktivieren.

Über die Rolle der Phosphate (bezw. des Lezithins) als Aktivatoren sind wir Dank den letzten Untersuchungen von Harden und Joung[1]) unterrichtet. Es scheint, als ob diese Aktivatoren mit dem Zucker zusammen eine Hexosephosphorsäure (bezw. Lezithinzucker?) bilden, die ihrerseits zu der Alkoholbildung bei der Gärung in Beziehung steht. Die Verfasser stellen folgendes Übersichtsschema auf:

1) $2 C_6 H_{12} O_6 + 2 R_2{}^2) HPO_4 - 2 CO_2 + 2 C_2 H_6 O + C_6 H_{10} O_4 (R_2 PO_4)_2 + 2 H_2 O.$

2) $C_6 H_{10} O_4 (R_2 PO_4)_2 + 2 H_2 O - C_6 H_{12} O_6 + 2 R_2 HPO_4.$

Die Gegenwart von Phosphat oder Lezithin ist also nach den Verfassern eine notwendige Bedingung für das Stattfinden der Gärung.

Die erste Reaktion soll nur bei Gegenwart von Zymase und Ko-Enzym stattfinden können; Phosphate sind ohne Ko-Enzym nicht imstande, die Fermentation mittels Zymase zu bewirken.

Ebenso wie für die Zymase hat man auch für das Fibrinferment eine komplexe Natur nachgewiesen und es in Thrombogen und Thrombokinase unterschieden. Während das Thrombogen einen Bestandteil des zirkulierenden Blutes darstellt, wird die Thrombokinase nur bei der Koagulation gebildet. Dass diese Thrombokinase ein Lipoidstoff ist, bleibt noch zu beweisen. A. Schmidt hat sie allerdings mit den zymoplastischen Substanzen indentifiziert, war aber sicher hierbei im Irrtum, wenn auch sein Fehlschuss dadurch recht verständlich wird, dass die zymoplastischen Substanzen eine Kinasebildung hervorrufen können.

Morawitz[3]) hat vergebens versucht, die Thrombokinase darzustellen. Höchst wahrscheinlich ist sie artspezifisch, denn Delezenne hat gezeigt, dass Gänseplasma unter dem Einfluss der Gewebsextrakte der Gans schneller gerinnt, als unter dem Einfluss der Säugetiergewebsextrakte. Ähnliche Beobachtungen teilten auch Loeb, Hewlett, Fuld und Spiro sowie Nolf mit; nach Nolf ist die spezifische Anpassung bei Fischen sogar sehr ausgesprochen. Diese Spezifität beweist allerdings nicht, dass die Kinase ein Lipoid ist, sie spricht aber auch nicht dagegen, da artspezifische Lipoidstoffe bekannt sind.

Der Reaktionsmodus zwischen Kinase und Trombogen ist gänzlich unbekannt. Von vornherein lassen sich verschiedene Möglichkeiten denken. Man könnte sich z. B. die Verhältnisse wie bei der Zymase oder dem Hämolysin vorstellen, also etwa derart, dass das Fibrinferment eine komplexe Verbindung darstellt, deren Kinasegruppe beim Aufbewahren zugrunde geht und hierdurch das gesamte Ferment inaktiv macht. Abgesehen von der oben

---

[1]) Harden u. Joung, Proc. Roy. Soc. 77, 405, 418, 1906.

[2]) R_2 kann Glyzerinfettsäuren + Cholin bedeuten.

[3]) Morawitz, Ergebnisse der Physiol. 4, 307, 1905.

besprochenen Inaktivierung, die reversibel ist, tritt selbstverständlich bei längerem Stehen und besonders bei etwas höherer Temperatur auch eine irreversible Inaktivierung ein. Es wäre von Interesse zu untersuchen, ob Lipasen die Inaktivierung, wie bei der Zymase, beschleunigen.

Lipoidstoffe, die Fermentbildung hervorrufen.

Systematische Untersuchungen über dieses wichtige Gebiet liegen nicht vor, und was ich anzuführen habe, sind ausschliesslich Deduktionen, die sich auf Schmidts Untersuchungen über die Bildung des Fibrinfermentes aufbauen. Ich hebe ausdrücklich hervor, dass Schmidt eine von der folgenden verschiedene Auffassung verteidigt und eine solche Möglichkeit überhaupt nicht berücksichtigt. Ich bin es vielmehr, der zu der Überzeugung gekommen ist, und ich trage also die Verantwortung dafür, dass man die Befunde Schmidts besser von einem solchen Standpunkte aus erklären kann.

Spritzt man eine Aufschwemmung von zymoplastischen Substanzen oder von Lezithin selbst ins Blut, so tritt eine ausgedehnte intravaskulare Koagulation auf. Da nun diese Substanzen an sich weder ein Enzym noch eine Kinase darstellen, so bleibt nur die Erklärungsmöglichkeit, dass sie die Fermentbildung, d. h. die Bildung von Thrombokinase hervorrufen.

Gegen diese Auffassung lässt sich anführen, dass die genannten Stoffe auch extravaskular auf Salzplasma wirken. In diesem Falle stellen sie aber Aktivatoren dar, vielleicht derart, dass sie die Hemmung der Salze überwinden oder vielleicht wäre auch denkbar, dass im Salzplasma unwirksame Vorstadien der Kinase vorliegen können, die — wie die Lab- oder Pepsin-Zymogene durch Säuren — aktiviert werden. Zweitens ist zu berücksichtigen, dass die Koagulation beinahe momentan nach der Einspritzung stattfindet; doch darf diese Tatsache nicht befremden, wenn man sich der schnellen Sekretion verschiedener anderer Enzyme erinnert. Ganz überzeugend sind dagegen einige Versuche von Schmidt, in welchen die Lipoide s u b k u t a n injiziert wurden. Das Maximum des Fermentgehaltes trat hier e r s t a m f o l g e n d e n T a g e ein, war aber dann »auf eine fast unglaubliche Höhe« gestiegen. Wenn es hier trotzdem zu keiner intravaskularen Koagulation kam, so muss dies so erklärt werden, dass sich gleichzeitig entsprechende A n t i f i b r i n f e r m e n t e gebildet hatten. Solche Antienzyme werden auch tatsächlich bei intravenöser Injektion der Lipoide gebildet: das meiste Blut koaguliert, etwas aber bleibt flüssig und lässt sich überhaupt nicht zur Koagulation bringen. Die einfachste Erklärung dieser Erscheinungen ist, dass die Lipoide eine Kinasebildung angeregt haben, ebenso wie Sekretin die Pankreasabsonderung bewirkt. Etwas später folgt dann die A n t i f e r m e n t - b i l d u n g, wodurch die Koagulation des noch flüssigen Blutes verhindert wird.

Das gebildete Fibrinferment regt die Antifibrinfermentbildung an, wie das schon von A. Schmidt durch Einspritzung reiner Fermentlösungen bewiesen wurde.

Die Tatsache, dass Lipoidstoffe Enzymbildung hervorrufen können, verdient besondere Berücksichtigung, weil auf dem Gebiete der Immunität ähnliche Verhältnisse nachgewiesen werden konnten. Nach Analogie darf hieraus gefolgert werden, dass auch die Antikörperbildung eine wahre Sekretion darstellt, also einen physiologischen Vorgang.

Lipoide als Hemmungskörper.

Bei der negativen Phase der Koagulation ist — wie bemerkt — das Fibrinferment nicht verschwunden, sondern seine Wirkung ist nur durch eine entsprechende Hemmungsvorrichtung aufgehoben. Diese Hemmungswirkung der Lipoide ist indirekter Natur.

Die zymoplastischen Substanzen können auch selbst als Hemmungskörper auftreten, wenn sie extravaskular in grösserer Menge zu Salzplasma zugesetzt werden; diese Eventualität kommt aber für die intravaskulare Koagulation nicht in Betracht.

Auch für Pepsin haben wir gesehen, dass Lezithin in etwas grösserer Menge als Hemmungskörper auftreten kann. Die Verhältnisse sind also ganz analog denjenigen beim Fibrinferment: kleine Mengen aktivieren, während grössere Hemmung bewirken.

Eine ähnliche Wirkung hat auch Küttner für andere Enzyme, besonders für Trypsin, erwiesen, und seine Beobachtungen über die Hemmungswirkung des Lezithins auf Trypsin wurden von J. Neumann bestätigt. Weiter zeigte Neumann[1]), dass Seifenlösungen denselben Effekt besitzen, was um so wertvoller ist, als das verwendete Lezithin sicher nur Zersetzungsprodukte von Phosphatiden enthielt. Diese Trypsinhemmung durch Seifen soll nach Neumann auch für die Säuglingsernährung von Bedeutung sein.

Besonderes Interesse beanspruchen Ausführungen von Pribram, der gemeinschaftlich mit Pick zeigte, dass man durch Ätherextraktion die antitryptische Wirkung genuinen Serums aufzuheben vermag. Die Verfasser schliessen hieraus, dass die antitryptische Wirkung des Serums, die eine erhebliche biologische Bedeutung besitzt, durch Lipoidbestandteile bedingt ist. Aller Wahrscheinlichkeit nach müssen diese Lipoide Fettsäuren und Seifen sein, da ja die Phosphatide des Serums nicht durch Äther gelöst werden. Weiter weist Pribram auf den hohen Fettsäuregehalt des von

---

[1]) Neumann, Berl. klin. Wochenschr. Nr. 45, 2096. 1908.

Weinland stark antitryptisch befundenen Askarisextraktes hin und er glaubt auch hier ein kausales Verhältnis annehmen zu dürfen.

Schwarz[1]) ist für die Lipoidnatur des Antitrypsins eingetreten, während sich andererseits K. Meyer[2]) ablehnend verhält.

Eine antitryptische Wirkung der Seifen ist auch mit Beziehung auf die normale Trypsinverdauung im Darme nicht gut verständlich. Tatsächlich wird im Duodenum usw. alles Fett in Fettsäuren übergeführt, und man hat keinen Grund anzunehmen, dass die Fettresorption leichter statthabe, als die Eiweissresorption, die ja ihrerseits eine vollständige Hydrolyse des Eiweisses voraussetzt. Da nun tatsächlich die Trypsin- (und Erepsin-)Verdauung im Darme unbehindert vor sich geht, müssen noch unbekannte Regulations-vorrichtungen existieren. Neumann macht auf die gute Wirkung einer fettarmen bezw. fettfreien Diät bei Säuglingen mit akuten und chronischen Ernährungsstörungen aufmerksam und deutet an, dass der Erfolg einer solchen Diät in den mitgeteilten Versuchsergebnissen seine Erklärung finden kann.

Eine antidiastatische Wirkung des Handelslezithins auf Ptyalin, Pankreas-, Darm- und Blutdiastase konnte Lapidus[3]) nachweisen.

Die Ergebnisse dieses Abschnittes zusammenfassend, können wir aus-sprechen, dass die Lipoidstoffe auf vielfache Weise die Fermentation beein-flussen können. Sie können die Wirkungen verstärken oder hemmen, sie können eine Enzymbildung hervorrufen, oder sie können mit den Enzymen zur Bildung des Vollfermentes zusammentreten. Wenn man in Betracht zieht, dass dieses Gebiet nur gelegentlich bearbeitet worden ist, so hat man wohl schon jetzt allen Grund, anzunehmen, dass die Lipoidstoffe für die Fermentlehre von der grössten Bedeutung sind.

Die geschilderte Einwirkung der Lipoide — in erster Linie also der Phosphatide und Fette — ist unter physiologischen Verhältnissen im Darm-kanal, in den Gewebeflüssigkeiten, vor allem im Blute und in den Zellen — denkbar. Wie bemerkt, können, unter Umständen, die Fette vielleicht der normalen Enzymarbeit im Darme entgegenwirken. In anderer Weise dürften die Nahrungslipoide sich hier nicht geltend machen.

Im Blute stellen sie vielleicht Antienzyme gegen proleolytische Fermente dar, denn durch Ätherextraktion wird, wie bemerkt, die antitryptische Serum-wirkung vernichtet. Lapidus untersuchte das Verhalten der Serumdiastase vor und nach Schütteln des Serums mit Äther und fand eine Ver-minderung der Wirkung nach Ätherbehandlung. Hier war also wahrschein-lich eine aktivierende Substanz durch den Äther entfernt worden, welche

---

[1]) Schwarz. Wiener. klin. Wochenschr. Nr. 33, 1909 und Berl. klin. Wochenschr. Nr 48, 1909.

[2]) K. Meyer, Berlin. klin. Wochenschr. Nr. 42, 1909.

[3]) Lapidus, Unveröffentl. Untersuchung aus dem med.-chemischen Institut zu Lund.

ein Lipoidstoff sein musste. Diese Annahme fand in der Tatsache eine Bestätigung, dass nunmehr ein Lezithinzusatz aktivierend wirkte, während das Lezithin, dem nativen Serum zugesetzt, eine Hemmung ausübte. Diese beiden, einander entgegengesetzten, Wirkungen kamen also in gleicher Weise wie bei Küttners Versuch zum Vorschein. Weiter zeigte sich, dass die diastatische Wirkung des Serums bei Aufbewahrung kontinuierlich verändert wird. Im Verein mit den oben erwähnten Beobachtungen hat man Grund anzunehmen, dass die Serumlipoide hierbei im Spiele sind und vielleicht den Vorgang beherrschen.

Für das Fibrinferment haben A. Schmidt und Morawitz bekanntlich ähnliche Veränderungen nachweisen können. Beim Stehen wird das Serum inaktiv, worauf ein Zusatz von Lipoidstoffen (zymoplastischen Substanzen) das Fibrinferment wieder reaktivieren kann.

Fragen wir endlich, welche Bedeutung die Lipoide für die intrazellulare enzymatische Arbeit besitzen, so müssen wir feststellen, dass die intrazellularen Lipoide sicher grösstenteils nicht frei in der Zelle vorkommen, sondern als komplexe Verbindungen mit anderen Substanzen. Bewiesen wird das dadurch, dass der direkte mikrochemische Nachweis nicht gelingt. Andererseits sind die Lipoide ausserordentlich reaktionsfähige Körper, wie z. B. die Salzwirkung und die Narkoselehre zeigen können. Wenn man früher auf die labile Konstitution der Eiweisskörper behufs Erklärung der Lebenserscheinungen hingewiesen hat, so trifft eben diese Labilität in viel höherem Grade für die Lipoide zu, nur sind hier die labilen Änderungen jedenfalls innerhalb gewisser Grenzen reversibel.

Systematische Untersuchungen auf diesem wichtigen Gebiete sind bisher nicht ausgeführt worden. Doch wissen wir, dass bei pathologischen Zuständen, in denen tatsächlich die intrazellulare Enzymarbeit abnorm stark vor sich geht, ebenfalls nachweisbare Änderungen der intrazellularen Lipoide vorkommen, vor allem bei der Phosphorvergiftung. Hier findet eine starke intravitale Autolyse der Leber statt, und zwar verbunden mit einer »Fettdegeneration«. Selbstverständlich ist aber damit nicht bewiesen, dass ein genetischer Zusammenhang zwischen beiden existiert. Auch bei der postmortalen Autolyse sind Änderungen der Lipoide nachgewiesen (Conradi), ebenso wie ein Zusatz von Lipoiden auf den Vorgang selbst einwirken kann (Satta und Fasiani l. c. S. 89).

Weiter haben der Verfasser und besonders Starkenstein [1]) für die intrazellulare Leberdiastase erwiesen, dass eine vorausgehende Alkoholbehandlung die Diastasewirkung vergrössert. Andererseits haben der Verfasser und seine Mitarbeiter [2]) dargetan, dass die intrazellulare Diastasewirkung der Leber

[1]) Starkenstein. Biochem. Zeitschr. 24, 191. 1910.
[2]) Bang. Ljungdahl u. Bohm, Beitr. z. chem. Physiol. u. Path. 7, 381. 1906.

sehr rasch verändert, und zwar sowohl vergrössert als auch vermindert werden
kann. Die Vermutung liegt nahe, dass hierbei die intrazellularen Lipoidstoffe
in Aktion treten, jedenfalls erscheint sie annehmbarer als etwa die, dass die
Diastase rasch neugebildet und vernichtet wird. Starkenstein konnte die
eben erwähnten Beobachtungen nicht bestätigen, dennoch sprechen seine
Befunde eher für als gegen die Richtigkeit der entwickelten Auffassung, indem bei seinen Versuchen das Organpulver zuvor mit Toluol völlig extrahiert
wurde. Es ist klar, dass etwaige durch Lipoide bedingte Unterschiede der
verschiedenen Lebern hierdurch aufgehoben werden mussten. Sonderbar ist
es, dass diese Fehlerquelle Starkenstein entgangen ist, da er in derselben
Abhandlung die Alkoholwirkung untersucht hat. Übrigens hat Zegla [1])
meine Beobachtungen bestätigt. (Allerdings war seine Methodik nicht ein-
wandsfrei.)

3. Die Bedeutung der Lipoidstoffe für die Immunitätslehre.

Während die Kenntnis der Bedeutung der Lipoidstoffe für die Fermentlehre grösstenteils nur auf zufällige Beobachtungen sich stützt, besitzen wir
auf dem Gebiet der Immunitätslehre planmäßige Untersuchungen, die schon
mehrere bemerkenswerte Ergebnisse gezeitigt haben und zudem eine grosse
Perspektive für die Zukunft eröffnen.

Die Erkenntnis der eminenten Bedeutung der Lipoidstoffe für die
Immunitätsforschung ist für diese zum Ausgangspunkt einer physiologischen
oder richtiger physiologisch-chemischen Richtung geworden, die augenblicklich im Vordergrund steht.

Allerdings hat man noch mit grossen Schwierigkeiten zu kämpfen.
Sie hängen erstens mit unserer sehr mangelhaften Kenntnis der chemischen
Natur und der chemischen Eigenschaften sowie des topographischen Vorkommens der Lipoidkörper zusammen, und zweitens fehlt es uns eigentlich
noch an einem sicheren Einblick in ihre physiologischen Funktionen.

Der Ausgangspunkt für das Studium ihrer Bedeutung für die Pathologie
ist deshalb sehr unsicher; auch habe ich die Auffassung gewonnen, dass
mehrere auf diesem Gebiet arbeitende Pathologen nicht die nötige Kenntnis
der physiologisch-chemischen Seite dieses Grenzgebietes besitzen. Ein gewisser
Dilettantismus war die Folge hiervon, der keineswegs für die Entwickelung
günstig gewesen ist.

Ebenso wie in der Fermentlehre ist auch für die Immunitätslehre eine
ähnliche Einteilung der Übersicht halber geboten, denn wir finden sehr verschiedenartige Wirkungen, sowohl bei einem und demselben Lipoidstoff, als
auch bei den verschiedenen Lipoiden.

---

[1]) Zegla. Biochem. Zeitschr. 16, 111. 1909.

1. Lipoide können als Gifte auftreten, und zwar
   a) als toxisch wirkende und
   b) als lytisch [1]) wirkende Gifte.

2. Lipoide zeigen bei einigen Lysinen eine aktivierende Wirkung. Bei den Toxinen ist eine ähnliche Wirkung unbekannt.

3. Lipoide spielen bei anderen Lysinen wahrscheinlich eine ähnliche Rolle wie die Kinasen bei den Enzymen. Bei den Toxinen ist derartiges nicht beobachtet.

4. Die Lipoide treten als Hemmungskörper auf:
   a) bei den Toxinen,
   b) bei den Lysinen.

5. Lipoidstoffe können eine Lysinbildung hervorrufen — Wirkung der Lipoide als Antigene.

Man bemerkt, dass sich für die Wirkungsweise der Lipoidkörper bei den Immunitätserscheinungen dieselben Gruppen aufstellen lassen, wie bei der Fermentlehre. Ebenso wie dort, besteht auch hier keine scharfe Grenze zwischen der zweiten und dritten Gruppe. Bei einem Lysin, dem Kobragifthämolysin, werden die Lipoide bis jetzt z. B. als Kinasen angesehen, während sie nach meiner Ansicht entschieden als Aktivatoren anzusehen sind, die einen bestehenden Widerstand gegen das aktive Gift aufheben. Wegen dieser Verwischung der Grenzen werden wir die zweite und dritte Gruppe zusammen besprechen.

Die Lipoide als Gifte.

a) Toxisch wirkende Lipoidstoffe.

In den zymoplastischen Substanzen sind wir toxisch wirkenden Zelllipoiden begegnet, welche durch intravaskulare Koagulation schnell den Tod bewirken.

Zu dieser indirekten Wirkung der Lipoide kommt noch eine direkt toxische hinzu, die wahrscheinlich nichts mit der koagulierenden Wirkung zu tun hat, obwohl die Ursache beider Zellbestandteile sind, die durch organische Solventien — unter Umständen zusammen — extrahiert werden können.

Nach Schmidt verursachen schon wasserhämolysierte Blutkörperchen Koagulation, während erst bei der Auflösung der Stromata die direkt toxisch wirkenden Lipoide frei und aktiv werden. Besitzt das Serum des Blutempfängers die Fähigkeit, die injizierten Blutkörperchen aufzulösen, so sind

[1]) Die Trennung nach einer toxischen und lytischen Wirkung geschieht aus praktischen Gründen; ob wirklich Toxinen und Lysinen grundsätzlich verschiedene Wirkungen zukommen, erscheint mir sehr zweifelhaft.

intravenös eingespritzte Blutkörperchen immer giftig[1]) [Batelli und Mioni[2]), Mioni[3])]. Ebenso sind Stromata bei nicht vorbehandelten anderen Tieren ungiftig oder wenig giftig, während damit immunisierte Tiere nach intravenöser Einspritzung von Stromata rasch zugrunde gehen.

Hieraus lässt sich die wichtige Tatsache folgern, dass Hämolyse durch Wasser und durch Hämolysin verschieden sein muss, und dass das Hämolysin Lipoidstoffe auflöst, welche durch Wasser nicht freigemacht werden.

Nach Gottlieb und Lefmann[4]), sowie nach Lefmann[5]) lassen sich die Toxine durch Äther extrahieren, dagegen sind sie in Alkohol und Chloroform unlöslich. Ihre chemischen Eigenschaften sind im Übrigen unbekannt; dass sie aber sicher Lipoidstoffe sind, folgert Lefmann aus der Beobachtung, dass sie sich aus einer Kochsalzemulsion durch Schütteln mit Olivenöl entfernen lassen. Des weiteren waren sie koktostabil.

Sehr interessant sind die Ergebnisse Lefmanns, welche zeigen, dass die Lipoidsubstanzen der artgleichen Blutkörperchen ganz ungiftig oder nur wenig giftig sind, wie das insbesondere die folgenden Versuche am Kaninchen erkennen lassen:

	Injizierte Menge pro kg ccm	Blutdruck vor der Injektion	nach der Injektion	Dauer der Injektion in Min.	Verlauf
Hundelipoide	6,6	120	0	1,5	tot
Rinderlipoide	12,7	100	0	1,0	tot
Schweinelipoide	14,1	102	46	2,0	verblutet
Katzenlipoide	14,2	120	48	5,0	—
Kaninchenlipoide	25,0	90	86	3,0	bleibt am Leben

Die artfremden Lipoide waren sehr giftig, die artgleichen ungiftig.

In dieser Beziehung — der Artspezifität — und auch in den chemischen Eigenschaften, stimmen diese Lipoidstoffe mit den Lipoid-Antigenen der Erythrozyten von Forssman und Bang überein. Besonders interessant ist die Tatsache, dass in beiden Fällen die Artspezifität eine Funktion der Lipoidkörper ist. Die chemische Natur des betreffenden Lipoidstoffes ist noch unbekannt, er war weder in Alkohol noch in Chloroform löslich, liess sich aber durch Öl ausschütteln und war koktostabil.

Schliesslich ist daran zu erinnern, dass A. Schmidt eine ähnliche — obwohl weniger ausgesprochene — Artspezifität bei den zymoplastischen

[1]) Ich sehe hier von der Kaliwirkung ab.
[2]) Batelli u. Mioni, Compt. rend. de la soc. biol. 56. 762. 1904.
[3]) Mioni, Compt. rend. de la soc. biol. 56, 848. 1904.
[4]) Gottlieb u. Lefmann, Med. Klinik 3, 414. 1907.
[5]) Lefmann, Beiträge z. chem. Physiol. u. Pathol. 11, 255. 1908.

Substanzen beobachtet hat, indem er wasserhämolysierte artgleiche Blut-körperchen weniger giftig (in Beziehung auf Koagulation) fand als artfremde.

Bei den oben erwähnten Versuchen wurden die Lipoidstoffe intravaskular injiziert. Die zymoplastischen Substanzen bewirken gleichfalls nur nach intravaskularer Einspritzung Gerinnung. Dagegen findet man neuerdings in der Literatur (allerdings unvollständige) Angaben, dass nach intraperitonealer Einspritzung Anaphylaxie auftreten kann [Pick und Jamanouchi[1]), Belonowski[2]) und Bogomolez[3])]. Besonders Bogomolez, der mit Alkoholextrakt aus Eigelb arbeitete, fand, dass Meerschweinchen nach ein-maliger Injektion des Lipoidextraktes sehr empfindlich gegen eine folgende Einspritzung von Eigelbemulsion geworden waren. Dagegen bewirkte eine zweite Injektion des Lipoidextraktes selbst keine Intoxikation. Bei der ersten Injektion war auch Eigelbemulsion ungiftig. Hierdurch ist als wahrscheinlich erwiesen, dass die sensibilisierenden und die toxischen Substanzen von einander verschieden sind. Denkbar wäre auch, dass die hypothetischen präformierten Lipoid(-Eiweiss?)-Verbindungen, nicht aber die Lipoide selbst, toxisch wirkten. Bogomolez hat leider versäumt, den Rückstand nach der Alkoholextraktion auf seine toxische Wirkung zu prüfen.

b) Lipoide als lytisch wirkende Gifte.

Da die meisten Lipoidstoffe einander gegenseitig zu lösen vermögen, darf man erwarten, dass sie, in grösserer Menge zur Wirkung gebracht, die Bestandteile der Lipoidmembran mit nachfolgender Zytolyse auflösen. Das ist tatsächlich der Fall. Schüttelt man z. B. Blutkörperchen mit Olivenöl, so tritt Hämolyse ein.

Aber auch in weit geringerer Menge bewirken mehrere Lipoidstoffe Zytolyse von Blutkörperchen, Organzellen und Bakterien. Hierbei kann von einer Lösung der Lipoidmembran in dem zugesetzten Lipoidstoff nicht die Rede sein, vielmehr lässt sich ein entgegengesetzter Vorgang, eine Aufnahme des betreffenden Lipoidstoffes in die Membran bezw. den Zellinhalt nach-weisen.

Bei noch geringerer Menge tritt keine Hämolyse ein, dagegen wirken dann die Lipoidstoffe als Aktivatoren bezw. Kinasen. Soweit wir jetzt wissen, können nur solche Lipoidkörper als Aktivatoren-Kinasen auftreten, die in grösserer Konzentration als Lysin wirken können.

Als Lipoidstoffe, die als direkt hämolytische Gifte in Betracht kommen, sind Phosphatide und Fette bekannt.

[1]) Pick u. Jamanouchi, Zeitschr. f. Immun.-Forsch. 1, 676. 1909.
[2]) Belonowski, Charkow. med. Journ. 7, 5. 1909.
[3]) Bogomolez, Zeitschr. f. Immun.-Forsch. 5, 121. 1910.

Nachdem das »Lezithin« als Aktivator des Kobragifthämolysins erkannt worden war, zeigte sich bald, dass es in etwas grösserer Konzentration (die Angaben über die Dosis differieren bei verschiedenen Verfassern) Hämolyse bewirken konnte. Dies gilt nach meinen Untersuchungen vor allem für die Handelspräparate, dagegen zeigen die reindargestellten Phosphatide des Eigelbs erst in viel grösserer Konzentration eine schwache hämolytische Wirkung und es dürfte zweifelhaft sein, ob sie eine solche Wirkung in der Tat überhaupt besitzen. Ebenso ist es nach meinen Beobachtungen zu bezweifeln, dass sie Aktivatoren sein können. Wenn also die Handelspräparate hämolytische Wirkung zeigen, so darf man das wahrscheinlich den darin sicher vorkommenden Verunreinigungen oder Zersetzungsprodukten der Phosphatide zuschreiben. Weitere Untersuchungen hierüber sind wünschenswert. Viel stärkere hämolytische Wirkung als das Lezithin selbst, soll nach v. Dungern und Coca[1]) sowie nach Manwaring[2]) ein Spaltungsprodukt desselben, Lezithin minus 1 Mol Ölsäure, »Desoleolezithin«, besitzen. Die Versuchsanordnung der Verfasser ist aber ganz unzureichend und ihre Ergebnisse verdienen kaum Berücksichtigung.

Die Neutralfette, besonders Triolein, nicht aber Tripalmitin und Tristearin, sollen nach Noguchi[3]) Hämolyse bewirken. Fortgesetzte Untersuchungen von Noguchi haben aber gezeigt, dass ganz reines Triolein wenig wirksam ist. Dagegen ist die freie Ölsäure hämolytisch sehr wirksam, und noch wirksamer sind viele ölsaure Salze, besonders Ammoniak- und Alkaliseifen, während die unlöslichen Kalk- und Magnesiaseifen relativ unwirksam waren.

Ebenso wirksam wie Ölsäure waren nach Faust und Tallquist[4]) andere ungesättigte Fettsäuren, wie Eruka-, Croton- und Zimtsäure, während gesättigte Fettsäuren, wie Stearinsäure, unwirksam sind. Als eklatantes Beispiel für diesen Gegensatz zwischen gesättigten und ungesättigten Fettsäuren wurde von Faust und Tallquist der auffallende Unterschied zwischen Akryl- und Hydrakrylsäure hervorgehoben.

Akrylsäure = stark hämolytisch wirksam. Hydrakrylsäure = unwirksam.

$$
\begin{array}{ll}
\mathrm{CH_2} & \mathrm{CH_2OH} \\
\parallel & | \\
\mathrm{CH} & \mathrm{CH_2} \\
| & | \\
\mathrm{COOH} & \mathrm{COOH.}
\end{array}
$$

Interessant ist ferner die Beobachtung von Faust und Tallquist, dass Ölsäurecholesterinester stark hämolytisch wirkte, trotzdem das

[1]) v. Dungern u. Coca, Biochem. Zeitschr. 12, 409, 1908; Münch. med. Wochenschrift 1907. Nr. 47.

[2]) Manwaring, Zeitschr. f, Immun.-Forsch. 6, 513. 1910.

[3]) Noguchi, Journ. of experim. Med. 8, 87. 1906.

[4]) Faust u. Tallquist, Arch. f. exp. Pathol. u. Pharm. 57, 375. 1907.

Cholesterin ein starker Hemmungskörper ist. Vom Glyzerin ist dies nicht bekannt, und der Ölsäureglyzerinester ist unwirksam. Die Cholesterinverbindungen von Croton- und Zimtsäure waren nur schwach wirksam und ihre Alkalisalze ganz unwirksam.

Bekanntlich kommen im Organismus Fettsäuren bezw. Seifen sehr verbreitet vor, sogar das Blut selbst enthält Seifen, und es liegt die Frage nahe, warum sie hier keine Hämolyse bewirken. Ihre Menge wäre hierfür nicht zu gering; nach Noguchi[1]) genügen 0,07 ccm einer 0,1 proz. Natriumoleatlösung und 0,05 ccm 0,1 proz. Ammoniumoleatlösung zur totalen Hämolyse von 2 ccm 5 proz. Rinderblutkörperchen, also etwa 2,5—3,5 mg Oleat in 100 ccm 5 proz. Blut. Normales Blut enthält ungefähr die zehnfache Menge und dessen ungeachtet tritt keine Hämolyse ein. v. Liebermann[2]) und Noguchi[1]) haben dafür die Erklärung gegeben, dass **Blutserum gegen die lytische Wirkung der Seifen schützt**, und zwar stellen nach v. Liebermann hierbei **die Eiweisskörper** den aktiven Bestandteil des Blutserums dar. Interessant ist weiter die Beobachtung v. Liebermanns und Noguchis, dass eine nicht äquivalente Mischung von Seife und Serum bezw. Eiweiss, welche noch hämolytisch wirkt, **durch halbstündiges Erhitzen bis 56° vollständig inaktiv wird**, wahrscheinlich weil eine nähere chemische Bindung zwischen beiden entsteht. Diese Tatsache verdient besondere Berücksichtigung, weil man für Toxine, und insbesondere auch für Antitoxine des Blutes die Thermolabilität als Kriterium ihrer Eiweissnatur angesehen hat. Man darf nunmehr die Möglichkeit ins Auge fassen, dass vielleicht auch hier die Eiweisskörper beim Erhitzen ein ähnliches Neutralisationsvermögen erhalten. Über andere Änderungen der Serumlipoide beim Erhitzen berichten Calmette[3]) und Kyes[4]) (vgl. auch die Übersicht von H. Sachs[5]).

Aus mehreren Organen hat Noguchi[1]) thermostabile Hämolytika durch Alkohol extrahiert, die als Seifen erkannt wurden, und derart ältere Angaben von Metschnikoff bestätigt. Eingehend untersucht wurde das Hämolysin der Pankreasdrüse.

Tarrasewitz[6]) hatte vorher aus Pankreas und anderen Organen ein Hämolysin dargestellt. Die unfiltrierten Extrakte waren meistens thermolabil, während die filtrierten sich dagegen als koktostabil erwiesen. Korschun und Morgenroth[7]) fanden dagegen, dass auch die unfiltrierten Extrakte koktostabil waren, ferner war das Hämolysin alkohollöslich. Die Wider-

[1]) Noguchi, Biochem. Zeitschr. 6, 327. 1907.
[2]) v. Liebermann, Biochem. Zeitschr. 4, 45. 1907.
[3]) Calmette, Compt. rend. d. l'Acad. d. scienc. 1902. S. 1446.
[4]) Kyes, Berl. klin. Wochenschr. 1902, Nr. 38 u. 39.
[5]) H. Sachs, Semaine Medicale, 24. Juni 1908.
[6]) Tarrasewitz, Annales de l'Institut Pasteur 16, 127. 1902.
[7]) Korschun u. Morgenroth, Berl. klin. Wochenschr. 1902. S. 870.

sprüche zwischen Tarrasewitz einerseits und Korschun und Morgenroth andererseits lassen sich wahrscheinlich aus folgenden Beobachtungen Noguchis[1] erklären. Schlägt man Pankreasextrakt mit Alkohol nieder und befreit es weiter vom Fett, so ist es hämolytisch unwirksam. Bringt man es dann mit einem an sich nicht hämolytisch wirksamen Neutralfette zusammen, so tritt vollständige Hämolyse ein: Lipolyse und Hämolyse gehen miteinander Hand in Hand. Wenn Tarrasewitz im Gegensatz zu Korschun und Morgenroth mit gekochten Extrakten negative Erfolge bekam, so ist das vielleicht so zu verstehen, dass Tarrasewitz die Lipase zerstörte, während in Korschuns und Morgenroths Versuchen schon die Fettsäuren gebildet waren. Dass das Hämolysin von Korschun und Morgenroth alkohollöslich war, findet gleichfalls hierdurch seine Erklärung.

Wir begegneten hier einer neuen Form der lipolytischen Hämolyse: unwirksame Lipoidstoffe werden durch andere Körper aktiviert und der Mechanismus dieser Erscheinung besteht darin, dass aus zusammengesetzten Lipoidstoffen aktive Komponenten abgespalten werden. Von derartigen inaktiven Lipoidstoffen, die aktive Komponenten enthalten, kommen ausser Neutralfett die Phosphatide in Betracht, von denen mehrere ungesättigte Fettsäuren enthalten.

Während Noguchi[1] aus Pankreaslipase und Handelslezithin kein Hämolysin darstellen konnte und daraus folgert, dass die Lipase »Lezithin nicht in nennenswertem Maße spaltet« (vergl. Kalaboukoff und Terroine S. 91), haben dagegen Friedemann[2] und Wohlgemuth[3] gefunden, dass Pankreassaft mit »Lezithin« ein Hämolysin bildet. Friedemann zeigte weiter, dass Extrakte aus Pankreas mit Lezithin unwirksam sind, so dass also ein Widerspruch zwischen ihm und Noguchi nicht vorliegt. Wohlgemuth und Friedemann glauben, dass ein Bestandteil des Saftes mit dem Lezithin zusammen das Hämolysin bildet. Ihnen zufolge stellt das Lezithin hier demgemäß einen Aktivator dar und das Lezithin gehört folglich nach ihrer Auffassung zu der folgenden Gruppe (siehe S. 112 flg.). Übrigens wird Pankreassaft nach Delezenne[4] auch durch Darmsaft hämolytisch aktiviert und nach Noguchi[1] auch von Serum. Die Verhältnisse sind so kompliziert, dass sie augenblicklich noch nicht vollständig zu übersehen sind. (Vgl. auch die Untersuchungen von Morgenroth und Schäfer[5], sowie Hessberg[6]).

Wir müssen schliesslich fragen, ob diese direkt hämolytisch wirkenden Lipoide auch tatsächlich eine biologische Rolle spielen. Die interessanten

[1] Noguchi, Biochem. Zeitschr. 6, 185 und 327 1907.
[2] Friedemann, Deutsche med. Wochenschr. 1907. S. 585.
[3] Wohlgemuth, Biochem. Zeitschr. 4, 271. 1907.
[4] Delezenne, Compt. rend. de la soc. biol. 55, 171. 1903.
[5] Morgenroth und Schäfer, Biochem. Zeitschr. 21, 305. 1909.
[6] Hessberg, Biochem. Zeitschr. 22, 349. 1909.

Beobachtungen von Neuberg und seinen Mitarbeitern [1] lehren, dass sowohl für die natürlich vorkommenden Hämolysine (Schlangengifte, vielleicht Bienengift, sowie Crotin und Rizin) als auch für bakterizide und antitoxische Sera ein Parallelismus zwischen Hämolyse und Fettspaltungsvermögen vorliegt. Weiter hat Neuberg gezeigt, dass bei Trennungsversuchen die Lipase überall das Hämolysin begleitet.

Trotzdem äussert sich Neuberg sehr vorsichtig zu der Frage, ob die Lipolyse ein Teilvorgang der Hämolyse oder nur eine zufällige Begleiterscheinung derselben ist. Man muss ihm beistimmen, dass selbst ein zufälliges Zusammenfallen beider Vorgänge interessant und für die Zukunft bedeutungsvoll ist.

Joannovics und Pick [2] zeigten, dass das Alkoholextrakt der Leber nach Vergiftung mit Toluylendiamin starke hämolytische Wirkung aufweist. Nach Jakoby [3] verhält sich die Leber bei akuter gelber Atrophie ebenso, während das Extrakt der normalen Leber nur ganz schwache Wirkung aufweist.

Nach Tallquist [4] sollen direkt wirkende Lipoidstoffe die Pathogenese der perniziösen Anämie, besonders der Bothriocephalusanämie, darstellen. Der Bothriocephalus bildet ein Hämolysin, das nach vorangegangener Resorption die Anämie durch Auflösung der Blutkörperchen bewirkt. Tallquist macht darauf aufmerksam, dass die von den Anämischen herstammenden Parasiten in der Regel grössere Substanzverluste aufweisen. Weiter konnten Schaumann und Tallquist [5] bei Hunden — nicht aber bei Kaninchen — durch Fütterung mit Bothriocephalus tödlich verlaufende Anämien hervorbringen. Das betreffende Hämolysin war ein Lipoidstoff, der erst nach Zerlegung der organisierten Masse, in deren Gestalt er in den Parasiten vorkommt, frei wird und in volle Tätigkeit tritt. Die Substanz war koktostabil, in organischen Lösungsmitteln löslich und von intensiver hämolytischer Wirkung, und weitere Untersuchungen von Faust und Tallquist [6] zeigten, dass sie mit Ölsäure identisch war; Glyzerin fehlte.

Es ist schwer verständlich, dass gerade Ölsäure die Anämie bewirken solle, da bekanntlich auch nach Fütterung mit freien Fettsäuren (ohne Glyzerin!) in der Darmwand Neutralfett zurückgebildet wird. Faust und Tallquist deuten deshalb die Möglichkeit an, dass der Bothriocephalus eine Substanz abgibt, welche diese Synthese verhindert und sie konnten nach Verfütterung mit Bothriocephalussubstanz im Chylus reichliche Mengen von

[1] Neuberg u. Rosenberg, Berl. klin. Wochenschrift 1907. Orth-Nummer. — Neuberg u. Reicher, Biochem. Zeitschr. 4, 28, 11907; Münch. mediz. Wochenschr. Nr. 54. 1907. — Neuberg. Biochem. Zeitschr. 11, 400. 1908.

[2] Joannovics u. Pick, Zeitschr. f. experim. Path. u. Ther. 7, 185. 1909.

[3] Jakoby, Berl. klin. Wochenschrift. 15, 677. 1910.

[4] Tallquist, Zeitschr. f. klin. Med. 61, 427. 1907.

[5] Schaumann u. Tallquist, Deutsche mediz Wochenschr. Nr. 20, 1898.

[6] Faust u. Tallquist, Archiv f. exper. Pathol. u. Pharm. 57, 375. 1907.

Seifen nachweisen. Hiermit ist jedoch die Sachlage nicht erklärt, da Blutserum nach v. Liebermann die hämolytische Wirkung der Ölsäure aufhebt.

Fortgesetzte Untersuchungen von Faust[1]) lehrten, dass subkutane Einverleibung von ölsaurem Natrium bei Kaninchen eine akut verlaufende Anämie bewirkt, die zum Tode führt. Bei einem Hunde konnte er auch durch andauernde Verabreichung reichlicher Mengen Ölsäure per os eine chronische Anämie hervorrufen; bei einem anderen Hunde dagegen war die Ölsäure ohne Wirkung und eine Vergiftung gelang auch nicht bei gleichzeitiger Fütterung von mit Äther erschöpfter Bothriocephalussubstanz. Die Wirkungsweise der Lipoide bei der Hämolyse stellt sich Tallquist[2]) so vor, dass zuerst die Ölsäure von den Blutkörperchen aufgenommen wird. Dies geschieht auch noch bei 0°, wo die hämolytische Wirkung sehr gering ist. Nach Abzentrifugierung zeigt es sich, dass die Blutkörperchen noch viel mehr Ölsäure aufgenommen haben, als zur Hervorbringung der totalen Hämolyse gerade notwendig ist, was übrigens auch für andere Hämolytika gilt.

Für das Handelslezithin habe ich[3]) erwiesen, dass auch dieses grösstenteils von den Blutkörperchen aufgenommen wird. Die Lezithinbeladung bedingt eine Permeabilität der Plasmahaut für Salze. Schwemmt man so behandelte Blutkörperchen in Kochsalzlösung auf, so diffundieren die Salze und die Blutkörperchen platzen grösstenteils dank dem Quellungsdruck des Hämoglobins. Wenn dagegen die Blutkörperchen in Rohrzuckerlösung aufgeschwemmt sind, tritt auch bei grossem Zusatz von Lezithin keine Hämolyse ein, da die Lezithinbeladung keine vermehrte Permeabilität für Rohrzucker bedingt. Kaulquappen werden durch Zusatz von geringen »Lezithin«-Mengen zum Wasser vergiftet, ebenso durch Zusatz von Ölsäure. Wahrscheinlich werden die Epithelien geschädigt.

Nach Preti[4]) enthält Anchylostomum duodenale ein ähnliches Hämolysin, wie Bothriocephalus. Weinberg[5]) fand, dass das Extrakt von Sklerostomen des Pferdes hämolytisch wirksam ist.

Die lytische Wirkung der Lipoide ist nicht auf die Blutkörperchen beschränkt. Nach Freund und Kaminer[6]) sowie Neuberg[7]) bringen normale Sera, nicht aber Krebssera, Karzinomzellen zur Lösung. Das betreffende Lysin ist nach Freund und Kaminer[8]) ein äther- und alkohollöslicher Lipoidstoff. Er wird mit der Euglobulinfraktion ausgeschieden. Diese Ergebnisse lassen sich aber nicht gut mit der gelungenen Transplantation von

---

[1]) Faust, Archiv f. experim. Path. u. Pharm. Suppl. Festschr. f. Schmiedeberg S. 171, 1908.

[2]) Tallquist, Zeitschr. f. klin. Medizin 61, 427. 1907.

[3]) Bang, Biochem. Zeitschr. 23, 463. 1910.

[4]) Preti, Münchn. med. Wochenschr. Nr. 9, 1908.

[5]) Weinberg, Annales de l'Institut Pasteur 21, 798. 1907.

[6]) Freund u. Kaminer, Biochem. Zeitschr. 26, 312. 1910.

[7]) Neuberg, Biochem. Zeitschr. 26, 344. 1910.

[8]) Freund u. Kaminer, Wiener klin. Wochenschr. Nr. 34, 1910.

Cancerzellen in Übereinstimmung bringen. Besonders für Bakterien hat Noguchi[1]) gezeigt, dass ein Zusatz von Ölsäure die bakterizide Wirkung des Serums erhöht. (Vgl. auch die bakteriziden Körper Conradis[2]), welche koktostabil und alkohollöslich waren. Ähnliche Substanzen hat Peterson[3]) aus den Leukozyten extrahieren können). Nach Bassenge u. a.[4]) werden Typhusbazillen von Lezithinemulsion aufgelöst. Derartig behandelte Bazillen sollen durch das Freiwerden des Toxins eine bessere immunisierende Wirkung zeigen. Pick und Schwarz[5]) fanden, dass sich die Organlipoide in Kombination mit Typhusbakterien analog dem Lezithin verhalten, haben aber auch eine aktive Beteiligung der Lipoide beim Immunisierungsprozess gefunden.

Nach P. Müller[6]) wird das Typhusantigen von Chloroform zerstört, ein Zusatz von Lezithin — am besten von verdorbenem Präparat — schützt gegen die Chloroformwirkung. Vielleicht wird auch das Antigen hierdurch besser aufgelöst.

Cholesterin soll nach Hofbauer[7]) recht eigentümliche Giftwirkungen besitzen, indem Fütterung mit Cholesterin an graviden Meerschweinchen Abortus bewirkt. In der Plazenta wurden degenerative Änderungen nachgewiesen, welche für den Fötus deletär sind. Von Hofbauer wurde ferner nach Fütterung mit Cholesterin eine Verkleinerung von Geschwülsten gefunden. Das Cholesterin wird nach Pribram, Morgenroth und Reicher reichlich resorbiert und im Plasma gefunden, Schädigungen wurden nicht beobachtet.

Nach Landsteiner und Raubitschek[8]) enthält die Kulturflüssigkeit von Bakterium pyocyaneum einen alkohol- und ätherlöslichen Lipoidstoff, der starke hämolytische Wirkung besitzt. Nach Ohkubo[9]) besitzt diese thermostabile Pyocyanase starke bakterizide Wirkung; 0,01 g Extrakt tötet 2000 Anthraxbazillen. Der Lipoidstoff ist in Äther, Benzol, Petroläther und Chloroform löslich, aber in Alkohol unlöslich (Raubitschek und Russ[10]).

In der letzten Zeit ist es Burkhardt[11]) gelungen, aus der Kulturflüssigkeit von Bakt. putridum das hämolytische (und toxische) Prinzip rein darzustellen. Die ätherlösliche Substanz war eine S-haltige Fettsäure, und zwar Dimethyloxythioerukasäure ($C_{24}H_{46}SO_2$). Der Schwefel ist locker gebunden und wird schon beim Kochen mit Wasser abgespalten. Die schwefelfreie Substanz besitzt keine toxischen Eigenschaften mehr.

[1]) Noguchi, Biochem. Zeitschr. 6, 185. 1907.
[2]) Conradi, Beiträge z. chem. Physiol. u. Pathol. 1, 193. 1902.
[3]) Bassenge, Deutsch. med. Wochenschr. 1908, Nr. 29.
[4]) Peterson, Zeitschr. f. Immun.-Forschung 1, 52, 1909.
[5]) Pick u. Schwarz, Biochem. Zeitschr. 15, 453, 1909.
[6]) P. Müller, Zeitschr. f. Imm.-Forschung 5, 585. 1910.
[7]) Hofbauer, Berl. klin. Wochenschr. Nr. 45, 1908.
[8]) Landsteiner u. Raubitschek, Biochem. Zeitschr. 15, 33. 1909.
[9]) Ohkubo, Zeitschr. f. Imm.-Forschung. 5, 428. 1910.
[10]) Raubitschek u. Russ, Wien. klin. Wochenschr. 1908, S. 280.
[11]) Burkhardt, Archiv f. experim. Path. u. Pharm. 63, 107. 1910.

Lipoidstoffe als Aktivatoren bezw. Kinasen.

Die Wirkung der Lipoide als Aktivatoren bezw. Kinasen, letztere ausschliesslich bei den Lysinen, darf nicht mit ihrer direkt lytischen Wirkung
verwechselt werden. Hier zeigen sie entweder eine verstärkende Wirkung
anderer Lysine bezw. eine Aufhebung einer Antiwirkung (Aktivatoren) oder
sie treten, obwohl selbst direkt unwirksam, mit einer anderen, gleichfalls un-
wirksamen Substanz zur Bildung des aktiven Lysins zusammen (Kinasen).
Da die Auffassung über die Tätigkeit der Lipoide als Aktivatoren oder Kinasen
bei verschiedenen Lysinen noch schwankt, müssen wir in den einzelnen Fällen
beide Möglichkeiten diskutieren, und verzichten demgemäß auf eine besondere
Gruppenteilung zwischen beiden.

Immerhin kann man die verschiedenen Stoffe, die in dieser Beziehung
mit den Lipoidstoffen zu reagieren vermögen, in mehrere Gruppen einordnen,
nämlich: a) anorganische Substanzen, b) organische Stoffe von
bekannter Konstitution, c) organische Stoffe unbekannter
Konstitution aus Pflanzen, d) ähnliche Stoffe aus Tieren.

a) Anorganische Substanzen, welche von Lipoidstoffen aktiviert werden.

1. Salze.

Nach Detre u. Sellei[1]) soll das »Lezithin« als Hemmungskörper bei
der Hämolyse durch Quecksilberchlorid beteiligt sein; H. Sachs[2]) konnte
aber demgegenüber feststellen, dass ein Zusatz von »Lezithin« die Sublimat-
wirkung beschleunigt. Es handelt sich nach Sachs hierbei um einen die
blutzerstörende Wirkung des Sublimats irgendwie erleichternden Einfluss des
»Lezithins«. Das »Lezithin« wirkt also hier als Aktivator. Wie oben erwähnt ist die hämolytische Wirkung des Lezithins selbst eng mit der Wirkung
der Salze verbunden.

2. Säuren.

Landsteiner und Jagic[3]) beobachteten zuerst, dass die sehr schwache
Kieselsäure in Gemeinschaft mit »Lezithin« Hämolyse von Rindsblut
hervorzurufen vermag. Einen ähnlichen Fall betreffend eine andere äusserst
schwache Säure, die Borsäure, hat Arrhenius[4]) mitgeteilt. Die Borsäure
besitzt an sich nur eine sehr geringe hämolytische Wirkung. Dieselben Erscheinungen beobachtete Arrhenius bei Essigsäure und Salzsäure.
Bemerkenswert ist es, dass die schwache Essigsäure bei konstantem Lezithingehalt eine ebenso grosse hämolytische Wirkung wie Salzsäure hervorbrachte,

---

[1]) Detre u. Sellei, Wien. klin. Wochenschr. S. 1195 u. 1311. 1904.
[2]) H. Sachs, Wien. klin. Wochenschr. 1905.
[3]) Landsteiner u. Jagic, Wien. klin. Wochenschr. S. 63. 1904.
[4]) Sv. Arrhenius, Meddelanden från Vetenskapensakademiens Nobelinstitut 1;
Ergebnisse d. Physiol. 7, 480. 1908.

trotzdem sie beide als 0,04 n-Lösungen verwendet wurden. Ja es scheint sogar, als ob die äusserst schwache Kieselsäure mit Lezithin zusammen eine stärkere Hämolyse bewirkte als Salzsäure, obwohl Salzsäure an sich schon bei weit geringerer Konzentration als Kieselsäure die Blutkörperchen zerstört. Selbstverständlich wurden Lezithin und Säure bei diesen Versuchen in Konzentrationen verwendet, die an sich keine oder nur spurenweise Hämolyse bewirken.

Interessant ist auch die Beobachtung, dass das Zeitintervall zwischen Lezithin- und Säurezusatz von Bedeutung ist. Je länger man nach dem Zusatz des Lezithins zum Blut mit dem Säurezusatz wartet, umso erheblicher wird die Hämolyse; das Lezithin braucht also eine gewisse Zeit, um die Blutkörperchen für die Säurehämolyse zu präparieren. »Die einfachste Erklärungsweise ist die, dass diese Körper die Löslichkeit der Hämolytika in den Blutkörperchen und in der umgebenden Flüssigkeit beeinflussen« (Arrhenius). Jedenfalls zeigen die Versuche, dass dem »Lezithin« hier die Funktion eines Immunkörpers zukommt; durch Aufnahme des Lezithins werden die Erythrozyten für die folgende Säurewirkung sensibilisiert, nur ist es noch unbekannt, in welcher Weise dies geschieht. Die Säuren wirken also als Komplement. (Vgl. was oben über die Lezithinhämolyse bemerkt ist.)

3. Alkalien und Ammoniak.

Die fixen Alkalien sind, wie die Säuren, Hämolytika. Bei einigen sehr geringen Alkalikonzentrationen, die nicht mehr hämolytisch wirken, werden mit Lezithin vorbehandelte Blutkörperchen dennoch etwas hämolysiert, doch ist diese aktivierende Wirkung lange nicht so ausgesprochen, wie bei den Säuren. Auf die Hämolyse durch Ammoniak hat Lezithinzusatz bei einer geringen, an sich nicht hämolytisch wirkenden Konzentration grössere Wirkung als bei den Alkalien (Arrhenius). Auch mit anderen Basen, wie Eisenoxydhydrat, reagiert Lezithin in ähnlicher Weise.

b) Organische Substanzen, welche von Lipoidstoffen aktiviert werden.

Von solchen ist schon Essigsäure erwähnt. Wahrscheinlich reagieren andere organische Säuren in derselben Weise. Ebenso verhalten sich nach Arrhenius[1]) die Alkohole und Äthyläther.

Die Plasmahaut ist für Alkohole permeabel; anderseits sind die Alkohole wasserlöslich und üben also einen osmotischen Druck aus. Überführt man mit einem Alkohol, z. B. mit Methylalkohol, beladene Blutkörperchen in eine isotonische Salzlösung, so quellen sie, weil das Wasser schneller als der Alkohol diffundiert. Der Alkohol in den Blutkörperchen zieht folglich Wasser an (Bang). Ist auch noch »Lezithin« zugegen, so addieren sich seine Wirkungen zu denen des Alkohols.

---

[1]) Sv. Arrhenius, Meddelanden från Vetenskapensakademiens Nobelinstitut 1; Ergebnisse d. Physiol. 7, 480. 1908.

c) **Hämolytika aus dem Pflanzenreich von unbekannter Konstitution, die von Lipoiden aktiviert werden.**

Von solchen hat Pascucci[1]) in dem Rizin einen Körper gefunden, der nicht direkt, wohl aber mit »Lezithin« zusammen Blutkörperchen hämolysiert. Wie schon erwähnt, haben Neuberg und Rosenberg[2], im Rizin eine Lipase gefunden, und es ist sonach nicht unmöglich, dass durch diese vielleicht eine aktive Fettsäure abgespalten wird. In diesem Falle wäre diese Hämolyse unter der ersten Gruppe anzuführen. Gewöhnlich wird jedoch angenommen, dass beide Stoffe zur Hämolyse zusammentreten. In Öl aber kann das Rizin nicht löslich sein, da Rizinusöl nichts davon enthält.

d) **Hämolytika tierischen Ursprunges von unbekannter Konstitution, welche von Lipoiden aktiviert werden.**

1. Das Pankreashämolysin.

Oben wurde bereits erwähnt, dass nach Friedemann[3]) und besonders nach Wohlgemuth[4]) eine Synthese zwischen einem Bestandteil des Pankreassaftes und dem »Lezithin« unter Bildung eines komplexen Hämolysins stattfinden soll. Das Lezithin fungiert also nach ihnen wie eine Kinase, und seine Wirkung ist folglich ganz verschieden von derjenigen des Neutralfettes, aus welchem nach Noguchi[5]) die direkt hämolysierende Ölsäure abgespalten wird. Die Verbindung wird von Wohlgemuth als ein Analogon des »Kobralezithids« angesehen, und alles, was wir sogleich über dieses zu bemerken haben werden, trifft wohl auch für dieses »Lezithid« zu.

Prinzipiell wichtig erscheint es, dass der Pankreassaft mit Schlangengift eine so weitgehende Übereinstimmung aufweist. Beide sind im übrigen Sekrete des Darmkanals von Wirbeltieren, und das Giftsekret stellt ebenso wie der Pankreassaft ein Verdauungssekret dar.

2. Das Kobragifthämolysin.

Vorbemerkungen über das Kobragift. Nach den Untersuchungen verschiedener Forscher, besonders der Ehrlichschen Schule, enthält das Giftsekret zwei verschiedene Giftstoffe, nämlich das Neurotoxin und das Hämotoxin. Das Hämotoxin soll keine neurotoxischen Wirkungen besitzen, und das Neurotoxin umgekehrt keine hämolytischen. Dieses Ergebnis wird jedoch durch Fausts Untersuchungen[6]) erschüttert, denn dieser hat für das

1) Pascucci, Beiträge zur chem. Physiol. u. Pathol. 6, 543. 1905.
2) Neuberg u. Rosenberg, Berl. klin. Wochenschr., 1907. Orth. Nummer Januar.
3) Friedemann, Deutsche med. Wochenschr. 1907. 585.
4) Wohlgemuth, Biochem. Zeitschr. 4, 271. 1907.
5) Noguchi, Biochem. Zeitschr. 6, 185. 1907.
6) Faust. Archiv für experim. Pathol. u. Pharm. 56, 236. 1907.

rein dargestellte Neurotoxin, das Ophiotoxin, eine ausgesprochene hämolytische Wirkung aufgefunden. Meine Untersuchungen, die ich mit nativem Gifte angestellt habe, stimmen hiermit überein; sie haben das ganz unzweifelhaft erwiesen, ebenso auch unveröffentlichte Versuche von Overton und mir.

Neben diesen Toxinen enthält das Kobragift mehrere Enzyme, von denen uns die von Neuberg und dessen Mitarbeitern[1] gefundene Lipase interessiert, weil wir die Möglichkeit berücksichtigen müssen, dass sie ausschliesslich oder wenigstens teilweise für die hämolytische Wirkung verantwortlich ist.

Wirkung des Kobragiftes auf Blut. Blutkörperchen verschiedener Tiere zeigen sehr ungleiche Empfindlichkeit gegen Kobragift, wenn sie, vollständig von Serum befreit, in Kochsalzlösung aufgeschwemmt sind. Die Blutkörperchen von Rind, Hammel und Ziege sind absolut unempfindlich, nach Noguchi und Calmette gilt dies auch für die Pferdeblutkörperchen, während diese letzteren nach Kyes und Sachs aufgelöst werden sollen. Bei anderen Tieren zeigten sich quantitative Abstufungen der Empfindlichkeit; Blutkörperchen von Kaninchen erfordern zur Hämolyse hundertmal mehr Kobragift als Froschblutkörperchen. Auch kommen bei Tieren derselben Art grosse Unterschiede vor; in einigen Versuchen von Kyes und Sachs brauchte ein Kaninchen 0,1 mg Kobragift, ein anderes 0,005 mg zur vollständigen Hämolyse.

Weiter zeigten Kyes und Sachs[2], dass ein kleiner Überschuss von Kobragift die Hämolyse verhindern kann; bei einem Kaninchen bewirkte 0,075 mg vollständige Hämolyse, während 0,1 mg überhaupt keine Hämolyse hervorbrachte

Versetzt man Blutkörperchen mit einem grossen Überschuss von Kobragift, so tritt diese Resistenz sehr prägnant hervor [Noguchi[3]]. Solche Blutkörperchen sind auch gegen andere Hämolytika, wie Ammoniak oder Saponin (sogar bis 2 %), unempfindlich geworden, und sind auch resistent gegen »Lezithin«. Dagegen sind sie gegen Säuren und Alkalien empfindlicher geworden. Sehr interessant ist es weiter, dass derartige Blutkörperchen auch nicht von Wasser hämolysiert werden, selbst wenn sie mehreremal damit gewaschen werden. Da solche Blutkörperchen wahrscheinlich für Salze dauernd impermeabel bleiben, so ist es schwer zu verstehen, dass sie nicht des osmotischen Überdruckes wegen platzen. Die einzig mögliche Erklärung ist die, dass die Blutkörperchen für Wasser impermeabel geworden sind. Wäscht man sie mit Kochsalzlösung aus, so werden sie wieder empfindlich, und sogar in höherem Grade als vorher. Man muss deshalb annehmen, dass

---

[1] Neuberg u. Rosenberg, Berl. klin. Wochenschr. 1907. Orth-Nummer. Januar.
[2] Kyes und Sachs. Berl. klin Wochenschr. 1903. Nr. 2—4.
[3] Noguchi, Journ. of experim. med. 1902.

das Kobragift von der Lipoidmembran aufgenommen worden
ist und sich in dieser befindet. Noguchi glaubt, dass das Gift die
Schutzwirkung dadurch ausübt, dass es eine wasserunlösliche Verbindung mit gewissen Bestandteilen der Erythrozyten eingeht und er zeigte
auch, dass wässrige Auszüge aus Blutkörperchen (oder Hämoglobinlösungen)
mit wässeriger Giftlösung Niederschläge geben, die in Kochsalzlösung
löslich sind. Durch Kochsalzlösung kann man demnach den Schutzkörper
(und den damit verbundenen Lipoidmembranbestandteil) wieder auswaschen.

Aus allem diesem lässt sich die wichtige Folgerung entnehmen, dass
die betreffenden Bestandteile, welche mit dem Schutzkörper
reagieren, in der Lipoidmembran die Diffusion des Wassers
in die Blutkörperchen vermitteln. Wenn sie mit dem Kobragift eine
wasserunlösliche Verbindung eingegangen sind, kann das Wasser nicht mehr
hineindiffundieren und hierdurch wird auch die Wasserhämolyse ausgeschlossen.
Forssman und Bang haben mehrere wasserlösliche Bestandteile der Lipoidmembran beschrieben, darunter die »neutralisierende Substanz«. Die Schutzsubstanz ist nicht mit dem Hämolysin identisch.

Eine ähnliche Schutzwirkung übt Osmiumsäure aus. Mit Osmiumsäure beladene Blutkörperchen werden bei Verdünnung mit Wasser nicht
gelöst, dagegen bei Gegenwart von Kaninchenserum (v. Dungern und Coca[1]).

Flexner und Noguchi[2] zeigten zuerst, dass unempfindliche Blutkörperchen bei Gegenwart von Kobragift und normalem Serum gelöst werden.
Hier sind zwei Eventualitäten zu berücksichtigen: 1. Das normale Serum enthält ein komplexes Hämolysin (Immunkörper, Komplement), welches aber an
sich keine Hämolyse hervorzubringen vermag. Das Kobragift bewirkt dann
eine verminderte Resistenz gegen die Einwirkung des Hämolysins (v. Dungern
und Coca[3]). Ein solches Hämolysin gegen Rinderblut enthält Meerschweinchenblut. 2. Das normale Serum enthält einen Aktivator, welcher
mit Kobragift zusammen das Hämolysin darstellt. Kyes[4] zeigte zuerst,
dass dieser Aktivator alkohol- und ätherlöslich ist und identifizierte
ihn als »Lezithin«.

Nach den fortgesetzten Untersuchungen von Kyes und Sachs[5] sind
die Verhältnisse weit komplizierter. Der normale Serumaktivator wird, im
Gegensatz zu »Lezithin« (und Ölsäure), nicht von Cholesterin neutralisiert.
Die Verff. identifizieren jetzt den Serumaktivator mit dem Komplement.
Demgegenüber hebt Noguchi[6] hervor, dass die Sera von Rind und Ziege

1) von Dungern u. Coca, Münchn. mediz. Wochenschr. 1907. Nr. 47.
2) Flexner u. Noguchi, Journ. of experim. medicine 6, Nr. 3. 1903.
3) von Dungern u. Coca, Biochem. Zeitschr. 12, 407. 1908.
4) Kyes, Berl. klin. Wochenschr. 1902. Nr. 38 u. 39.
5) Kyes u. Sachs, Berl. klin. Wochenschr. 1903. Nr. 2–4.
6) Noguchi, Journ. of experim. med. 9, 436. 1907.

keine aktivierende Wirkung besitzen, dagegen Komplement enthalten. Weiter fand Noguchi, dass sämtliche Sera, welche aktiv sind, durch Schütteln mit Äther Fettsäuren, Neutralfett und vielleicht Seifen abgeben. Das Ätherextrakt enthält die ganze Menge der aktivierenden Substanz, und die Sera sind inaktiv geworden. Das Alexin (Komplement) wird beim Schütteln mit Äther zerstört. Ferner wird Serum durch Zusatz von $CaCl_2$ inaktiviert, nach Noguchi infolge Bildung von unlöslicher Kalkseife. Gegenüber Noguchis Auffassung, dass die Seifen die Aktivatoren des normalen Serums seien, kann man die Möglichkeit hervorheben, dass das aktive Serum ein normales »larviertes« Hämolysin enthält, das in den Sera von Rind und Ziege fehlt und welches von dem Gift aktiviert werden konnte. In den meisten Versuchen ist Meerschweinchenblut als Aktivator benutzt worden. Das Rinderblutserum enthält sicher Fett und Seifen.

Kyes und Sachs halten gegenüber Noguchi an der Auffassung über die Lezithinnatur des alkohollöslichen Aktivators des Serums fest und folgern, dass das Lezithin als komplexe, unwirksame Eiweissverbindung im normalen Serum vorkommt und aus dieser durch Alkohol oder Erhitzen bis 62° (Calmette[1]) frei gemacht wird. Hiermit stimmt überein, dass nach Noguchi[2]) die im normalen Blute, und zwar in der Globulinfraktion, vorkommende Lezithin-Eiweissverbindung inaktiv ist, nach Erhitzen aber aktiv wird. Dagegen ist nach Noguchi natives Ovovitellin ein ausgezeichneter Aktivator und zwar, nach meinen Erfahrungen, auch nach Erschöpfung mit Äther. Noguchi meint auch in einer anderen Weise die Lezithinwirkung des erhitzten Serums beweisen zu können: der zweite Aktivator wird durch Schütteln mit Äther nicht ausgezogen, wohl aber von Alkohol, besonders von heissem. Weiter wird die Hämolyse hier durch $CaCl_2$ etwas verzögert, nicht aber aufgehoben. Nach Noguchi kann man daher den normalen Aktivator bequem durch $CaCl_2$ von Lezithin trennen.

Gegenüber Kyes Auffassung über die Lezithinnatur des Aktivators im Alkoholextrakte hat der Verf.[3]) hervorgehoben, dass Kyes Versuche eher für die Identität des alkohollöslichen Aktivators mit Seife oder Ölsäure, nicht aber für die mit Lezithin bezw. Phosphatiden sprechen. Analysiert oder rein dargestellt wurde der Aktivator von Kyes nicht und die von Kyes erwähnten Eigenschaften des Ätherextraktes sprechen gegen Lezithin und für Seife. Es war in Wasser klar löslich, während Phosphatide Emulsion bilden. Jedenfalls war aber durch die Versuche von Kyes der wichtige Nachweis geliefert, dass Lipoidstoffe als Aktivatoren bezw. Kinasen bei der Kobragifthämolyse auftreten können.

[1]) Calmette, Compt. rend. de l'acad. des sciences 134. 1446. 1902
[2]) Noguchi, Journ. of experim. med. 9, 436. 1907.
[3]) Bang, Biochem. Zeitschr. 11. 521. 1908.

Auf die Frage, welche Lipoidstoffe diese Fähigkeit besitzen, geben uns Noguchis Untersuchungen[1]) die Antwort, dass die ungesättigten Fettsäuren und deren Alkali- bezw. Ammoniaksalze intensiv wirkende Aktivatoren sind. Dagegen sind die gesättigten Fettsäuren nur wenig wirksam bezw. unwirksam. Ferner erwies sich ihm das Triolein als wirksam, eine Angabe die jedoch spätere Forschungen von Noguchi[2]) selbst und von Arrhenius[3]) als unrichtig zurückweisen konnten. Mit diesen Befunden ist der wichtige Beweis geliefert, dass der Kobragiftbestandteil unmöglich mit einer Lipase identisch sein kann, weil diesfalls die aktive Ölsäure gebildet werden müsste.

Schon vorher hatte Kyes[4]) gezeigt, dass Lezithin (Handelspräparate) als Aktivator fungieren konnte, weiter erkannten Kyes und Sachs[5]) das Phosphatid Kephalin als Aktivator, was Meyerstein[6]) nicht bestätigen konnte. Dagegen waren die Zerebroside, wie Zerebrin, unwirksam.

Von den Spaltungsprodukten des »Lezithins« waren sowohl Cholin als auch Glyzerinphosphorsäure unwirksam (Noguchi[2]), Kyes und Sachs[5]). Die Fettsäuren des Lezithins sind nicht untersucht worden; sie sind übrigens noch nicht chemisch definiert.

A priori stand die Möglichkeit offen, dass das Gift ein spezielles lezithinspaltendes Enzym (und nicht die gewöhnliche Lipase) enthielt, und dass alsdann die in Freiheit gesetzten Fettsäuren die Hämolyse bewirken könnten. Eine solche Annahme hat aber wenig für sich, denn es genügt eine äusserst geringe Quantität Lezithin, um vollständige Hämolyse hervorzubringen. Nach Kyes und Sachs[5]) reichen 0,035 ccm einer 0,025 %igen Lezithinlösung und 0,01 ccm 1 %ige Kobragiftlösung aus, um 1 ccm 5 %iges Rinderblut vollständig zu hämolysieren, während nach Noguchi[2]) 0,03 ccm einer 0,1 %igen Natriumoleatlösung keine Hämolyse und erst 0,05 ccm vollständige Hämolyse von 2 ccm 5 %igem Rinderblut bewirken. Obwohl diese absoluten Ziffern selbstverständlich nicht genau sein können und obwohl im übrigen das Blut eine etwas verschiedene Resistenz zeigen kann, darf man doch aus den Versuchen folgern, dass etwaige abgespaltene Fettsäuren an sich nicht die Ursache der Hämolyse sein können. Im übrigen ist das Kobrahämolysin koktostabil und das spricht gegen eine Enzymwirkung desselben. Kyes hat noch eine andere Erklärung gegeben. Nach diesen vereinigt sich das Lezithin mit einer Komponente des Kobragiftes zur Bildung des wirksamen

[1]) Noguchi, Journ. of experim. medic. 8, 87. 1906.
[2]) Noguchi, Biochem. Zeitschr. 6, 185. 1907.
[3]) Sv. Arrhenius, Meddelanden från Vetenskapensakademiens Nobelinstitut 1; Ergebnisse d. Physiol. 7, 480. 1908.
[4]) Kyes, Berl. klin. Wochenschr. 1902, Nr. 38 u. 39.
[5]) Kyes u. Sachs, Berl. klin. Wochenschr. 1903, Nr. 2—4.
[6]) Meyerstein, Archiv f. experim. Pathol. u. Pharm. 32, 258. 1910.

Hämolysins, des Kobralezithids, welches Kyes[1]) auch dargestellt und näher untersucht hat. Der Gang seiner Darstellung gestaltet sich folgendermaßen:

Eine wässerige Kobragiftlösung wird mit einer Lösung von Lezithin in Chloroform geschüttelt. Das gebildete Lezithid wird vom Chloroform aufgenommen und hieraus durch Äther in der Kälte niedergeschlagen. Nach Auflösung in Alkohol kann man das reine Lezithid mit Äther ausfällen. Seine Analysen stimmten mit einem Monostearyllezithin überein und Kyes hebt auch hervor, dass die Bildung unter Abspaltung eines Moleküls Fettsäure stattfindet. Die Eigenschaften des Lezithids stimmten weder mit demjenigen des Lezithins noch mit denen des Kobragiftes überein, z. B. war das Lezithid wasserlöslich und zudem in Alkohol und Chloroform löslich.

Kyes gegenüber hat der Verf.[2]) unter anderem darauf aufmerksam gemacht, dass bei Abkühlung einer ätherischen Lezithinlösung das Lezithin im Sinne Diakonows schon an sich teilweise ausgefällt wird, und dass man deshalb keine Garantie hat, dass nicht das »Lezithin«, das immer in grossem Überschusse zugesetzt wird, das »Lezithid« verunreinigt. Ja, man kann sich ebenso gut denken, dass das Lezithin den aktiven Bestandteil des Giftes mit niedergerissen hat. In einem blinden Versuche ohne Kobragift liess sich tatsächlich nach demselben Verfahren ein Körper abscheiden, der in mehreren Beziehungen mit dem Lezithid übereinstimmte. Hierauf hat v. Dungern[3]) erwidert, dass die von ihm und Kyes verwendeten Lezithinpräparate »in Äther unlösliche Substanzen nur spurenweise oder gar nicht enthalten«. Es ist aber eine schon von Diakonow erkannte Tatsache, dass Lezithin, d. h. die Phosphatide des Eigelbes, aus Ätherlösung bei Abkühlung ausgeschieden wird. Wenn das also bei den verwendeten Präparaten (Agfalezithin und Merks Präparat) nicht der Fall war, so lagen in ihnen jedenfalls keine nativen Phosphatide vor und dann ist die ganze Beweisführung hinfällig. Meine Präparate (Agfalezithin) enthielten übrigens ätherunlösliche Substanzen. Dass eine Fettsäure bei der Lezithiddarstellung abgespalten wurde, ist gleichfalls völlig unbewiesen, denn Agfalezithin enthält, der Darstellung nach, nur ein Molekül Fettsäure (siehe S. 51), und Analysen betr. die Zusammensetzung des verwendeten Lezithins sind von Kyes nicht mitgeteilt worden. Manwaring und Sachs[4]) schlossen sich kürzlich in einer Arbeit aus Ehrlichs Institut der Auffassung v. Dungerns an. Das mit grosser Zuversicht vorgeführte Kobralezithid wird hiermit in aller Stille begraben. Die von Manwaring und Sachs vorgebrachten Beweise für

[1]) Kyes, Biochem. Zeitschr. 4, 109, 1907 u. 8, 42. 1908; Zeitschr. f. physiol. Chemie 41, 273. 1904.

[2]) Bang, Biochem. Zeitschr. 11, 521. 1908.

[3]) von Dungern u. Coca, Biochem. Zeitschr. 12, 409. 1908.

[4]) Manwaring Zeitschr. f. Immun.-Forschung 6, 513. 1910.

die Fermentnatur des Kobragiftes (die »Lezithinase«) sind völlig hinfällig
[Bang[1])].

Da die Handelspräparate von unbekanntem Ursprung (z. B. aus alten
Eiern), von unbekannter oder unbrauchbarer Darstellungsmethode und von
unbekannter oder wechselnder Zusammsetzung und oft mit Fettsäuren verunreinigt sind, habe ich, nach einer wesentlich mit dem Verfahren von
Stern und Thierfelder[2]) übereinstimmenden Methode, die Phosphatide
aus Eigelb rein dargestellt und geprüft. Von diesen war nur eines wirksam,
nämlich Kephalin, hingegen war die Lezithinfraktion unwirksam. Immerhin bleibt es fraglich, ob das Kephalin der eigentliche Aktivator
war, weil dasselbe kaum ganz rein erhalten wurde (vgl. Meyerstein). Über
dieselben Schwierigkeiten betreffend Kephalin berichten auch Stern und
Thierfelder. Es bleibt deshalb zunächst immer noch zweifelhaft, ob
Phosphatide überhaupt Aktivatoren sind. Diese Zweifel werden auch durch
die Beobachtungen Noguchis[3]) erhöht, dass die Ätherextrakte von unempfind-
lichen Blutkörperchen keine Aktivatoren enthalten, obwohl doch Äther die
Monophosphatide, z. B. Lezithin und Kephalin, aus solchen Blutkörperchen
(z. B. vom Rind) extrahiert. Andere Phosphatide, wie z. B. das Cuorin,
waren gleichfalls unwirksam (Bang). Schliesslich hat Meyerstein[4]) erwiesen,
dass Kephalin (Präparat von Parnas) gar keinen Aktivator, sondern im
Gegenteil einen Hemmungskörper des Kobragiftes darstellt. Die einzigen
sicher erkannten Aktivatoren sind demgemäß nur die ungesättigten
Fettsäuren.

Bei einer solchen Sachlage muss die Existenz eines Lezithids als völlig
unbewiesen erachtet werden, denn nichts spricht für eine solche Annahme.
Dagegen spricht auch noch die Beobachtung von v. Dungern und Coca[5]),
nach der das »Lezithid« natives Kobragift in erheblicher Menge enthält.

Mit vorstehendem wird dem Lezithid aus Pankreassaft von Wohlgemuth
ebenfalls der Boden entzogen.

Nach Kyes und Sachs[6]) kann man, wie erwähnt, die Blutkörperchen
in zwei Kategorien einteilen, nämlich solche, die von Kobragift allein
hämolysiert werden, und solche, welche dazu eines Aktivators bedürfen.
Die Blutkörperchen der ersten Kategorie sollen den Aktivator oder das
Endokomplement in sich enthalten, und auch in diesem Falle soll
»Lezithin« den Aktivator darstellen. Es müsste demgemäß das Lezithin in
den verschiedenen Blutkörperchen in verschiedener Bindung oder an verschiedenen Orten vorkommen. Diese Erklärung ist aber unrichtig (siehe unten).

[1]) Bang, Zeitschr. f. Immun.-Forschung. 8, 1910.
[2]) Stern u. Thierfelder, Zeitschr. f. physiol. Chemie 53, 319. 1907.
[3]) Noguchi, Journal of experim. med. 9, 436. 1907.
[4]) Meyerstein, Archiv f. experim. Path. u. Pharm. 32, 258. 1910.
[5]) von Dungern u. Coca, Münchn. med. Wochenschr. 1907, Nr. 47.
[6]) Kyes u. Sachs, Berl. klin. Wochenschr. 1903, Nr. 2—4.

Durch seine CaCl$_2$-Probe hat Noguchi[1]) gezeigt, dass das Endokomplement nicht dem Lezithin entspricht, denn die Hämolyse wurde durch CaCl$_2$ aufgehoben. Aus den Stromata der empfindlichen Blutkörperchen liessen sich durch Äther Fettsäuren und Seifen extrahieren, die, mit Kobragift zusammen, unempfindliche Blutkörperchen auflösen könnten. Auch die Stromata selbst können als Aktivatoren dienen, nach Ätherbehandlung werden sie aber unwirksam; die gesamte Aktivatormenge ist in die Ätherlösung übergegangen. Dagegen enthielt das Ätherextrakt unempfindlicher Blutkörperchen von Rind und Ziege keinen Aktivator.

Fettsäuren und Seifen sind nach Noguchi deswegen als die Aktivatoren der empfindlichen Blutkörperchen anzusehen. »The corpuscular solution of non-activating corpuscles does not contain enough fatty acids. The larger the amount of fatty acids and soaps in the corpuscles, the easier the cells undergo venom hämolysis« (Noguchi).

Es ist von Interesse, nachzusehen, wie diese Folgerung mit den analytischen Befunden betr. den Fettgehalt der verschiedenen Blutkörperchen übereinstimmt:

Blutart:	Hund	Schwein	Pferd	Rind
Kobragift; zur vollst. Hämolyse erforderl. Menge[2]) (in mg)	0,025	0,25	1,0	∞
Gehalt der Blutkörperchen an Fett[3])	0	0	0	0
Gehalt der Blutkörperchen an Fettsäuren[3])	0	0,027	0,02	0

Diese Werte sprechen nicht zugunsten von Noguchis Auffassung.

Der Vorgang bei der Kobragifthämolyse. Das Hämotoxin wird, wie schon Flexner und Noguchi[4]) beobachteten, von den Blutkörperchen aufgenommen, und ein folgender Zusatz eines Aktivators bewirkt die Hämolyse. Diese Fixation des Giftes muss aber recht verschieden sein, da Kyes[5]) nur ein relativ geringes Bindungsvermögen fand. Aus den mit viel Kobragift beladenen Blutkörperchen wird die Schutzsubstanz, nicht aber das Hämotoxin von Kochsalzlösung ausgewaschen (Noguchi[1]). Der Aktivator wird überhaupt nicht gebunden (Flexner und Noguchi). Lässt man Normalserum und Kobragift bei 0° auf Blutkörperchen einwirken, so tritt keine Hämolyse ein; zentrifugiert man, so kann man konstatieren, dass die Blutkörperchen einen gewissen Anteil des Kobragiftes, nicht aber des Aktivators aufgenommen haben. Hieraus wird gefolgert, dass das Gift als

[1]) Noguchi, Journal of experim. med. 1905 u. 9, 436. 1907.
[2]) Kyes u. Sachs. Berl. klin. Wochenschr. 1903, Nr. 2 4.
[3]) Die Werte sind aus Hammarstens Lehrbuch (6. Aufl.) entnommen.
[4]) Flexner u. Noguchi, Journal of experim. med. 6, Nr. 3. 1902.
[5]) Kyes, Berl. klin. Wochenschr. 1902, Nr. 38—39.

Immunkörper, der Aktivator als Komplement fungiert. Die Versuche des Verfs.[1]) haben ein gerade entgegengesetztes Ergebnis geliefert. Ganz anders fasst Arrhenius[2]) die Sachlage auf. Er vergleicht umgekehrt das Gift mit dem Komplement und den Aktivator mit dem Immunkörper und findet eine Übereinstimmung zwischen »Lezithin« und Säuren einerseits und Lezithin mit Kobragift andererseits und gibt für beider Wirkung dieselbe Erklärung, dass Lezithin die Löslichkeit des Giftes in den Blutkörperchen erhöht. Nach Arrhenius soll ferner die Hämolyse im Inneren der Blutkörperchen stattfinden und das freigemachte Hämoglobin ohne weiteres herausdiffundieren. Er negiert demgemäß die Existenz der Lipoidmembran. Diese Auffassung ist ganz unhaltbar.

Wenn man zu diesen widersprechenden Angaben Stellung nehmen will, so kann man mit Vorteil von der Tatsache ausgehen, dass Rinderblutkörperchen, in Rohrzuckerlösung aufgeschwemmt, von Kobragift allein hämolysiert werden. Wenn, im Gegensatz hierzu, Kochsalzblut durch Kobragift nicht hämolysiert wird, so muss man als wahrscheinlich postulieren, dass das Salz in irgend welcher Weise die Kobrawirkung verhindert. Dies lässt sich auch sehr einfach beweisen, denn die Hämolyse wird verhindert, wenn man zum Rohrzuckerblut etwas Kochsalz hinzusetzt. Es liess sich sogar zeigen, dass eine vorangehende Kochsalzbehandlung das gleiche bewirken kann, denn die Blutkörperchen blieben nach Entfernung der Salzlösung und Überführung in Rohrzuckerlösung dauernd unempfindlich, während dasselbe Blut ohne Kochsalzvorbehandlung glatt hämolysiert wurde. Die Kochsalzbehandlung hat folglich Veränderungen der Blutkörperchen hervorgerufen, und mit Kochsalzlösung digerierte Blutkörperchen sind demnach nicht mit den im zirkulierenden Blute vorkommenden identisch und vergleichbar.

Es hat sich herausgestellt, dass diese Veränderung eine Salzsäurebeladung ist. Die Blutkörperchen enthalten etwas Kohlensäure, die sich gegen die Salzsäure des Kochsalzes austauscht. Derartige salzsäurebeladene Körperchen sind unempfindlich. Dies lässt sich exakt beweisen. Digeriert man das Blut zuerst mit Rohrzuckerlösung, so diffundiert die CO_2 heraus und eine darauf folgende Kochsalzbehandlung ruft keine Inaktivierung hervor. Ferner kann man durch Behandlung mit Soda, Dinatriumphosphat, Kaliumchromat und dergl. die aufgenommene Salzsäure wieder herausschaffen, und alsdann sind die Blutkörperchen, in Rohrzuckerlösung übergeführt, wieder empfindlich geworden.

Hiermit ist aber die Salzwirkung nicht erschöpft, da auch die salzsäurefreien Blutkörperchen bei Gegenwart von Salzen (also nach einer vorausgegangenen Rohrzuckerbehandlung) nicht von Kobragift hämolysiert werden.

---
[1]) Bang, Biochem. Zeitschr. 18, 441, 1909; 23, 463, 1910.
[2]) Sv. Arrhenius, Meddelanden från Vetenskapensakademiens Nobelinstitut 1; Ergebnisse d. Physiol. 7, 480. 1908.

Hierbei zeigen die basischen Salze, welche also auf die Blutkörperchen selbst reaktivierend wirken, den grössten Effekt. Ferner sind die zweiwertigen Kationen viel wirksamer als die einwertigen. Auch das schon von Blutkörperchen aufgenommene Kobragift kann durch Digerieren mit Salzlösungen entfernt werden. Hieraus kann man folgern, dass das Kobrahämotoxin eine Säure ist und dass die Salzsäurebeladung die Aufnahme der viel schwächeren Kobrasäure verhindert, sowie dass umgekehrt die Kationen der Lösung mit dem Gift in Verbindung treten müssen, das nunmehr, als Salz, ebenso wenig wie andere Salze von den Blutkörperchen aufgenommen werden kann.

Bei Gegenwart eines Aktivators, z. B. »Lezithin«, wird auch Kochsalzblut hämolysiert. Eine genauere Analyse der Verhältnisse lehrte, dass Gift und Lezithin gleichzeitig zugesetzt eine viel grössere hämolytische Wirkung ausübten, als wenn zuerst das Lezithin und nach einiger Zeit das Gift zugefügt wurden. Dies wird nicht durch eine fehlende Aufnahme des Lezithins bedingt, sondern dadurch, dass das Lezithin grösstenteils von den Blutkörperchen absorbiert wird und nur ein geringer Teil desselben in der Lösung zurückbleibt, das aufgenommene Lezithin aber nicht mit dem Kobragift der Lösung reagieren kann. Anderseits stellte auch das Lezithin beim Rohrzuckerblut einen Aktivator der Lösung dar, indem in seiner Gegenwart das Gift ausgiebiger aufgenommen wurde als in seiner Abwesenheit. Das Gift reagiert also unzweifelhaft mit dem Lezithin und wird dadurch gegen die hemmende Wirkung des Kochsalzes bezw. des Natriumions geschützt. Die Verbindung des Giftes mit dem Lezithin muss aber dissoziierbar sein, ganz wie das früher für die Lezithinglukose ausgeführt wurde. Das Kochsalz und das Lezithin konkurrieren um das Gift, vermehrt man die Salzmenge, so kann man auch bei Gegenwart von Lezithin die Hämolyse und die Giftaufnahme verhindern. Auch in diesem Falle sind die zweiwertigen Metallsalze viel wirksamer als die einwertigen. Dabei wird das Lezithin ebenso ausgiebig aufgenommen wie sonst. Man kann sich auch vorstellen, dass das Gift einfach von dem Lezithin gelöst und mit ihm zusammen als feste Lösung aufgenommen wird; für den Ölsäureaktivator ist das jedenfalls von Overton und von mir erwiesen worden. Beim Schütteln einer wässerigen Kobragiftlösung mit Öl geht das Gift grösstenteils in das Öl über; der Teilungskoëffizient zwischen Wasser und Öl ist etwa $= 1 : 3000$.

Auch das schon von Blutkörperchen aufgenommene Kobragift — in der Kälte nimmt Rohrzuckerblut das Gift ohne Hämolyse auf — wird von Lezithin aktiviert. Setzt man nach Überführung derartiger Blutkörperchen in neue Rohrzuckerlösung Lezithin hinzu, so werden die Blutkörperchen weit ausgiebiger hämolysiert, als das ohne Lezithin geschieht. Die Erklärung dieser Erscheinung, welche also eine Bestätigung der Beobachtungen von Flexner und Noguchi darstellt, ergibt sich aus folgenden Beobachtungen. Bei Rohrzuckerblut diffundieren nach und nach die Salze heraus und das Blut ist

alsdann für Kobragift allein unempfindlich. Durch Digerieren mit Salzlösungen, besonders solchen von Soda und Ammoniumchlorid, gelingt es, das
Blut zu reaktivieren, und man kann hieraus mit einiger Wahrscheinlichkeit
folgern, dass die intrazellularen Salze für die Giftaufnahme und die nachfolgende Hämolyse von Bedeutung sind. Am nächsten liegt die Auffassung,
dass z. B. beim Kochsalzblut das Gift sich, abgesehen von der Salzsäurebeladung, über die intrazellularen und extrazellularen Salze verteilt. Kämen
nun solche Blutkörperchen vor, die besonders reich an Alkali wären, so müssten
diese, auch in Kochsalzlösung aufgeschwemmt, durch das Gift allein hämolysiert werden. Tatsächlich existiert nun solches Blut, das in NaCl Lösung
durch Kobragift allein hämolysiert wird, und sämtliche derartigen
Blutsorten sind reicher an Alkali als unempfindliches Blut.
Andererseits kann man die Hämolyse des empfindlichen Blutes sehr einfach
durch Zusatz von mehr Kochsalz oder von zweiwertigen Metallsalzen vollständig verhindern, und ebenso durch Salzsäurebeladung, indem man beim
Kochsalzblut einige Sekunden Kohlensäure einleitet. Bei den empfindlichen
Blutsorten erfolgt also, Dank dem reichlichen Alkaligehalt, die Verteilung des
Giftes zugunsten der Blutkörperchen. Nun kann man aber in anderer Weise
zeigen, dass auch unempfindliche Blutkörperchen etwas Gift aufnehmen, wenn
auch so wenig, dass Hämolyse nicht eintreten kann (Overton und Bang).
Der Unterschied ist demnach nur ein quantitativer, aber als solcher ein grosser.
Wenn wir hiernach also annehmen müssen, dass das Alkali der Lipoidmembran die Giftaufnahme bedingt, so ist es andererseits doch schwer verständlich, dass hierdurch allein die Hämolyse zustande kommen kann. Auch
findet man bisweilen Rinderblut, das zwar in Rohrzuckerlösung das Gift auf-
nimmt, aber desungeachtet nicht hämolysiert wird. Das Gift geht also wahrscheinlich von der Alkaliverbindung auf einen andern Blutkörperchenbestandteil über, in Verbindung mit welchem er die Hämolyse auslöst. Da nun
Lezithin das schon von Alkali aufgenommene Kobragift aktivieren kann, so
ist anzunehmen, dass das Lezithin das Gift aus seiner Verbindung mit Blut-
körperchenalkali auf den zweiten Bestandteil übertragen kann. Bei Abwesenheit von Lezithin muss das aufgenommene Gift sich zwischen Alkali und der
zweiten Komponente nach Maßgabe der Avidität verteilen. Bei Gegenwart
von Lezithin fällt die Verteilung zugunsten des zweiten Bestandteils fort,
dieser muss also gleichfalls mit dem Lezithin reagieren. Das findet bei der
Untersuchung über den Vorgang bei der Kobragifthämolyse Bestätigung.
Nach Einwirkung von Gift und Lezithin in Mengen, die zur Hämolyse nicht
ausreichen, kann man eine vermehrte Durchlässigkeit der Blutkörperchen
für Salze nachweisen, wie sie schon für die Lezithinwirkung allein nachgewiesen wurde. Mit Kobragift zusammen bewirkt Lezithin aber eine weit
grössere Durchlässigkeit und wir haben hier demnach eine Summation der
Wirkungen, wie sie schon Arrhenius angedeutet hat, und es ist weiter

bemerkenswert, dass hier auch eine vermehrte Durchlässigkeit für Rohrzucker vorkommt, was bei Einwirkung von Lezithin allein nicht der Fall ist.

Setzt man zum Rohrzuckerblut vom Rind eine gewisse Kobragiftmenge
hinzu, so wird also in der Kälte eine gewisse Giftmenge aufgenommen, und
nunmehr tritt, nach Überführung in neue Rohrzuckerlösung, beim Erwärmen
bis 37 ⁰ Hämolyse ein. Es lässt sich hierbei zeigen, dass, vor Eintritt der
Hämolyse, nach und nach etwas Gift in die umgebende Lösung herausdiffundiert, bis Gleichgewicht der Partialdrucke eingetreten ist. Da aber eine
verhältnismäßig geringe Giftmenge in die Lösung übergeht, so muss die Verteilung zugunsten der Blutkörperchen stattfinden. Setzt man zur Lösung
Kochsalz hinzu, so findet man das umgekehrte Verhältnis. Bei dieser Verteilung hat man es aber, wie oben entwickelt wurde, nicht mit einer rein
physikalischen Beziehung zu tun, wie sie Overton für die Narkotika
gefunden hat, sondern eine Verteilung nach chemischen Affinitäten
spielt jedenfalls die Hauptrolle, obwohl nebenbei auch eine physikalische
Verteilung nach der Löslichkeit mit in Betracht kommen kann. Es ist klar,
dass man es hierbei mit dissoziierbaren Verbindungen des Giftes zu tun
haben muss, deren Existenz von dem Partialdrucke des gelösten Giftes abhängig ist.

Bei dem Hervorheben der Bedeutung der Salze darf man aber nicht
die Lipoidlöslichkeit des Giftes vergessen. Tatsächlich muss auch diese eine
Rolle bei der Hämolyse spielen. Es würde zu weit führen, sich auch damit
eingehend zu beschäftigen.

Endlich soll erwähnt werden, dass das Kobragift nach Flexner und
Noguchi[1]), sowie nach Noguchi[2]) allein, auch gegen Organzellen
lytische Fähigkeiten besitzt. Der lytische Vorgang ist derselbe wie bei Blutkörperchen; bei Einwirkung etwas grösserer Giftmengen auf Kaulquappen
werden die Epithelien aufgelöst (Overton und Bang).

3. Sonstige Hämolytika tierischen Ursprungs, welche von Lipoidstoffen aktiviert werden.

Wie Kobragift verhalten sich die meisten übrigen Schlangengifte, und
es ist besonders bemerkenswert, dass auch das Skorpionengift, dessen
nahe Verwandtschaft mit den Schlangengiften bekannt ist, dieselbe Fähigkeit
der »Lezithidbildung« besitzt [Kyes[3])].

Nach den Untersuchungen von Morgenroth und Carpi[4]) enthält
auch das Bienengift ein Hämolysin, das von »Lezithin« aktiviert wird,

[1]) Flexner u. Noguchi. Journ. of experim. Path. and Bakt. 1905.
[2]) Noguchi, Journ. of exper. med. 9, 436. 1907.
[3]) Kyes, Biochem. Zeitschr. 4, 109. 1907.
[4]) Morgenroth u. Carpi, Biochem. Zeitschr. 4, 248. 1907.

und von dem das entsprechende »Lezithid« dargestellt werden konnte. Wahrscheinlich enthält auch das Trachinusgift ein ähnliches Hämolysin, indem dasselbe nach Briot[1]) nicht direkt, wohl aber nach Zusatz von erhitztem Pferdeserum, eine hämolytische Wirkung zeigt.

Höchst wahrscheinlich kommen ähnlich wirkende Gifte sehr verbreitet im Tierreiche vor.

4. Die Hämolysine des Blutes.

Seit langem weiss man, dass das Blutserum vieler Tiere Blutkörperchen anderer Tiere aufzulösen vermag, und Bordets Entdeckung lehrte weiter, dass man durch Immunisation Hämolysine erzeugen kann. Nur die letzten wirken spezifisch auf das Blut des Blutgebers.

Sowohl die natürlich vorkommenden als auch die immunisatorisch erzeugten Hämolysine sind komplex und bestehen aus Sensibilisator, Immunkörper und Komplement oder Alexin, welch letzteres als normaler Blutbestandteil immer präformiert im Blute vorkommt.

Von diesen Körpern ist noch keiner isoliert worden und ihre chemische Natur ist gänzlich unbekannt. Wenn ich sie hier trotzdem zur Besprechung aufnehme, so findet das seine Berechtigung in der Tatsache, dass Lipoidstoffe vielleicht als Komplement oder Immunkörper auftreten können. Durch das genauere Studium dieser Lipoidwirkungen wird auch etwas Licht auf die Hämolysine selbst geworfen. Die Übereinstimmung in Wirkungen und sonstigen Eigenschaften macht ferner die Auffassung nicht unwahrscheinlich, dass auch die natürlichen bezw. immunisatorisch erzeugten Hämolysine Lipoidkörper oder damit verwandte Substanzen sind

Ich bespreche im folgenden hauptsächlich die spezifischen Hämolysine und behandle dann mit einigen Worten die wenig bekannten, natürlich vorkommenden Hämolysine.

a) Die immunisatorisch erzeugten Hämolysine.

Der Immunkörper.

Das einzige, was wir über die chemische Natur des Immunkörpers wissen, ist die relative Thermostabilität. Dass der Körper sich mit dem Eiweiss aussalzen lässt, sagt wenig. Durch Einwirkung von Alkohol wird er vernichtet. K. Meyer[2]) zeigte, dass der Immunkörper auch in Benzol, Äther und Chloroform unlöslich ist, aber von Trypsin vernichtet wird, was für seine Eiweissnatur spricht, da das betreffende Trypsin wenig Lipase enthielt. Nach K. Meyer[3]) lässt er sich auch nicht durch Öl ausschütteln.

[1]) Briot, Compt. rend. soc. biol. 54, 1172. 1903.
[2]) K. Meyer, Archiv f. Hygiene 67, 118, 1908.
[3]) K. Meyer, Zeitschr. f. Im.-Forschung 3, 114. 1909.

Der Immunkörper, welcher spezifisch ist, wird auch bei 0° — von den Blutkörperchen aufgenommen und befindet sich dann in deren Lipoidmembran, wahrscheinlich in Verbindung mit einem bestimmten Bestandteil. Diese Immunkörper fixierende Substanz lässt sich auch in den Stromata nachweisen Die Substanz ist thermolabil: gekochte Stromata binden den Ambozeptor nicht (Forssman und Bang).

Nur die mit Immunkörper beladenen Blutkörperchen werden von dem Alexin oder Komplement hämolysiert, der Immunkörper für sich hat kein hämolytisches Vermögen. Nach Ehrlich gehen der Immunkörper und das Komplement hierbei eine Verbindung, das komplexe Hämolysin, mit einander ein. Nach Bordet, und besonders nach Forssman und Bang ist der Immunkörper eher als ein Aktivator des Komplementes anzusehen, welcher die Aufnahme und Wirkung des Komplements möglich macht. Ehrlich, in Gemeinschaft mit Kyes und Sachs, vergleicht dieses Hämolysin mit dem Komplex aus Kobragift und Lezithin, die zusammen das »Kobragiftlezithid« bilden.

Wir haben soeben gesehen, dass bei der Kobragifthämolyse die Lipoidstoffe anders wirken und zwar als Aktivatoren. Diese Verhältnisse sprechen deshalb eher für die Auffassung von Forssman und Bang, wenn man sie auf das biologische Hämolysin übertragen will.

In der Tat lassen sich mehrere Tatsachen für diese Möglichkeit heranziehen. Wie Kobragift allein Blutkörperchen in Rohrzuckerlösung auflöst, so ist das auch für das Komplement der Fall. Ferner wird die Hämolyse der mit Immunkörper beladenen Blutkörperchen in NaCl-Lösung durch Komplement, nach H. Sachs und anderen, durch Zusatz von Salzen gehemmt.

Die Hypothese, dass die Wirkung des Immunkörpers mit derjenigen der Lipoidstoffe bei der Kobragifthämolyse übereinstimme, findet eine gewisse Bestätigung in Untersuchungen, die insbesondere von v. Liebermann[1]) und dessen Mitarbeitern[2]) herrühren und zeigen, dass Lipoidstoffe, d. h. Ölsäure, als Immunkörper fungieren können.

v. Liebermann fand, dass Ölsäure mit Schweineserum zusammen eine fast momentane vollständige Hämolyse von Schweineblutkörperchen bewirkt. Dieselbe Menge Ölsäure ohne Serum löste nur sehr langsam und das Serum allein tat es selbstverständlich auch nicht. v. Liebermann setzt demgemäß die Ölsäure in Analogie zum Immunkörper, wofür auch spricht, dass die Ölsäure zuerst zu den Blutkörperchen zugesetzt werden musste. Wurde sie hingegen zuvor mit Serum gemischt, so trat überhaupt keine Hämolyse ein; sie musste also zuerst von den Blutkörperchen aufgenommen werden, sonst wurde sie von Serumbestandteilen inaktiviert. In

[1]) v. Liebermann, Biochem. Zeitschr. 4. 25. 1907.
[2]) v. Liebermann und v. Fenyvessy, Biochem. Zeitschr. 5. 99. 1907.

anderen Versuchen von v. Liebermann und v. Fenyvessy [1]), bei denen allerdings Ölseife-Albumingemisch als Komplement verwendet wurde, wurde die Absorption der Ölsäure durch Trennung der Flüssigkeit von den mit Ölsäure beladenen Blutkörperchen direkt erwiesen. Dieselbe Beobachtung hat, wie schon früher (S. 106) erwähnt, Tallquist, von anderen Gesichtspunkten ausgehend, gemacht.

Andererseits haben v. Dungern und Coca [2]) erwiesen, dass zwar mit Ölsäure beladene Blutkörperchen von Serum gelöst werden, dass aber das Komplement hierbei nicht mitwirkt, denn erhitztes komplementfreies normales Serum ruft dieselbe Hämolyse hervor. Versuche von Friedemann und F. Sachs [3]) lieferten eine Bestätigung aller dieser Tatsachen.

Die Untersuchungen von F. Sachs [4]) zeigen ausserdem, dass ätherextrahierte Sera eine noch stärkere komplementartige Wirkung aufweisen. Hier ist aber das Komplement sicher zerstört worden. Dagegen wurde die Konzentration der OH-Ionen vermehrt und eben diese, beispielsweise als NaOH, sind befähigt, die Ölsäure- bezw. Seifen-Hämolyse auszulösen. Eine hierauf gegründete Erklärung ist aber unzutreffend, denn wenn auch erhitzte Sera eine vermehrte OH-Ionenkonzentrationen aufweisen, so zeigen sie andererseits auch nach Säurezusatz ihre Wirksamkeit in noch unverminderter Stärke (F. Sachs). Dagegen ist es nicht unwahrscheinlich, dass Lipoide, etwa die normal im Blut vorkommenden Seifen, eine Rolle als Komplement spielen können, denn sie werden durch Äther nur unvollständig entfernt und es erscheint möglich, dass eben die Erhitzung bezw. die Ätherbehandlung Umlagerungen, und, als deren Folge Aktivierung dieser Seifen bewirken könnte. Die Möglichkeit steht demnach offen, dass im normalen Serum das Komplement und in den veränderten Sera Lipoide Träger der hämolytischen Wirkung an den Ölsäure-beladenen Blutkörperchen sind. Eine Analogie hierzu bieten die Verhältnisse bei der Kobragifthämolyse, bei der nach Kyes und Sachs im normalen Serum das Komplement, in erhitztem dagegen das »Lezithin«, d. h. die Lipoidstoffe, die komplettierende Wirkung hervorrufen.

F. Sachs zeigte weiter, dass Lezithol-Riedel und Agfa-Lezithin sich in Beziehung auf Immunkörperwirkung genau wie die Ölsäure verhalten.

Trotz solcher augenfälligen Übereinstimmung zwischen Immunkörper- und Ölsäurewirkung, ist es geboten, vorläufig jedenfalls die Analogien nur mit grösster Vorsicht aufzunehmen, um so mehr, als die Wirkung des Immunkörpers spezifisch ist. Die gleiche Einwirkung trifft selbstverständlich auch für die Analogie zwischen Kobragift-»Lezithin« und Säure-»Lezithin« einerseits und Immunkörper-Komplement andererseits zu.

[1]) v. Liebermann und v. Fenyvessy, Berl. klin. Wochenschr. 1908. S. 1220.
[2]) von Dungern u. Coca, Berl. klin. Wochenschrift 1908. S. 348.
[3]) Friedemann u. F. Sachs, Biochem. Zeitschr. 12, 259. 1908.
[4]) F. Sachs, Biochem. Zeitschr. 12, 278. 1908.

Das Komplement oder Alexin.

Ebensowenig wie die chemische Natur des Immunkörpers ist diejenige des Komplements bekannt, dagegen wissen wir, dass dasselbe sowohl gegen thermische wie chemische Einwirkungen in noch höherem Grade als der Immunkörper empfindlich ist. Gerade wegen der »leichten Zerstörbarkeit des Komplementes durch fettlösende Mittel dürfte übrigens die Vermutung, dass das Komplement den Lipoiden nahe steht — etwa eine Lipoid-Eiweiss- verbindung sei — eine gewisse Wahrscheinlichkeit für sich haben« (Daut- witz und Landsteiner[1]).

In der Tat haben auch Untersuchungen der letzten Zeit die Lipoid- natur des Alexins etwas wahrscheinlicher gemacht. Um diese Untersuchungen würdigen zu können, müssen wir die Eigenschaften des Alexins näher besprechen.

Das Alexin wird durch folgende Eigenschaften charakterisiert (Noguchi[2]):

1. Spontanes Verschwinden mit der Zeit.

2. Inaktivierung durch halbstündige Erhitzung auf 56°.

3. Unwirksamkeit bei 0° trotz Vorhandenseins von Immunkörpern.

4. Inaktivität bei Fehlen eines spezifischen Immunkörpers, Wirksam- keit bei Gegenwart eines solchen.

5. Adsorption durch nicht spezifische Zellelemente, durch sensibilisierte Zellen, sowie durch suspendierte und kolloide Substanzen.

6. Hemmung durch gewisse normale Sera, sowohl frische als auch auf 56° erhitzte, und durch »Schutzwirkung«.

7. Empfindlichkeit gegen verschiedene Säuren, Alkalien und Salze.

8. Resistenz gegen Austrocknen und trockene Wärme.

9. Inaktivierung durch photodynamische Anilinfarbstoffe.

10. Endlich noch grosse Empfindlichkeit gegen organische Lösungs- mittel wie Alkohol, Äther usw.

ad 1. Das Komplement verschwindet aus dem Serum bei Aufbewahrung desselben. Individuelle und Arteigentümlichkeiten spielen hierbei eine grosse Rolle; im Meerschweinchenserum bleibt das Alexin jedenfalls mehrere Tage beständig, in anderen Sera, wie z. B. Kaninchenserum ist es oft schon nach 24 Stunden zerstört. Die Komplementmenge differiert auch in frischen Sera sehr stark. Zwischen Plasma und Serum lässt sich kein Unterschied finden.

Bei der Aufbewahrung unterliegt das Komplement wahrscheinlich einer fermentativen Zerstörung. Dieses Verhalten erinnert an dasjenige der Zymase-Kinase und des Fibrinferments. Ein vermehrter Salzgehalt schützt

---

[1] Dautwitz u. Landsteiner, Beitr. z. chem. Phys. u. Path. 9, 431. 1907.
[2] Noguchi, Biochem. Zeitschr. 6, 172. 1907.

einigermaßen (Friedberger[1]), ebenso wie beim Fibrinferment. Untersuchungen von Sachs und Teruuchi[2]) zeigten weiter, dass das Alexin nach Verdünnung mit Wasser sehr schnell zugrunde geht, während es nach Verdünnung mit Kochsalzlösung viel länger erhalten bleibt. Dass die Inaktivierung eine durch Fermente bedingte ist, wurde durch 10—15 Minuten während Erhitzung bis 51° wahrscheinlich gemacht; bei dieser Temperatur geht zwar das Enzym, nicht aber das Komplement zugrunde. Sonderbar mutet die Beobachtung an, dass Serum, das einige Zeit bei 0° aufbewahrt war, nach Verdünnung seine Aktivität nicht mehr verliert. Ob hierbei das Enzym zerstört wird, verdient nähere Untersuchung. Das ganze Verhalten erinnert an eine Beobachtung von Friedberger[1]), der zufolge in Wasser gelöstes eingetrocknetes Serum beim Erhitzen bis 56° sein Alexin nicht verliert. Durch Aufbewahrung und Trocknen wird also das Serum verändert. Nach einer anderen Beobachtung von Sachs und Teruuchi schützt auch die Gegenwart von Immunkörpern unter gewissen Bedingungen das Komplement gegen die Fermentwirkung bei Verdünnung.

In dem fermentfreien Serum wird demnach das Komplement nicht zerstört. Im Gegensatz hierzu erscheint der Alexingehalt nach Verdünnung vermehrt. In dieser Beziehung stimmen die Beobachtungen von Sachs und Teruuchi mit v. Liebermanns Beobachtungen überein. Allerdings haben v. Liebermann und v. Fenyvessy[3]) in vorher nicht erhitzten Sera nicht nur keine Vernichtung, sondern im Gegenteil eine beträchtliche Vermehrung des Alexingehaltes beobachtet. Dieser Unterschied lässt sich wohl aus der Verschiedenheit der Sera erklären; Sachs und Teruuchi benutzten Meerschweinchenserum, v. Liebermann und v. Fenyvessy dagegen Serum von Schwein und Rind, welche Sera sich demnach anders zu verhalten scheinen. Analog hierzu haben ja auch Untersuchungen von Tsurusaki[4]) gezeigt, dass Pferdeserum und Rinderserum keine komplementzerstörende Wirkung aufweisen, dass dies dagegen mit Hundeserum der Fall ist.

Die fermentative Zerstörung des Alexins erinnert an das gleiche Verhalten der Zymase-Kinase. Es wäre von Interesse, zu untersuchen, ob auch hier Lipasen das Alexin vernichten können; im positiven Falle liesse sich auf die Lipoidnatur des Alexins schliessen, wie Buchner und Klatte mit Beziehung auf die Zymase-Kinase geschlossen haben.

Fettzerstörende Enzyme des Serums sind ja längst bekannt.

Die Inaktivierung des Alexins bei Aufbewahrung findet eine Analogie bei dem Fibrinferment, das gleichfalls mit der Zeit spontan verschwindet.

1) Friedberger, Berl. klin. Wochenschr. 1907.
2) Sachs u. Teruuchi, Berl. klin. Wochenschr. 1907, S. 250, 467, 662.
3) v. Liebermann u. v. Fenyvessy, Biochem. Zeitschr. 5, 99. 1907.
4) Tsurusaki, Biochem. Zeitschr. 10, 345. 1908.

Ebenso wie beim Alexin, wurden durch A. Schmidt beim Fibrinferment grosse Differenzen im Verhalten der verschiedenen Sera beobachtet. Im Pferdeserum verschwindet das Fibrinferment schon nach 24—48 Stunden, im Rinderserum bleibt es viel länger erhalten. Vielleicht wird die Thrombokinase zerstört. Von einer Identität des Alexins und der Thrombokinase kann aber keine Rede sein, da das Alexin auch in dem zirkulierenden Blute vorkommt. Nach den neuesten Untersuchungen soll aber Alexin im Plasma fehlen.

Bei der Dialyse zerfällt nach Ferrata[1]) das Alexin in zwei Bestandteile, deren jeder für sich unwirksam ist.

Die eine Komponente schlägt sich mit dem Euglobulin nieder, die andere bleibt in Lösung. Wird der Euglobulinniederschlag durch Kochsalzzugabe wieder in Lösung gebracht, so ist das wirksame Komplement wieder hergestellt. Brand[2]) hat gezeigt, dass nur das Sediment bei Aufbewahrung inaktiviert wird. Im Gegensatz zu Sachs' und Teruuchis Beobachtungen wurde bei seinen Versuchen das Sediment nur in Kochsalzlösung, nicht aber in Wasserlösung (oder Rohrzuckerlösung [Hecker]) zerstört. Diesen Widerspruch erklärt Brand dadurch, dass beide Bestandteile in nativem Serum zum wirksamen Komplement vereinigt sind, da sonst die Blutsalze den Sedimentbestandteil zerstören müssten (?). Hiermit ist aber nicht erklärt, warum das Komplement, nach Sachs und Teruuchi, in Wasserlösung, in der es gerade beständig ist, zugrunde gehen soll.

Nach Brand wird der Sedimentkörper von sensibilisierten Blutkörperchen fixiert (»Mittelstück« nach Ehrlichs Schema), dagegen der in Lösung befindliche Körper nicht von dem Immunkörper direkt, sondern nur von dem mittelstückbeladenen Immunkörper aufgenommen (»Endstück«).

Ferner wird auch das durch Aufbewahrung inaktivierte Mittelstück von sensibilisierten Blutkörperchen aufgenommen, wenn es isoliert, d. h. ohne den in Lösung verbleibenden Körper, damit in Verbindung treten konnte, und dann, einmal fixiert, konnte es mit dem Lösungskörper zusammen die Hämolyse vermitteln. Hieraus lässt sich aber folgern, dass von einer Inaktivierung des Mittelstückes keine Rede sein kann, und wenn der Lösungskörper sich unverändert erhält, so muss die bei der Aufbewahrung eingetretene Veränderung eher als ein Auftreten eines neuen Antikörpers gedeutet werden.

Weiter hat Hecker[3]) gezeigt, dass das Kochsalzmittelstück auch die Hämolyse durch wirksames Komplement und ebenso durch Mittelstück und Endstück hemmt. Andererseits hemmt das Endstück die Bindung des Kochsalzmittelstückes an die immunkörperbeladenen Blutkörperchen. Es liegen

---

[1]) Ferrata, Berl. klin. Wochenschr. 1907, S. 366.
[2]) Brand, Berl. klin. Wochenschr. 1907, S. 1075.
[3]) Hecker, Arbeiten aus d. k. Instit. f. exp. Ther. in Frankfurt a. M. Jena 1907.

also sehr komplizierte Verhältnisse vor, und man kann den gegebenen Erklärungen wohl nicht ohne weiteres beipflichten, um so weniger, als Brand gezeigt hat, dass das Endstück an und für sich als Komplement auftreten kann, wenn man nur die Immunkörpermenge etwas vermehrt. Wenn also die eine Komponente hierzu ausreicht, ist eo ipso bewiesen, dass die zweite überflüssig sein kann und nicht notwendig zu dem Alexin gehört. Vielleicht darf man eher den Sedimentkörper als Immunkörper auffassen. Es ist schon erwähnt worden, dass besonders Meerschweinchenserum normale Hämolysine enthält, die unter gewissen Bedingungen sich geltend machen können (z. B. nach v. Dungern und Coca[1]) an mit Kobragift beladenen Blutkörperchen). Setzt man zu wenig Immunkörper hinzu, so können die normalen Immunkörper, d. h. das Sediment, sich geltend machen, im umgekehrten Falle nur das Komplement.

ad 2. Durch Erhitzen bis 56° wird das Alexin schnell inaktiviert. Nach Ehrlich soll hierdurch das Komplement in ein unwirksames Komplementoid übergehen, das zwar von dem Immunkörper gebunden wird, aber keine Hämolyse bewirken kann. Hierbei ist, wie beim Fibrinferment, die Möglichkeit nicht genügend berücksichtigt worden, dass das Auftreten eines Antikomplementes denkbar ist. Untersuchungen von Manwaring, Noguchi u. a. sprechen in der Tat für diese Möglichkeit (Hierüber später.)

ad 7. Eine noch viel stärkere Hemmung als die schon besprochene durch Neutralsalze zeigen nach Hewlett[2]) und nach Noguchi[3]) die Salze der zweiwertigen Metalle Ca, Ba und Mg. Die Hemmung durch $CaCl_2$ wird durch einen folgenden Zusatz von Oxalat aufgehoben; die Inaktivierung ist also reversibel.

Ähnlich verhält sich das Alexin gegen Säuren und Alkalien. Die durch Säuren bedingte Inaktivierung geht bei der Neutralisation zurück, wenn nicht zu viel Alkali zugesetzt wird, in welchem Falle das Komplement zerstört wird.

ad 10. Äther zerstört das Komplement. Durch Zusatz der in den Äther übergehenden Stoffe zum extrahierten Serum wird das Komplement nicht wieder regeneriert. Bakterizide Komplemente werden durch Äther nur wenig geschädigt (Ottolenghi und Mori[4]).

Das Verhalten des Alexins gegen Kalksalze, Erhitzung usw. wurde von manchen Forschern als Argument für seine Lipoidnatur hervorgehoben, weil wir einerseits Lipoidstoffe kennen, die unter gewissen Bedingungen als Komplement fungieren können, und weil andererseits diese künstlichen Alexine gegen Erhitzung, Salze usw. sich genau wie das natürliche Komplement verhalten.

¹) v. Dungern u. Coca, Berl. klin. Wochenschr. 1908, S. 348.
²) Hewlett, Archiv f. experim. Path. u. Pharm. 49, 307. 1903.
³) Noguchi, Biochem. Zeitschr. 6, 185. 1907.
⁴) Ottolenghi u. Mori, Centralbl. f. Bakt. 38, 338. 1905.

Noguchi[1]) hat die wichtige Beobachtung gemacht, dass eine Seifen-
lösung, die durch Zusatz von Serum inaktiv geworden ist, gleichzeitig die
Fähigkeit erlangt hat, bei Gegenwart von Immunkörpern Hämolyse
zu erzeugen, somit als Komplement aufzutreten.

Nach v. Dungern und Coca[2]) kann die Ölseife bei dem System: mit
Immunkörper beladene Blutkörperchen + Serum und Ölseife unter gewissen
Bedingungen die Komplementwirkung verstärken bezw. im erhitzten Serum
selbst die Rolle eines Komplementes übernehmen. v. Dungern und Coca
geben hierfür die Erklärung, dass das erhitzte (nur auf 41°!) Normale Serum
noch immer Spuren von Komplement enthält, deren Wirkung durch die Ölseife verstärkt wird. Friedemann und Sachs[3]) schlossen sich dieser
Auffassung an.

Bei Zusatz von Seife allein zu Blutkörperchen, die mit Immunkörper
beladen sind, haben v. Dungern und Coca keine Aktivierung, sondern im
Gegenteil eine Hemmung der Seifenhämolyse infolge der Dazwischenkunft
der Immunkörper beobachtet, und Hecker[4]), sowie H. Sachs und Altmann[5])
haben das bestätigt, ebenso wie Friedemann und F. Sachs, welch letztere
jedoch die Hemmung dem Eiweissgehalt des Immunserums zuschreiben.
Wurde nämlich das Eiweiss nach der Immunkörperfixierung entfernt, so liess
sich keine Hemmung nachweisen. Andererseits fanden v. Liebermann
und v. Fenyvessy[6]), dass ein Zusatz von Seife unter gewissen Bedingungen
eine deutliche Beschleunigung der hämolytischen Wirkung von Immunkörpern
und Komplement bewirkt, ein Ergebnis, das also mit demjenigen von
v. Dungern und Coca übereinstimmt. Auch konnten sie die Hemmung
der Seifenhämolyse durch Immunkörper bestätigen, fassen aber die Hemmung
als Wirkung der Agglutination auf. Nach v. Knaffl-Lenz[7]) wird die
hämolytische Wirkung von Ölsäure und von Gallensäure durch Serum
abgeschwächt. Die Hämolyse verläuft quantitativ ebenso stark, gleichgültig
ob man zu den genannten Substanzen Normal- oder Immunserum zusetzt.
Nach Liefmann und Cohn[8]) lässt sich das Komplement nicht von bekannten Lipoiden ersetzen.

H. Sachs und Altmann[5]) haben für die Kombination normales Serum
+ Ölsäure und mit Immunkörper beladene Blutkörperchen recht komplizierte
Verhältnisse gefunden. Bei abnehmenden Mengen Ölsäure zeigt sich zunächst

---

[1]) Noguchi, Biochem. Zeitschr. 6. 327. 1907.
[2]) v. Dungern u. Coca. Berl. klin. Wochenschr. 1908, S. 348.
[3]) Friedemann u. F. Sachs. Biochem. Zeitschr. 12, 259. 1908.
[4]) Hecker, Arbeiten aus d. k. Instit. f. exp. Ther. in Frankfurt a M. Jena 1907.
[5]) H. Sachs u. Altmann. Berl. klin. Wochenschr. 1908, S. 699.
[6]) v. Liebermann u. v. Fenyvessy, Berl. klin. Wochenschr. 1908. S. 1270.
[7]) v. Knaffl-Lenz, Biochem. Zeitschr. 22. 1. 1909.
[8]) Liefmann und Cohn, Zeitschr. f. Immun.-Forschung 6. 88. 1910.

die reine Ölsäurewirkung (0,25 ccm 1 %, Ölseife), dann folgt eine komplette
Hemmung der Hämolyse (0,15 ccm Ölseife) und schliesslich wurde eine reine
Komplementhämolyse beobachtet.

Von Noguchi[3]) wurden folgende Übereinstimmungen zwischen Ölsäurekomplement und Alexin aufgefunden, die freilich durch die Erwiderung
v. Dungerns, betreffend die Wirkung der Ölsäure auf erhitztes komplement-
haltiges Serum, teilweise in Frage gestellt worden sind.

1. Das Ölsäurekomplement verschwindet spontan mit der Zeit.

2. Es wird beim Erhitzen (selbstverständlich mit Serum zusammen)
   bis 56° inaktiviert, wie v. Liebermann und andere einwandfrei
   bewiesen. Nach v. Liebermann bildet sich hierbei eine inaktive
   Verbindung der Ölseife mit Eiweiss.

3. Bei niedriger Temperatur ist es unwirksam.

4. Eine Inaktivierung der mit Serum versetzten Seifen durch Zellelemente kommt gleichfalls vor.

5. Inaktivierung durch photodynamische Substanzen.

6. Säuren, Alkalien und Salze wirken auf mit Serum versetzte Seifen
   ebenso wie auf das Alexin.

Die letztgenannte Beziehung verdient besondere Berücksichtigung. Die
Inaktivierung der mit Serum versetzten Ölseife durch $CaCl_2$ erklärt sich
durch die Bildung unlöslicher Kalkseife; ein folgender Zusatz von Oxalat
regeneriert dann die wirksame Alkaliseife. Die Richtigkeit dieser Auffassung
beweist Noguchi, indem er die geringe Wirkung der präformierten Kalkseife zum Vergleich heranzieht.

Da auch das natürliche Komplement durch $CaCl_2$ inaktiviert und durch
Oxalat reaktiviert wird, liegt die Folgerung nahe, dass auch bei ihm eine
ähnliche Wirkung des Kalkes vorliegt, oder mit anderen Worten, dass das
Alexin einen ölsäureähnlichen Komplex darstellt.

Andererseits erinnern diese Verhältnisse an die Wirkung der Salze und
Säuren bei der Kobragifthämolyse. Nach Hektoen[4]), Manwaring[5])
und H. Sachs verhindern die Salze die Hämolyse, und diese Wirkung
ist gegen das Komplement gerichtet. Der Immunkörper wird wie gewöhnlich
von den Blutkörperchen aufgenommen. Kiss[6]) fand weiter, dass die
Hemmung durch NaCl durch Vermehrung der Immunkörperkomplement-
menge aufgehoben werden kann. Da nun weiter schon ganz geringe
Mengen der zweiwertigen Metallsalze die Hämolyse verhindern können,

[1]) Noguchi, Biochem. Zeitschr. 6, 327. 1907
[2]) Hektoen, Zentralbl. f. Bakteriol. 1, 35, 357. 1904.
[3]) Manwaring, Journ. of infect. diseases 1, 112. 1904.
[4]) Kiss, Zeitschr. f. Immun-Forschung 3, 558. 1909.

und weiter das Rohrzuckerblut allein durch Komplement hämolysiert werden kann, ist anzunehmen, dass, wie beim Kobragift, das Komplement eine Säure ist, welche sowohl mit den Alkalien der Lösung, wie auch mit einem Protoplasmabestandteil reagieren kann. Diese Auffassung findet eine Bestätigung in den Versuchen von Michaelis und Skwirski[1] u. a., dass auch Säuren die Hämolyse verhindern können. Nach Neutralisation tritt wieder Hämolyse ein. Dagegen verhindern Säuren nicht die Aufnahme des Immunkörpers. Es liegt auf der Hand anzunehmen, dass die Säuren hier wie bei der Kobrahämolyse, d. h. auf die Blutkörperchen wirken (dagegen stellt der Immunkörper keinen Aktivator für Kobragift dar). Das Komplement ist also aller Wahrscheinlichkeit nach eine Säure. Die Auffassung liegt sehr nahe, dass diese Säure ein Lipoidstoff ist, besonders wenn man an die Empfindlichkeit gegen organische Lösungsmittel denkt. Auch die Tatsache, dass z. B. Gehirnlipoide in Emulsion komplementablenkend wirken, spricht hierfür. Der Teilungskoëffizient liegt wahrscheinlich zugunsten der Gehirnlipoide. Jedenfalls muss das Komplement sehr labil sein, doch haben wir keinen Grund anzunehmen, dass es mit Eiweiss identisch sei.

Im übrigen ist es nicht erwiesen, dass die Komplemente der verschiedenen Sera identisch sind; beispielsweise zeigen Komplemente des Kaninchenserums und Meerschweinchenserums deutliche Unterschiede; das erstere ist weniger haltbar als das zu zweit genannte.

Zum Schlusse möchte ich besonders hervorheben, dass keiner der zitierten Autoren das Komplement mit Ölsäure oder einem anderen Lipoidstoff identifiziert hat, sondern dass alle nur auf die Analogien zwischen beiden verweisen wollen. Man darf nicht vergessen, dass, auch abgesehen von der Spezifität des Komplements, prinzipielle Unterschiede vorliegen, dass das Komplement von Äther u. dergl. rasch zerstört wird, und dass Rohrzuckerblut von Komplement, nicht aber von Ölseife hämolysiert werden soll.

Die chemischen Vorgänge bei der Hämolyse.

Der Immunkörper und das Komplement kommen im Blutserum gesondert vor. Das Alexin wird von Blutkörperchen in Kochsalzlösung nicht aufgenommen, wohl aber ist das mit dem Immunkörper der Fall. Sensibilisierte Blutkörperchen nehmen das Komplement bei 0^0 nicht, bei Zimmertemperatur langsam und bei Bruttemperatur schnell auf, und die Hämolyse kann alsdann stattfinden.

Die Deutung dieser Tatsachen ist aber, wie erwähnt, höchst unsicher. Nach Ehrlich bilden beide Faktoren eine wirksame chemische Verbindung, welche die Auflösung der Blutkörperchen unter Freiwerden des Hämoglobins bewirkt. Nach Arrhenius, der gleichfalls eine komplexe Verbindung von

---

[1] Michaelis u. Skwirski, Zeitschr. f. Immun-Forschung **4**, 357. 1909.

Immunkörper und Komplement annimmt, ist die »innere Hämolyse« die
Hauptsache, und das in Freiheit gesetzte Hämoglobin diffundiert ohne weiteres
durch die Membran, die für Eiweisskörper impermeabel ist. Bordet dagegen
hat, wenn auch ziemlich unbestimmt, auf die Ähnlichkeit der Immunkörperwirkung mit der Beizenwirkung bei dem Färbevorgang hingewiesen. Genauere
Angaben findet man bei Forssman und Bang, die von der Bedeutung
der Lipoidmembran für die Hämolyse ausgehen. Das Hämolysin muss,
um Hämolyse bewirken zu können, mit der Membran in Verbindung treten,
folglich muss die Membran Stoffe enthalten, die sowohl mit dem Immunkörper als auch mit dem Komplement, dem eigentlich lytischen Faktor,
reagieren. Es zeigte sich ferner, dass die Membran sicher zwei solche Stoffe
enthält, deren einer — nicht näher untersuchte — thermolabil ist und
mit dem Sensibilisator reagiert, während der andere, thermostabile, in
Alkohol, Äther und Azeton lösliche Lipoidstoff wahrscheinlich bei der Hämolyse gleichfalls mit dem Komplement reagiert, denn die betreffende Substanz
erwies sich bei Neutralisationsversuchen als spezifisch. Die »neutralisierende Substanz« aus Rinderblutkörperchen reagiert mit Komplement aus
Rinderblut, nicht aber mit Komplement aus Meerschweinchenblut, unter
Bildung einer inaktiven Verbindung.

Nach Forssman und Bang verbindet sich also das Komplement zur
Hämolyse direkt mit einem Blutkörperchenbestandteil, »der neutralisierenden
Substanz«. Da nun diese Verbindung mit der herausgelösten Substanz auch
in Kochsalzlösung stattfinden kann, so müssen irgend welche Hinderungen
für die Bindung vorliegen, wenn sie als Bestandteil der Lipoidmembran vorkommt. Dass die Hämolyse des Rohrzuckerblutes ohne Immunkörper durch
Alexin allein stattfinden kann, spricht entschieden für Forssmans und
Bangs Auffassung. Dass Immunkörper und Komplement getrennt in Serum
existieren, lehrt weiter, dass beide keine grössere Affinität zu einander besitzen.
Demgemäß ist es auch unwahrscheinlich, dass das Komplement mit dem aufgenommenen Immunkörper in Verbindung tritt, dagegen ist die Annahme
sehr plausibel, dass die Aufnahme des Immunkörpers Veränderungen der
Lipoidmembran bewirkt, durch welche die Affinitäten der neutralisierenden
Substanz in grösserem Maßstabe frei gemacht werden als sonst. Die Tatsache, dass eine Vermehrung der H-Ionen-Konzentration trotz Gegenwart
von Immunkörper die Komplementaufnahme mit darauffolgender Hämolyse
verhindern kann, spricht gleichfalls dafür, dass das Alexin direkt mit der
Lipoidmembran reagiert.

Andererseits kann man sich auch denken, dass das Alexin mit dem
Immunkörper eine dissoziierbare Verbindung eingehen und hierdurch die
Aufnahme des Alexins seitens der neutralisierenden Substanz vermitteln
könnte, ebenso wie es für die Aktivatoren des Kobragiftes der Fall war.
Dabei wäre denkbar, dass manche Lipoide, wie Ölsäure, unter dieser Voraus-

setzung die Rolle des Immunkörpers übernehmen könnten. Entscheidende Versuche hierüber fehlen noch (vgl. oben).

Alles in allem sind wir über den Vorgang dieser Hämolyse noch sehr unvollständig unterrichtet und die oben angedeuteten Möglichkeiten sollen nur dazu dienen, zu zeigen, dass die Ehrlichsche Theorie über diesen Vorgang eine unbewiesene Hypothese darstellt, gegen die mehrere Einwände erhoben werden können. Fortschritte können auf diesem Gebiete nur dadurch erzielt werden, dass man ohne vorgefasste Meinungen an die Untersuchung herantritt.

b) Präformiert vorkommende Hämolysine des Blutes.

Wie schon längst bekannt, besitzt das Blut vieler Tierarten an sich eine hämolytische Wirkung. Übereinstimmend mit den Verhältnissen bei dem immunisatorisch erzeugten Hämolysinen besteht auch das präformiert vorkommende Hämolysin aus zwei Bestandteilen, deren einer thermostabil ist und dem Immunkörper entspricht. Der andere Bestandteil stellt das gewöhnliche Komplement, einen physiologisch normalen Serumbestandteil dar.

Wenn man um dieser Übereinstimmung willen die physiologischen Hämolysine mit den immunisatorisch erzeugten zusammengestellt hat (Ehrlich. Sachs, Bordet), so darf man doch nicht übersehen, dass andererseits auch Unterschiede zwischen beiden bestehen. Der physiologisch vorkommende Immunkörper wird in der Kälte nur unvollständig von den Erythrozyten fixiert, und er wird ferner bei 56° vernichtet, verträgt aber eine Erhitzung bis 51°. Auf mehrere andere Unterschiede kann hier nicht eingegangen werden.

Landsteiner hat mit v. Eisler und mit Dautwitz interessante Beziehungen zwischen den Blutkörperchenlipoiden und derartigen physiologischen Hämolysinen aufgefunden. Landsteiner und v. Eisler[1] stellten zuerst fest, dass Äther- und Petroleumätherextrakte aus Blutkörperchen antihämolytisch gegen solches Hämolysin wirkten, und fanden weiter, dass die Extrakte »in manchen Fällen eine für lipoide Substanzen unerwartete spezifische Wirkung« zeigten. Schliesslich wurde gezeigt, dass das antihämolytische Prinzip gegen den Immunkörper gerichtet war.

Dautwitz und Landsteiner[2] bestätigten diese Tatsachen und konnten durch Fraktionierung des Ätherextraktes nach Forssman und Bang dartun, dass das antihämolytische Prinzip sich in der azetonunlöslichen Fraktion befand. Weiter ergab sich, dass diese Fraktion keinen Antikörper gegen den immunisatorisch erzeugten Immunkörper enthielt. Daraus folgern die Verff, dass »es daher nicht geraten ist, die am Immunserum gewonnenen

[1] Landsteiner u. von Eisler. Wiener klin. Wochenschr. 1905. Zentralbl. f. Bakteriol.1, 39, 309. 1905.
[2] Dauwitz u. Landsteiner, Beitr. z. chem. Physiol. u. Pathol. 9, 431. 1907.

Resultate auf die analogen Verhältnisse beim normalen Serum direkt zu
übertragen und umgekehrt.« Endlich bestätigen sie, dass das gegen das
Komplement gerichtete Prinzip sich in der Azetonlösung befand. Hiermit
ist ein neuer Unterschied zwischen normalem und immunisatorisch erzeugtem
Hämolysin nachgewiesen. Nimmt man an, dass das mehr oder weniger
spezifische Prinzip auch den Angriffspunkt des Immunkörpers darstellt, was
jedenfalls nicht unwahrscheinlich ist, so kann man folgern, dass die Wirkungsweise des natürlichen Hämolysins sich anders gestaltet, als die des immunisatorisch erzeugten. Schon aus diesem Grunde verdienen die natürlichen
Hämolysine eine eingehendere Untersuchung als ihnen bisher zu Teil geworden ist.

Hierzu kommt als weiterer Grund der Umstand, dass sie möglicherweise
mit den normalen Hämolysinen der Organe verwandt sind. Ich denke in
dieser Beziehung z. B. an das Pankreashämolysin; Noguchi[1]) hat gezeigt,
dass Pankreassaft auch von Serum aktiviert wird (siehe S. 114).

Die Lipoide als Hemmungskörper.

a) Die Lipoide als Antikörper gegen Toxine.

1898 machten Wassermann und Takaki[2]) die wichtige und interessante Beobachtung, dass frische Gehirn- oder Rückenmarkemulsion die
Fähigkeit besitzt, beim Zusammenbringen mit Tetanustoxin dessen Wirkung
nach kurzer Zeit aufzuheben. Ignatowski[3]) gab, die chemische Seite der
Frage betreffend, an, dass Cholesterin und »Lezithin«, nicht aber Protagon giftbindende Wirkung besitzen.

Landsteiner und v. Eisler[4]), sowie Landsteiner und Botteri[5])
fanden, im Gegensatze hierzu, nicht nur bei Mischung mit Cholesterin,
Cholesterinderivaten, Lezithin, sondern auch beim Protagon eine gewisse
Abschwächung, und zwar am stärksten bei Protagon. Landsteiner schreibt
den Lipoiden für die giftbindende Eigenschaft der Nervensubstanz wesentliche Bedeutung zu.

Die eingehenden Untersuchungen Takakis[6]) haben zuerst Licht
hierüber gebracht. Die giftbindende Substanz war alkohollöslich und
liess sich als Zerebron identifizieren. Phrenosin verhielt sich genau wie
Zerebron. Das Zerebron bildet mit dem Toxin eine Verbindung. Wird die
Mischung beider eingespritzt, ehe die Verbindung stattgefunden hat (nach

---

[1]) Noguchi, Biochem. Zeitschr. 6, 185. 1907.
[2]) Wassermann u. Takaki, Berl. klin. Wochenschr. 1898, Nr. 5—6.
[3]) Ignatowski Zentralbl. f. Bakteriol. I, 35, 4. 1904.
[4]) Landsteiner u. v. Eisler, Wiener klin. Wochenschr. 1905. Zentralbl. f.
Bakteriol. I, 39, 309. 1905.
[5]) Landsteiner u. Botteri. Zentralbl. f. Bakteriol. I, 42. 562. 1906.
[6]) Takaki, Beitr. z. chem. Physiol. u. Pathol. 11. 288. 1908.

10 bis 15 Minuten), so lässt sich noch Giftwirkung nachweisen. Die Bindung zwischen Toxin und Zerebron ist sehr locker und wird zum Teil im Tierkörper gelöst.

Das Zerebron ist hydrolytisch in Galaktose, eine stickstoffhaltige Base Sphingosin, und eine Fettsäure, Zerebronsäure, spaltbar. Dieselben Spaltungsprodukte liefert das Phrenosin. Bei der Untersuchung dieser Spaltungsprodukte fand Takaki, dass die Wirkung des Zerebrons auf die saure Komponente übergeht. Die Wirksamkeit des neutralen Zerebronsäuremethylesters war ungefähr doppelt so gross wie die des Zerebrons, und die freie Zerebronsäure war noch wirksamer. Takaki glaubt, dass die stärkere Wirkung der Zerebronsäure von dem Säurecharakter abhängt, da Tetanustoxin gegen Säuren sehr empfindlich ist. Die antitoxische Wirkung von 1 g Zerebron entsprach 4000 letalen Dosen und von Zerebronsäure 12000 Dosen.

Anknüpfend an die Lipoidnatur dieses Antikörpers, zeigte Takaki weiter, dass Immunsera einen grösseren Gehalt an Lipoiden aufweisen als normale Sera 100 Teile Immunserum enthielten durchschnittlich 0,5760 g Chloroformextrakt gegen 0,4866 g (Wiener Pferde) und 0,3614 g (Strassburger Pferde) bei normalem Serum. Dagegen liess sich keine entsprechende Vermehrung des Antitoxingehaltes der Chloroformextrakte bei Immunseren nachweisen und die Frage nach der chemischen Natur der immunisatorisch erzeugten Antikörper bleibt deshalb ebenso dunkel wie vorher.

Nach Marie und Tiffeneau[1]) wird die Fixation des Tetanustoxins nicht durch die Lipoide des Gehirns, sondern durch Eiweisskörper bedingt, eine Auffassung, gegen die Landsteiner und Raubitschek[2]) auftraten. Die giftbindende Substanz kann jedenfalls unmöglich mit dem immunisatorisch erzeugten Antivenenin identisch sein. Schon die Beobachtungen von Marie und Tiffeneau sprechen dagegen, denn nach ihnen erwies sich die fixierende Substanz als empfindlich gegen etwas höhere Temperatur (56°). Durch Trocknen soll die Neutralisationswirkung beinahe vollständig verloren gehen. Alles das spricht gegen die Lipoidnatur. Endlich soll die graue Hirnsubstanz, die sehr arm an Zerebrosiden ist, die stärkste Neutralisationswirkung zeigen; man kann aber das Tetanustoxin durch 10 proz. NaCl-Lösung aus der Verbindung mit Hirnsubstanz, nicht aber aus der Antitoxinverbindung frei machen (Danyzs[3]). Andererseits kann man nach Besredka[4]) das Toxin durch Antitoxin aus der Gehirnverbindung herauslösen, was ganz evident gegen die Ehrlichsche Auffassung von der Identität der giftbindenden Hirnsubstanz mit dem Antitoxin spricht. Die

[1]) Marie u. Tiffeneau, Ann. d. l'Inst. Pasteur 22, 295. 1908.
[2]) Landsteiner u. Raubitschek, Biochem. Zeitschr. 15, 33. 1909.
[3]) Danyzs, Ann. d. l'Inst. Pasteur 13, 156. 1899.
[4]) Besredka, Ann. d. l'Inst. Pasteur 15, 785. 1901.

Affinität des Antitoxins muss also grösser sein als diejenige der Organbestandteile, denn sonst könnte man unmöglich das schon aufgenommene Gift durch dasselbe neutralisieren, wie es tatsächlich möglich ist. Anderseits muss das Toxin mit den Zellbestandteilen eine dissoziierbare Verbindung eingehen.

Es ist nicht unwahrscheinlich, dass Lipoidstoffe auch als Antikörper gegen andere Nervengifte auftreten können. Fermi[1]) hat gezeigt, dass normale Nervensubstanz giftbindende Kraft gegen Wutgift besitzt und Pascucci[2]) fand, dass Zerebron ein Gegengift gegen Kobragift darstellt Allerdings wurde nur das Hämolysin geprüft, und man nimmt allgemein an, dass das Neurotoxin davon verschieden ist. Wie früher erwähnt, hat aber nach Faust[3]) das Ophiotoxin sowohl neurotoxische wie hämolytische Eigenschaften. Morgenroth und Reicher[4]) verdanken wir die interessante Beobachtung, dass mit Cholesterineinspritzungen vorbehandelte Tiere geringere Anämie nach Vergiftung mit »Kobralezithid« zeigen als die Kontrolltiere. Nach Overton und Bang sind sowohl Cholesterin wie Öl Hemmungskörper gegen die Kobragiftintoxikation, ebenso wahrscheinlich »Lezithin.« Dies trifft zu, wenn man dafür Sorge trägt, dass die Aktivatoren nicht von den Zellen aufgenommen werden (Versuche mit Kaulquappen). Da das Gift Affinität zu den genannten Stoffen besitzt, so ist es klar, dass bei ihrer Gegenwart die Verteilung derartig verändert wird, dass von den Zellen bezw. dem Organismus weniger aufgenommen wird. De Waele[5]) fand, dass kleine »Lezithin«mengen die Wirkung der Toxine befördern, grosse dagegen hemmen. Dasselbe fand er auch für die Wirkung von »Lezithin« gegenüber Alkaloiden.

Nach Fermi und anderen stellt die normale Gehirnsubstanz einen Antikörper gegen Lyssavirus dar; auch soll das Serum von Tieren, welche mit normaler Gehirnsubstanz behandelt worden sind, ein Antitoxin gegen Lyssa enthalten. Kraus und Fukuhara[6]) u. a. konnten diese Angaben nicht bestätigen.

b) Die Lipoide als Antikörper gegen Lysine.

1901 zeigte Ransom[7]), dass Cholesterin den Serumbestandteil darstellt, welcher der Hämolyse durch Saponin entgegenwirkt, und damit war wohl zum ersten Male eine Schutzsubstanz des normalen Serums chemisch

[1]) Fermi, Zentralbl. f. Bakteriol 46.
[2]) Pascucci, Beitr. z. chem. Physiol u. Pathol. 6, 543. 1905.
[3]) Faust, Archiv f. exper Pathol. u. Pharm. 56, 236. 1907.
[4]) Morgenroth u. Reicher, Berl. klin. Wochenschr. 1907, S. 1200.
[5]) De Waele, Zeitschr. f. Immun-Forschung 3, 478 u. 504. 1909.
[6]) Kraus u. Fukuhara, Zeitschr. f. Immun-Forschung 3, 352. 1909.
[7]) Ransom, Deutsche med. Wochenschr. 1901, Nr. 13.

dem Verständnis nahe gerückt. Diese wichtige Entdeckung stellt den Anfang der Lipoidforschung in toxikologischer Beziehung dar, und es gewährt
deshalb Interesse, Ransoms Untersuchungen näher zu besprechen.

Bei der Hämolyse des Blutes wird das Saponin verbraucht oder fixiert,
ebenso beim Stehen mit Serum. Das Filtrat des gekochten Serums war
ohne Bindungsvermögen, dagegen neutralisierten Stromata das Gift. Die
wirksamen Substanzen liessen sich dem Serum durch Ätherextraktion entziehen und von den Bestandteilen des Ätherextraktes war Cholesterin die
wirksame Substanz.

Ransom folgert hieraus, dass Saponin deshalb im Tierkörper tödlich
wirkt, weil es in die cholesterinhaltige Nervensubstanz aufgenommen wird,
worauf Lähmung erfolgt. Da nun weiter das Cholesterin auch ein Hemmungskörper gegen Kobrahämotoxin ist, und da ferner Cholesterinfütterung nach
Morgenroth und Reicher, gegen das Kobraneurotoxin schützt, so erscheint die Auffassung Ransoms über das Saponin, welches dieselben beiden
Wirkungen und nach Faust auch eine chemische Verwandtschaft zum
Kobragift besitzt, als ganz wahrscheinlich. Ransom hat jedoch die gleiche
entgiftende Wirkung der Zerebroside nicht berücksichtigt, und somit bleibt
die Möglichkeit bestehen, dass die Saponin- bezw. Kobragiftlähmung durch
Aufnahme des Giftes seitens der Zerebroside der Nervenzellen und Nerven
bewerkstelligt wird.

K. Meyer[1]) hat Versuche veröffentlicht, aus denen hervorgeht, dass
die Blutkörperchen der Saponinhämolyse gegenüber um so resistenter sind,
je mehr Cholesterin (besonders im Verhältnis zum Lezithin bezw. den Phosphatiden) sie enthalten. Blutkörperchen vom Pferd, Kaninchen und Schwein
enthalten wenig Cholesterin; sie sind gegen Saponin sehr empfindlich. Dagegen enthalten diejenigen vom Hund, Schaf und Rind weit mehr Cholesterin
und sind demgemäß widerstandsfähiger gegenüber Saponin. Interessant ist
aber, dass diese Blutarten sich in Beziehung auf Kobrahämolyse ganz anders
verhalten. Hier sind (in Kochsalzlösung) Blut vom Pferd, Rind und Schaf
unempfindlich, während Blutkörperchen des Hundes, Kaninchens und
Schweines direkt hämolysiert werden. Diese Tatsache wirkt nicht besonders
überzeugend im Sinne der Meyerschen Vorstellungen.

Die Folgerung Ransoms steht mit den neueren physiologischen und
toxikologischen Forschungen zur Narkoselehre in schöner Übereinstimmung.
Auch die Narkotika sind Hämolytika; bei der Narkose verteilen sie sich,
entsprechend dem Teilungskoëffizienten, zwischen dem Plasma und den Form-
elementen. Das mit dem Narkotikum beladene Blut muss, wieder dem Teilungskoëffizienten entsprechend, während der Zirkulation an die übrigen Zellen etwas
Narkotikum abgeben, bis Gleichgewicht zwischen dem Gehalt der Zellen, des

---

[1]) K. Meyer, Beitr. zur chem. Physiol u. Pathol. 11, 357. 1908.

Plasmas und der Blutkörperchen eingetreten ist. Diese Verteilung ist von dem Lipoidgehalt der Zellen abhängig, denn die Narkotika lösen sich in den Lipoidstoffen leicht, in den Zellflüssigkeiten schwer; je mehr Lipoidstoffe die Zellen enthalten, um so mehr Narkotikum wird von ihnen absorbiert. Da nun die Gehirn- und Nervensubstanz sehr reich an Lipoidstoffen ist, so kommt demgemäß auf sie eine reichliche Menge des Narkotikums, was auch analytische Bestimmungen bestätigt haben. Ebenso verhalten sich die Alkaloide, und das gleiche wird voraussichtlich auch für die Hämolytika zutreffen, welche keine spezifische Wirkung haben. Reagieren diese jedoch mit spezifischen Blutbestandteilen, so können sie natürlich nicht auf solche Zellen übergehen, welche diese Bestandteile entbehren.

Die nichtspezifischen Hämolytika aber, welche mit den allgemein verbreiteten Lipoiden, also auch mit den in den Blutkörperchen enthaltenen, in Verbindung treten, müssen gleichfalls auf die Nervensubstanz übergehen, wenn die Verbindung mit den Lipoiden dissoziierbar ist. Nur bei dissoziierbaren Verbindungen kann ein solches Gleichgewicht eintreten. Wir wissen aber, besonders aus den Untersuchungen von Arrhenius, Madsen u. a., dass eben die Verbindung der Hämolytika mit den Blutkörperchen eine solche dissoziierbare Verbindung ist und wissen weiter, dass die Stoffe, welche Hämotoxine enthalten, auch als Nervengifte auftreten können, wie z. B. das Kobragift. Wenn Faust hier die Identität des Hämo- und Neurotoxins gegen die dualistische Auffassung von Ehrlich u. a. verteidigt, so stimmen seine Befunde mit den physiologischen Voraussetzungen besser überein.

Von anderen ähnlichen Körpern erwähne ich: Staphylotoxin und -lysin; Tetanustoxin und lysin, Typhustoxin und lysin, und endlich mehrere Pflanzengifte.

Ransoms Auffassung gegenüber, der sich Kobert und H. Meyer angeschlossen haben, hat Pascucci [1]) gezeigt, dass bei Versuchen an Lezithin-Cholesterinmembranen diese der Saponinhämolyse einen um so grösseren Widerstand bieten, je mehr Cholesterin im Verhältnis zum Lezithin sie enthalten.

Die nähere Analyse der Cholesterinentgiftung in chemischer Beziehung ist von Abderhalden und Le Count [2]) und von Hausmann [3]) ausgeführt.

Das Cholesterin enthält bekanntlich eine sekundäre Alkoholgruppe und eine doppelte Bindung, welche beide reaktionsfähig sind. Es hat sich herausgestellt, dass das Vorhandensein der Hydroxylgruppe für die antitoxische Wirkung des Cholesterins notwendig ist. Wird

¹) Pascucci, Beitr. z. chem. Physiol. u. Pathol. 6, 543. 1905.
²) Abderhalden u. Le Count, Zeitschr. f. experim. Pathol. u. Therap. 2, 199. 1905.
³) Hausmann, Beitr. z. chem. Physiol. u. Pathol. 6, 567. 1905.

diese Hydroxylgruppe durch Substitution verändert, so fällt die Schutzwirkung weg:

$C_{27}H_{45}$ OH = Cholesterin, wirksam auf Saponin,

$C_{27}H_{45}$Cl = Cholesterylchlorid, negativ,

$C_{27}H_{45}.O(CH_3.CO)$ = Cholesterylazetat, negativ,

$C_{27}H_{45}O(C_6H_5.CO)$ = Cholesterylbenzoat, negativ,

$C_{27}H_{46}$ = Cholesten, negativ,

$(C_{27}H_{45})_2O$ = Cholesteryläther, negativ.

Die Oxydationsprodukte des Cholesterins sind gleichfalls unwirksam, selbst
wenn die Hydroxylgruppe erhalten bleibt.

$C_{27}H_{45}(OH)O$ = Oxycholestenon, völlig unwirksam.

Wird die doppelte Bindung durch Addition von Chlor oder Wasserstoff
aufgehoben, so wird die Schutzwirkung erheblich geschwächt, jedoch nicht
völlig aufgehoben.

$C_{27}H_{45}(OH)Cl_2$ schwache Wirkung auf Saponin,

$C_{27}H_{45}(OH)H_2$ »   »   »   »

Die verschiedenen Cholesterine sind alle ungefähr gleich wirksam. Ein
Cholesterin aus Aethalium septicum war nach H a u s m a n n wirksam. Spongo-
sterin, aus Schwammgewebe, welches wahrscheinlich keine doppelte Bindung
wohl aber die Hydroxylgruppe enthält, wirkte deutlich, aber nur schwach,
auf Saponin. Nach H a u s m a n n kann die Saponin-Cholesterinreaktion über
die Zugehörigkeit zweifelhafter Verbindungen zur Cholesterin- und Phytosterin-
Gruppe entscheiden.

Die Bindung der Cholesterinwirkung an das Vorhandensein der Hydroxylgruppe besitzt deshalb besonderes Interesse, weil die Saponine schwache
Säuren sind, von denen man erst recht wohl denken könnte, dass die basische
Alkoholgruppe mit ihnen reagiert. Diese Tatsache lehrt uns auch verstehen,
warum die Verbindung zwischen Saponin und Cholesterin eine so feste ist.

Die oben (S. 22) erwähnte Untersuchungsreihe von W i n d a u s hat erwiesen, dass tatsächlich ein Saponin, Digitonin, mit Cholesterin unter Bildung
einer kristallisierbaren Verbindung reagiert, die sich durch Einwirkung von
Säuren wieder in ihre Komponenten zerlegen lässt, ganz wie die Cholesterinester. Dagegen darf man nicht übersehen, dass die gewöhnlichen Ester unter
Wasserabspaltung gebildet werden, während hier ein A d d i t i o n s p r o d u k t
vorliegt; z. B. $C_{27}H_{45}OH + C_2H_4O_2 = C_{27}H_{45}O.C_2H_3O + H_2O$, aber $C_{27}H_{45}$
$OH + C_{55}H_{94}O_{28} = C_{82}H_{140}O_{29}$. Die notwendige Voraussetzung für die
Bildung solcher Additionsprodukte ist aber auch hier das Vorhandensein der
Alkoholgruppe; ist sie besetzt oder verändert, so kann keine Addition statt-
finden.

Nach M e y e r s t e i n (l. c.) wird die Saponinhämolyse auch durch Lezithin,
Kephalin, Zerebron und Blutkörperchenextrakt gehemmt.

Ebenso wie die Saponinwirkung wird auch die Kobragifthämolyse durch Cholesterin aufgehoben, und auch hier wird die Entgiftung, nach Minz[1]), durch Bindung des Giftes an Cholesterin bedingt. Die Bindung erfolgt, ihren ersten Anteilen nach, schon nach kurzer Zeit, schreitet aber noch viele Stunden lang in erheblichem Maße fort, wie auch die Bindung des Tetanustoxins durch Zerebron gleichfalls eine gewisse, obwohl kürzere Zeit erfordert. Durch Behandlung mit Salzsäure lässt sich das Hämolysin quantitativ wieder gewinnen.

Das Kobragift verhält sich also gegenüber Cholesterin ganz analog den Saponinen. Sicher ist die Kobra-Cholesterinverbindung nicht erheblich stärker dissoziierbar, als die Saponinverbindung, welch' letztere nach Windaus nur äusserst wenig dissoziierbar ist. Nach Mischung von Gift und Cholesterin (als Emulsion) bleibt nur ein ganz geringer Teil des Giftes in Lösung, denn der Teilungskoëffizient zwischen Cholesterin und Wasser liegt beim Kobragift sehr stark auf Seiten des Cholesterins. Wird der Niederschlag ausgewaschen und alsdann in Wasser suspendiert, so geht kein Gift in Lösung, ein Beweis, dass die Kobra-Cholesterinverbindung nur sehr schwach dissoziiert ist. Dass aber eine Dissoziation tatsächlich vorkommt, zeigen die Versuche von Morgenroth und Reicher (l. c.), in welchen die Versuchstiere durch die Kobra-Cholesterinverbindung vergiftet werden konnten, wenn auch erst nach längerer Zeit als die Kontrolltiere mit entsprechender Giftmenge ohne Cholesterin. Nach Minz (l. c.) kann man die Kobra-Cholesterinverbindung durch Salzsäure zerlegen. Meyerstein (l. c.) fand, dass auch die Kobrahämolyse, wie die Saponinhämolyse, durch Kephalin, Zerebron und Blutkörperchenextrakt gehemmt wird. Dennoch ist Fausts Auffassung über die Verwandtschaft des Kobragiftes mit den Saponinen sicher unrichtig. Die Entgiftung durch Cholesterin hat eine gewisse Ähnlichkeit mit der Entgiftung durch Antivenenin. Auch die Kobra-Antiveneninverbindung lässt sich nach Morgenroth[2]) durch Salzsäure zerlegen, doch ist sie jedenfalls weniger dissoziierbar als die Cholesterinverbindung, denn im Tierkörper findet eine Abspaltung von Kobragift nicht statt. Die Kobra-Kalkverbindung ist gleichfalls schwach dissoziiert; nach Einspritzung derselben bei Kaninchen tritt die Vergiftung später ein als beim Gift allein. In einem Falle gelang es dem Verf.[3]) sogar, ein Kaninchen nach Einspritzung der Kobra-Kalkverbindung am Leben zu erhalten. Die Kobra-Alkaliverbindung scheint dagegen in höherem Maße dissoziierbar zu sein (Overton und Bang). »Lezithin« und Ölsäure vermögen, wie oben bemerkt, wegen ihrer grösseren Affinität zum Gifte die Alkaliverbindung zu zerlegen, dagegen können sie das Gift in Gestalt der Antivenenin-, Cholesterin- oder Kalkverbindung nicht aktivieren. Noguchi hat

[1]) Minz, Biochem. Zeitschr. 9, 357. 1908.
[2]) Morgenroth, Berl. klin. Wochenschr. 1905, S. 1550.
[3]) Bang, Biochem. Zeitschr. 18, 441. 1909.

zwar für die Kalkverbindung das Gegenteil behauptet, ich habe das aber nicht bestätigen können.

Nicht allein das Kobragift, sondern auch dessen Aktivatoren werden von Cholesterin entgiftet. Nach Kyes und Sachs[1]) soll hierbei der bemerkenswerte Unterschied vorkommen, dass zwar der Fettsäure-Aktivator, nicht aber »Lezithin« von Cholesterin inaktiviert wird. Dies ist unrichtig. Kyes hat den Verteilungssatz übersehen, demzufolge das Cholesterin unter allen Umständen mit dem Gift reagieren muss. Auch die Ölsäurehämolyse soll von Cholesterin aufgehoben werden, merkwürdigerweise schreiben aber Faust und Tallquist[2]) dem Ölsäurecholesterinester lytische Eigenschaften zu.

Das Cholesterin übt auch gegen Bakteriolysine eine entgiftende Wirkung aus.

Das immunisatorisch erzeugte Hämolysin des Blutes wird gleichfalls von Cholesterin neutralisiert, doch wird es wahrscheinlich nur mechanisch vom Cholesterin mit niedergerissen, denn die Wirkung ist nur schwach und tritt nur bei grossem Überschuss hervor. Dagegen ist Cholesterin unwirksam gegen die Hämolyse durch Gallensäuren (Meyerstein).

In den schon erwähnten Versuchen von Altmann und H. Sachs[3]) wurde gezeigt, dass Ölsäure bei einer bestimmten Konzentration die Hämolyse durch spezifisches Hämolysin aufhebt. Nach Landsteiner und Stankovic[4]) wirkt Cholesterin hemmend auf das Komplement.

Diese Hemungswirkung der Lipoide spielt eine grosse Rolle bei dem Komplementablenkungsverfahren für die Syphilisdiagnose.

Unter Komplementablenkung versteht man die Absorption oder Fixation des Alexins durch fremde Körper. Von derartig behandelten normalen Seren können sensibilisierte Blutkörperchen wegen Mangels an Komplement nicht hämolysiert werden. Syphilitisches Serum löst, dank seinem Alexingehalt, sensibilisierte Blutkörperchen. Digeriert man aber das Luesserum zuvor mit Organbrei oder Aufschwemmung aus syphilitischen Organen, so wird das Alexin (mit dem spezifischen Immunkörper) absorbiert werden, während bei nichtsyphilitischen Organen eine derartige Absorption nicht eintritt. Umgekehrt werden die Komplemente der Normalsera von syphilitischen Organextrakten nicht absorbiert werden, weil das Normalserum spezifischer Syphilisimmunkörper entbehrt.

Geht man also von einem als syphilitischen bekannten Organe, z. B. einer hereditär syphilitischen Leber, aus, so gewähren die Komplementablenkungsverfahren das Kriterium, ob ein Serum von einem syphilitischen Individuum herstammt oder nicht (Wassermann). Die Versuche Wasser-

[1]) Kyes u. Sachs, Berl. klin. Wochenschr. 1903, Nr. 2—4.
[2]) Faust u. Tallquist, Archiv f. experim. Pathol. u. Pharm. 57, 375 1907.
[3]) Sachs u. Altmann, Berl. klin. Wochenschr. 1908, Nr. 10.
[4]) Landsteiner u. Stankovic, Zentralbl. f. Bakt. 42, 353. 1906.

manns bestätigten diese Überlegungen glänzend, doch gab er eine ganz andere Erklärung dafür.

Bald zeigte sich, dass auch ein filtriertes Kochsalzextrakt der syphilitischen Organe dieselbe Ablenkung bewirkte, und als weiterer Fortschritt stellte sich die Alkoholextraktion dar [Porges[1]), Landsteiner, Müller und Plötzl[2])]. Die Substanz, welche die Ablenkung bewirkte, war also ein Lipoidstoff, der mit »Lezithin« identifiziert wurde, da das käufliche Lezithin dieselbe Wirkung zeigte [Porges[1])], wobei aber noch zu untersuchen bleibt, wie weit native Phosphatide diese Wirkung haben. Sachs und Altmann[3]) konnten das Organextrakt durch ölsaures Natrium ersetzen, Levaditi und Yamanouchi[4]) durch glyko-taurocholsaures Natrium, Fleischmann[5]) durch Vaseline.

Durch all' diese Ergebnisse war klar erwiesen, dass die Reaktion keine spezifische war, jedenfalls in Beziehung auf die Körper, die sie auslösen, denn, abgesehen von Vaseline und dergl., auch normale Organe enthalten Fett und Phosphatide. Gibt man zu, dass die Wirkung dieser Lipoide mit derjenigen des Kochsalzextraktes von Syphilisleber zu identifizieren sei, was allerdings noch nicht ganz sicher gestellt ist, so würde daraus die bemerkenswerte Tatsache folgen, dass die Fettsäuren bezw. die Phosphatide in normalen und pathologischen Organen in verschiedener Bindung vorkommen, denn es ist sicher erwiesen, dass die normale Leber keine Inaktivierung bewirkt. Da die Lipoide aus syphilitischen Organen leicht extrahiert werden können, so dürften sie in ihnen minder fest gebunden, bezw. frei vorkommen. In dieser Beziehung ist an eine Angabe Noguchis[6]) zu erinnern, die in extenso lautet: »Die Leberextraktlösung (d. h. das Alkoholextrakt der normalen Leber) war so schwach, dass 1 ccm nötig war, um denselben Wirkungsgrad hervorzubringen, wie 0,1 ccm der Blutextraktlösung«. Aus der normalen Leber lassen sich also die in reichlicher Menge vorkommenden Lipoide sogar durch Alkohol nur sehr unvollständig extrahieren.

Nach Satta und Donati[7]) ist das antikomplementäre und das hämolytische Vermögen mittels verschiedener Extraktionsmittel hergestellter Extrakte, entgegen früheren Angaben von H. Sachs u. a., nicht übereinstimmend. Die ätherischen und alkoholischen Extrakte besitzen eine grössere antikomplementäre Kraft als z. B. die Azetonextrakte. Hieraus ist ersichtlich, dass in erster Linie wahrscheinlich die Phosphatide für die Komplementablenkung verantwortlich sind (da man gewöhnlich Herzmuskel verwendet, könnte sehr wohl das

[1] Porges u. G. Meyer, Berl. klin. Wochenschr. 1907. Nr. 15.
[2] Landsteiner, Müller u. Plötzl, Wiener klin. Wochenschr. 1907, S. 1421.
[3] Sachs u. Altmann, Berl. klin. Wochenschr. 1908. Nr. 10.
[4] Levaditi u. Yamanouchi, Compt. rend. de la soc. biol. 63, 27. 1908.
[5] Fleischmann, Berl. klin Wochenschr. 1908.
[6] Noguchi, Biochem. Zeitschr. 6, 340. 1907.
[7] Satta u. Donati, Wiener klin. Wochenschr. 1910, S. 659.

Cuorin hierbei eine wichtige Rolle spielen) und damit stimmt überein, dass man die Organextrakte etwas wirksamer, mehr charakteristisch wirkend, als Ölseife u. a. befunden hat. Satta und Donati fanden weiter, dass die Leber von phlorhidzinvergifteten Hunden ein wirksameres Extrakt lieferte als diejenige von normalen Tieren. Wahrscheinlich trifft das auch für fettdegenerierte Organe nach anderen Vergiftungen zu (vgl. oben Jakobys Befunde von stark hämolytischer Wirkung der Extrakte aus der akuten gelben atrophischen Leber).

Gerade mit Rücksicht auf die nahe Beziehung zwischen Lipoiden und Toxinen erscheint es bemerkenswert, dass bei Syphilis, welche die Nervensubstanz par exellence angreift, solche auffallenden Veränderungen der Lipoidverbindungen gefunden werden.

Fragt man nach dem Mechanismus dieser Hemmung, so kann man von der Erörterung einer direkten Komplementablenkung absehen. Bei Versuchen mit sensibilisierten Blutkörperchen und normalem Serum wird das Komplement bei der gegebenen Lipoidkonzentration nicht inaktiviert. Das Syphilisserum muss demnach einen Hemmungskörper enthalten, der als inaktive Verbindung vorkommt, aus welcher er durch Einwirkung von Ölsäure etc. freigemacht wird. Bauer[1]) hat gezeigt, dass der bei der Wassermannschen Luesreaktion wirksame Bestandteil mit dem Euglobulin ausfällt; (vgl. Noguchis Befund, dass das Lezithin mit dem Euglobulin bei der Dialyse des normalen Serums sich ausscheidet) Pick und Přibram[2]) beobachteten, dass die Reaktion durch Ätherextraktion des Serums in der Weise beeinflusst werden kann, dass das Serum nicht bloss die Fähigkeit behalten hat, die Wassermannsche Reaktion zu geben, sondern sogar befähigt wird, an sich, ohne Organextrakt, in intensiver Weise Komplement zu binden. Ätherextrahierte normale Sera unterscheiden sich dagegen in dieser Beziehung nicht von den nativen. Es ist interessant, hiermit die Ergebnisse von Lapidus (siehe oben) über die Serumdiastase zu vergleichen. Nach Ausschütteln mit Äther war die diastatische Kraft des Serums erheblich geringer geworden, ein Zusatz von »Lezithin« bewirkte hierauf eine Regeneration der Diastase. Bei der Untersuchung der Diastase des syphilitischen Serums konnte Lapidus aber keinen Unterschied gegenüber dem normalen entdecken.

Weiter hat F. Sachs[3]) andere Unterschiede des ätherextrahierten normalen Serums erwiesen, indem er zeigte, dass ölsäurebeladene Blutkörperchen von solchen Seren noch stärker hämolysiert werden (siehe S. 128). »Es hat demnach durch die Ätherextraktion das Luesserum im Gegensatz zu normalem Menschenserum eine Änderung erfahren. Die charakteristische Eigenschaft

[1]) Bauer, Biochem. Zeitschr. 10, 301. 1908.
[2]) Pick u. Přibram, Biochem. Zeitschr. 11, 418. 1908.
[3]) F. Sachs, Biochem. Zeitschr. 12, 278. 1908.

des Luesserums, welche es durch Zusatz des Herzextraktes gewinnt, kommt
dem ätherextrahierten Luesserum an sich zu« (Pick und Přibram). Die aus
den Seren gewonnenen Extrakte waren in keiner Weise imstande, die charak-
teristischen Wirkungen zu beeinflussen. Dies darf nicht befremden, denn
man kann nicht ohne weiteres annehmen, dass derartige Verbindungen,
wenn sie einmal durch anhaltende Ätherextraktion gespalten worden sind,
durch blossen Zusatz der ätherlöslichen Produkte wieder restituiert werden
sollen [1]).

Syphilissera haben die Fähigkeit, Lezithinsuspensionen auszuflocken
[Porges und Meyer[2])] und sie verlieren diese Eigenschaft durch Ätherextraktion (Pick und Přibram). Nach Teruuchi und Toyoda[3]) wird
auch Cuorin durch Luesserum ausgeflockt. Auch die spezifische Prä-
zipitinreaktion wird durch Ätherextraktion des Serums in verschiedener Weise
beeinflusst. Die Versuche Picks und Přibrams zeigen also, dass die
Lipoide in Luesserum sich anders verhalten als in normalen Serum. Ähnliche Änderungen der Zusammensetzung sind auch bei anderen pathologischen
Seren, besonders bei Trypanosomeninfektion (und Scarlatina) gefunden. Die
oben erwähnten Bestimmungen Takakis über den vermehrten Lipoidgehalt
der Immunseren weisen nach der gleichen Richtung hin.

Wolfsohn[4]) und Reicher[5]) fanden nach langer und tiefer Narkose
bei Hunden die Wassermannsche Reaktion in 22 % aller Fälle positiv.
Reicher nimmt mit Recht an, dass bei dieser Vergiftung Lipoide ins Blut
abgestossen werden. Bei solchen Narkosen findet ja oft eine Fettdegeneration
statt. Auch ist es nicht unwahrscheinlich, dass hierbei tatsächlich Lipoidstoffe aufgelöst werden. Reicher[6]) fand im Blute von durch Chloroform,
Äther, Morphin und Alkohol narkotisierten Hunden 0,35—0,6 % Phosphatid
gegen 0,2 % in der Norm. Diese Werte entsprechen aber sicher nicht einer
normalen Narkose.

Anderseits fanden Peritz[7]) und zum Teil Takemura[8]) den Phosphatidgehalt des Luesserums vermehrt.

Wollen wir uns nach diesen recht unvollständigen Ergebnissen eine
Meinung über die Natur der Komplementablenkung bilden, so haben wir
folgende Tatsachen zu berücksichtigen: 1. Das Komplement ist aller Wahrscheinlichkeit nach selbst ein Lipoidstoff. 2. Als solcher muss es, bei der

[1]) Vgl. Minz, Biochem. Zeitschr. 9. 357, 1908, Untersuchungen über die Bindung
zwischen Cholesterin und Kobragift. Mir erscheint es nicht unwahrscheinlich, dass Cholesterin
auch hier mitspielen kann.
    [2]) Porges u. Meyer, Berl. klin. Wochenschr. 1907, Nr. 51.
    [3]) Teruuchi u. Toyoda, Wiener klin. Wochenschr. 1910, Nr. 25.
    [4]) Wolfsohn, Deutsche med. Wochenschr. 1910, S. 505.
    [5]) Reicher, Deutsche med. Wochenschr. 1910, S. 617.
    [6]) Reicher, Zeitschr. f. klin. Med. 65, 3 u. 4. 1909.
    [7]) Peritz, Zeitschr. f. experim. Pathol. 5, 1908; Berl. klin. Wochenschr. 1908, Nr. 45.
    [8]) Takemura, Biochem. Zeitschr. 25, 508. 1910.

Verteilung zwischen Öl (bezw. Cholesterin oder Phosphatid) und Wasser, einen Teilungskoëffizient zugunsten des ersteren besitzen. 3. Wenn wir uns nunmehr vorstellen, dass zugesetzte Lipoide nicht von den Blutkörperchen aufgenommen werden — und für diese Auffassung sprechen die Beobachtungen von Satta und Donati über die Verschiedenheit der hämolytisch wirkenden und komplementablenkenden Substanzen — dann muss das Komplement von diesen zugesetzten Lipoiden aufgenommen werden, d. h. es muss eine Komplementablenkung stattfinden.

Nun wissen wir 1. dass eine Mischung von Gehirnlipoiden die Hämolyse von Komplement und Immunkörper verhindern kann. Nach H. Sachs trifft das bei passender Versuchsanordnung auch für die Ölsäure zu. Wir wissen weiter 2. dass bei anderen Infektionen und Intoxikationen als Syphilis eine Komplementablenkung bei Zusatz von lipoidhaltigen Organen vorkommt; 3. dass bei Syphilis eine Fettdegeneration, oder damit chemisch übereinstimmende Vorgänge in den Organen wahrzunehmen sind und aller Wahrscheinlichkeit nach demgemäß auch der Lipoidgehalt des Blutes vermehrt ist. Dieser Lipoidgehalt ist aber zu gering, um an sich die Verteilung des Komplementes zu Ungunsten der Blutkörperchen bewirken zu können. Setzt man aber noch eine gewisse Lipoidmenge — und zwar am besten von denselben Lipoiden, die im Blute pathologisch vermehrt sind (von den Organen abgestossen), d. h von syphilitischen Organen — hinzu, so genügt diese, um mit der präformiert vorkommenden Lipoidmenge zusammen das Komplement aufnehmen zu können. Bei normalem Serum, bei dem nur der zugesetzte Lipoidstoff in Betracht kommt, kann ebenso wenig wie durch diese allein eine Absorption des Komplements stattfinden Die Tatsache, dass ätherextrahierte Syphilisseren an sich antikomplementäres Vermögen besitzen, braucht gar nicht gegen diese Auffassung zu sprechen. Durch Äther werden wahrscheinlich nicht die Lipoide, die hier in Betracht kommen, aufgelöst; so ist z. B. nach Kyes das Ätherextrakt von Serum in Wasser klar löslich und kann demnach unmöglich Phosphatide enthalten. Auch kommen die Phosphatide wahrscheinlich nicht frei in Serum vor, denn dann müssten sie ja eben durch Äther aufgelöst werden. Dagegen ist mit Pick und Přibram (l. c.) wahrscheinlich anzunehmen, dass durch die Ätherbehandlung eine derartige Veränderung dieser Verbindungen stattfindet, dass die Lipoide aktiv werden. (Siehe auch unten S. 150.)

In Syphilisserum müsste also ein Teil schon präformiert aktiv vorkommen, welcher mit dem Organextrakt zusammen reagieren kann, ein anderer Anteil ist gebunden und wird durch die Ätherbehandlung aktiv gemacht. Im normalen Serum müsste man die ganze Lipoidmenge als gebunden ansehen, falls die hier in Betracht kommenden Lipoide tatsächlich darin vorkommen; auch könnten sie durch Äther jedenfalls nur so unvollständig extrahiert werden, dass sie allein nicht das Komplement absorbieren können. Alle diese Möglichkeiten sind einer Untersuchung zugänglich, welche wahrscheinlich die erforderliche Aufklärung in theoretischer Beziehung bewirken könnte

Von anderen Hemmungskörpern und zwar im normalen Serum wissen wir sicher, dass sie Lipoide sind.

Bei der Erhitzung der Seren finden Umlagerungen der Lipoidverbindungen statt. Kyes und Sachs[1] haben gezeigt, dass normales Serum bei Erhitzen bis 56° die aktivierende Wirkung auf Kobragift verliert, dass aber nach Erhitzen bis 65° dasselbe Serum wieder Hämolyse hervorruft und die aktivierende Wirkung noch stärker ist als ursprünglich. Hierbei wird nach Kyes ein aktivierender Lipoidstoff frei gemacht. Nach Noguchi[2] bedingt das Erhitzen auch das Auftreten eines antikomplementären Lipoidstoffes, der, ebenso wie der Aktivator im normalen Serum als inaktive Verbindung vorkommt. Erhitzen bis 56° macht dies »Protektin« teilweise frei und seine Menge genügt zur Neutralisation des nativen Alexins in diesem Serum. Bei Erhitzung auf etwas höhere Temperatur bildet sich ein Überschuss davon, der zur Neutralisation auch von fremdem Komplement genügt. Bei Erhitzung bis 90° wird die Antilysinwirkung vermindert. Das Protektin ist aber selbst thermostabil. Mit der Erkenntnis des Auftretens von Protektin beim Erhitzen bis 56° wird die Frage zu einer offenen, ob überhaupt das Komplement bei dieser Temperatur zerstört wird, und man muss zugestehen, dass die Beweise hierfür unzureichend geworden sind. Die Versuche v. Dungerns und Cocas über Hämolyse von ölsäurebeladenen Blutkörperchen durch erhitztes Meerschweinchenserum können im Sinne der Möglichkeit gedeutet werden, dass das Komplement persistiert hat. Jedenfalls wird das Komplement bei 51° oft vollständig inaktiviert[3]).

Das Protektin lässt sich aus erhitztem Serum durch Äther extrahieren, und ist aller Wahrscheinlichkeit nach ein Lipoidstoff, der von Kochsalzlösung aufgenommen wird. Überhaupt entspricht es in seinen Eigenschaften der »neutralisierenden Substanz« der Blutkörperchen von Forssman und Bang, die gleichfalls antikomplementär wirkt. Noguchi konnte auch das Protektin aus Blutkörperchen extrahieren. Anderseits wird das Protektin in Kochsalzlösung von Blutkörperchen aufgenommen und bewirkt dann eine grössere Resistenz derselben gegen das Hämolysin. Gegen die Identität des Protektins und der neutralisierenden Substanz spricht aber, dass dem Protektin keine spezifische Wirkung zukommt, welche Eigenschaft die neutralisierende Substanz besitzt.

---

[1]) Kyes u. Sachs, Berl. klin. Wochenschr. 1903, Nr. 2–4.

[2]) Noguchi, Journ. of exper. medic. 8, 87. 1906.

[3]) Anderseits haben Ehrlich und Morgenroth, Berl. klin. Wochenschr. 1899, S. 6 und 481, einmal ein Komplement gefunden, welches nicht bei dreistündigem Erwärmen bis 56° inaktiviert wurde.

Ich halte es nicht für unwahrscheinlich, dass das Protektin etwas mit der Wassermannschen Komplementablenkung zu tun haben kann, trotzdem es durch Äther aufgelöst wird. Wie sich Syphilisserum gegen Erhitzen verhält, ist unbekannt, es wäre aber von Interesse, nachzusehen, ob die Protektinmenge durch Erhitzen vermehrt wird.

Es ist nicht ohne Interesse, daran zu erinnern, dass in erhitztem Serum auch Hemmungsvorrichtungen gegen das Fibrinferment auftreten; ob aber auch diese Lipoide sind, ist gänzlich unbekannt.

Die von den Blutkörperchen herstammenden Hemmungskörper gegen Komplement und Immunkörper sind bereits besprochen. Es ist nicht undenkbar, dass diese Substanz auch in anderen Zellen vorkommen könnten.

Nach Much und Holzmann[1] enthalten Sera von Geisteskranken eine Hemmungsvorrichtung gegen das Kobragifthämolysin. (Kobragift und »Lezithin«). Über den Wert dieser Erscheinung sind doch die Meinungen sehr geteilt. Wie oben (S. 120) erwiesen, sind mehrere Lipoide als Hemmungskörper gegen Kobragift bekannt.

Die Lipoide als Antigene.

Zwischen den eigentlichen Antitoxinen und den Bakterio-Zytolysinen ist scharf zu unterscheiden. Das Antitoxin ist ein Gegengift und besitzt an sich wahrscheinlich keine Giftwirkung, das Lysin dagegen stellt selbst ein Noxon dar. Es ist klar, dass man voraussichtlich keinen gemeinsamen Bildungsmodus für beide Kategorien aufstellen kann.

Uns interessiert hier nur die Lysinbildung.

Von den zwei Bestandteilen der Lysine wird nur der Immunkörper immunisatorisch gebildet. Bisher ist nur die Hämolysinbildung genauer untersucht.

Nachdem Bordet die biologische Hämolysinbildung entdeckt hatte, begann man nach und nach der Frage näher zu treten, ob die Blutkörperchen als solche, bezw. die Stromata, oder ob chemische Bestandteile derselben die Hämolysinbildung auslösten. Die erstgenannte Auffassung war allgemein akzeptiert, bis Forssman und der Verfasser[2] zeigten, dass die spezifische Hämolysinbildung eine Funktion eines bestimmten Stoffes darstellt und weiter erwiesen, dass dieser zu den Lipoiden gehört.

[1] Much u. Holzmann, Münch. med. Wochenschr. 1899, S. 1001.
[2] Bang u. Forssman, Beitr. z. chem. Physiol. u. Pathol. 8, 238, 1906. Wenn Pick (Handbuch der Technik und Methodik der Immun.-Forschung, Jena 1908) anführt, dass „die hämolysinbildenden Substanzen ... von Landsteiner und seinen Schülern und von Bang und Forssman dargestellt worden sind", so ist dies geradezu eine Entstellung der tatsächlichen Verhältnisse, denn Landsteiners Beitrag besteht darin, dass er mit Dautwitz die Richtigkeit unserer Angaben bestätigte. Suum cuique!

Die Substanz lässt sich ausser in den Blutkörperchen auch im Gehirn und in der Leber nachweisen, dagegen waren Extrakte von Nieren unwirksam. Sie liess sich mit Äther ausschütteln und bei der folgenden Fraktionierung mit A z e t o n erwies sich der Körper als in Azeton unlöslich und zudem nunmehr sowohl in Alkohol als auch in Äther unlöslich. Dagegen war er in heissem Benzol löslich und blieb auch nach Abkühlung darin gelöst. Die Substanz ist mit keinem der bekannten Lipoidstoffe identisch.

v. D u n g e r n und C o c a [1]) bestreiten nach zwei Versuchen (!), dass Ätherextrakte überhaupt eine Hämolysinbildung hervorrufen, dagegen bestätigten L a n d s t e i n e r und D a u t w i t z [2]) und besonders T a k a k i [3]) in allem die Richtigkeit unserer Angaben. Letzterer zeigte ausserdem, dass die Substanz in Wasser löslich ist. Die soweit als möglich gereinigte Substanz, das »Rohlysinogen«, enthielt nach T a k a k i N, H, C, O, P, S und Fe. Der Aschengehalt betrug etwa 35 %. Die Zusammensetzung war nicht konstant. Das Rohlysinogen gab keine Eiweissreaktionen, dagegen eine starke Zuckerreaktion nach M o l i s c h s Probe. Nach weiterer Reinigung durch Lösung in Wasser enthielt der Körper Fett, ein Kohlenhydrat und P h o s p h o r. T a k a k i vermutet, dass vielleicht ein noch unbekanntes P h o s p h a t i d vorliege.

F o r s s m a n und ich zeigten weiter, dass das Lysinogen koktostabil und gegen schwache Säuren und Alkalien resistent ist, was gegen die Phosphatidnatur spricht. F o r s s m a n [4]) fand, dass die Substanz ausserordentlich resistent gegen Fäulnis und überhaupt gegen Bakterieneinwirkungen ist, was gleichfalls gegen die Phosphatidnatur spricht. Dagegen ist sie wahrscheinlich empfindlich gegen O x y d a t i o n und Licht.

D a u t w i t z und L a n d s t e i n e r [2]) bezweifeln, dass die Substanz ein Lipoidstoff ist und glauben, dass sie in der »Benzollösung« als Suspension vorkommt, und zwar in so feiner, dass sie durch das Filter geht. Das ist ganz unzutreffend, denn unsere Benzollösungen waren ganz wasserklar und es wäre sonst auch sonderbar, dass das vorangehende Alkoholextrakt nichts davon enthielt.

Viel plausibler erscheint beim ersten Anblick die Möglichkeit, die P i c k [5]) hervorhob, dass die Löslichkeit vielleicht nur eine in direkte, von der Gegenwart anderer Lipoidstoffe bedingte sei. In dieser Beziehung verweist P i c k auf Untersuchungen von M i c h a e l i s und R o n a, denen zufolge Albumoselösungen durch Zufügen von Lezithin alkohol- und ätherlösliche Produkte liefern. Mastix hat dieselbe Eigenschaft. Tatsächlich ist auch hier die Löslichkeit des Lysinogens in Äther (und Alkohol) durch die Gegenwart azeton-

---

[1]) v o n D u n g e r n u. C o c a, Münchn. klin. Wochenschr. 1907, Nr. 47.
[2]) L a n d s t e i n e r u. D a u t w i t z, Beitr. z. chem. Physiol. u. Pathol. 9, 431. 1907.
[3]) T a k a k i, Beitr. z. chem. Physiol. u. Pathol. 11, 274. 1908.
[4]) F o r s s m a n, Biochem. Zeitschr. 9, 330. 1908.
[5]) P i c k, Handbuch der Technik u. Methodik der Immunitätsforschung Jena 1908.

löslicher Lipoidkörper bedingt, während das Lysinogen selbst in Äther und
Alkohol durchaus unlöslich ist. Werden diese Körper durch Azeton entfernt,
so ist das Lysinogen zwar ganz unlöslich in Äther und Alkohol geworden,
dagegen aber, trotz Entfernung der Hilfskörper, fortdauernd benzollöslich,
selbst wenn man durch Äther und Alkohol auch die Phosphatide entfernt.
Die Auffassung Picks ist also durchaus hinfällig und auch die Untersuchungen
Takakis sprechen bestimmt gegen dieselbe, ebenso wie die ebenerwähnten
Eigenschaften des Lysinogens. Da der gebildete Immunkörper spezifisch ist,
muss das Lysinogen denselben Grad von Spezifität besitzen, und wir fanden
auch, dass Lysinogen aus Pferdeblut einen Immunkörper gegen Pferdeblutkörperchen, dasjenige aus Rinderblut einen solchen gegen Rinderblutkörperchen
enthält.

Desungeachtet liess sich die für die Immunitätslehre wichtige Tatsache
konstatieren, dass das Lysinogen der Lipoidmembran nicht den Angriffspunkt des Hämolysins darstellt. Hiermit war das bis dahin
anerkannte Prinzip, dass der Antikörper mit dem Antigen zu reagieren vermöge,
durchbrochen und die hiervon ausgehende Ehrlichsche Theorie der Antikörperbildung in ihrem wichtigsten Punkte widerlegt.

Wie zu erwarten, hat diese Folgerung von Forssman und Verf.
manchen Widerspruch gefunden.

Unsere Beweisführung war folgende. Die lipoidhaltige Extrakte bezw.
das von uns dargestellte Rohlysinogen verhielten sich gegen den Immunkörper
ganz indifferent. Folglich muss der Rezeptor Ehrlichs, welcher doch mit
dem Immunkörper reagiert, hier fehlen, denn sonst hätte der Immunkörper
bei entsprechender Versuchsanordnung von den freien Rezeptoren aufgenommen
werden müssen und hätte sich nicht erst später mit zugesetzten Blutkörperchen
verbinden können, wie es in der Tat geschah. Versuche mit gekochten
Stromata gaben übereinstimmende Resultate, die Immunkörperfixation wurde
auch hier vermisst, und dennoch zeigte sich nach Injektion eine Hämolysinbildung.

Die Deutung dieser Ergebnisse ist bezweifelt worden. Jacoby[1] hebt
die Möglichkeit hervor, dass es sich trotz allem um einen einheitlichen Körper
handelt, der durch Kochen etc. derartig verändert wird, dass er nur eine
der ihm sonst zukommenden Reaktionen ausführen kann. Eine solche Möglichkeit kann aber Ehrlichs Theorie nicht aufhelfen, denn nach Ehrlich soll
eben diese zweite verlorene Reaktion die Hämolysinbildung im Organismus
bewirken, indem der Rezeptor von den Organzellen fixiert wird und ohne
diese Fixation keine Hämolysinbildung eintreten kann. H. Sachs[2] erinnert
an die Untersuchungen von Friedberger und Dorner, welche zeigen, dass

---

[1] Jacoby, Biochem. Zentralbl. 5, 443. 1906.
[2] H. Sachs, Lubarsch-Ostertag Ergebnisse 7 u. 11.

minimale Mengen Antigen, d. h. Blutkörperchen (NB. intravenös injiziert) genügen, um eine Hämolysinbildung zu bewirken und hebt dementsprechend die Möglichkeit hervor, dass eine äusserst geringe Rezeptormenge persistiert hat, die für eine nachweisbare Ambozeptorbindung nicht ausreicht, wohl aber eine Hämolysinbildung bewirken konnte. Sachs weist in dieser Beziehung auf die beträchtlichen Mengen Ätherextrakt hin, die wir injizierten. Diese Eventualität ist aber sehr unwahrscheinlich, denn die von uns nach intraperitonealer Injektion erhaltene Hämolysinbildung war keineswegs immer gering und andererseits liess sich nicht die geringste Spur einer Fixation nachweisen. Wenn das sonst — bei intakten Blutkörperchen — reichliche Fixationsvermögen durch Kochen zerstört wird, dann bleibt es doch sonderbar, dass immer eine für Hämolysinbildung genügende Menge übrig bleibt, und dies auch, obwohl beim Benzolextrakt mehrmals und längere Zeit gekocht wurde. Aber selbst wenn man diese Möglichkeit zugibt, so bleibt immer noch zu berücksichtigen, dass die Blutkörperchenrezeptoren sich nach Ehrlich auf Organzellen in so reichlicher Menge fixieren müssen, dass die Organrezeptoren ausser Funktion gesetzt werden und Regeneration nötig wird. Diese Neubildung soll doch nicht nur eine restitutio ad integrum, sondern eine hypertrophische sein. Da ist es doch mindestens unwahrscheinlich, dass eine Rezeptorenmenge, die so gering ist, dass sie keine nachweisbare Immunkörpermenge zu neutralisieren vermag, dennoch eine so starke hypertrophische Neubildung im Organismus bewirken kann, dass 0,1—0,2 ccm Blutserum 2 ccm 5 prozentige Blutkörperchen aufzulösen imstande ist. Ich finde demgemäß auch, dass eben die Versuche Friedbergers und Dorners gegen Ehrlichs Theorie sprechen.

Um die besprochene Möglichkeit vollständig auszuschliessen, hat Forssman[1]) durch besonders eingerichtete dialytische Versuche mit Hilfe intraperitoneal eingeführter stromahaltiger Kollodiumkapseln versucht, die hämolysinbildenden und -fixierenden Faktoren zu trennen. Nach mehrmonatlichem Verweilen im Kaninchenperitoneum bewirkte der Kapselinhalt dauernd Immunkörperfixation, ergab aber sogar nach intravenöser Injektion keine Hämolysinbildung. Dass das Antigen in der Tat nicht zerstört, sondern nur herausdialysiert war, erwies das hämolysinhaltige Blut des Kapselkaninchens.

Gegen die Beweiskraft von Forssmans Versuchen erhob v. Liebermann[2]) den Einwand, dass entweder zwei immunkörperfixierende Substanzen in den Stromata vorkommen können, oder auch, dass das Antigen in zwei Komponenten zerfallen kann. In beiden Fällen vermöchte die eine — nicht dialysierbare — Substanz nur Fixation zu bewirken, die andere aber sowohl Fixation als Immunkörperbildung hervorzurufen. »Man weiss ja, dass nicht

[1]) Forssman, Biochem. Zeitschr. 9, 330. 1908.
[2]) v. Liebermann, Biochem. Zeitschr. 11, 405. 1908.

jede Substanz, welche vom Zellprotoplasma fixiert wird, ein sogen. Antigen ist.« Wenn dies auch sein mag, so ist es dennoch nicht wahrscheinlich, dass die Blutkörperchen zwei spezifische Rezeptoren enthalten.

Jedenfalls müsste das Lysinogen nach v. Liebermann auch Immunkörper binden. Gegen unsere negativen Ergebnisse in dieser Beziehung macht er auf den »prinzipiellen Fehler« aufmerksam, dass »gar kein Grund dazu vorlag, dass der Ambozeptor sich lieber mit den von den Blutkörperchen abgespaltenen, als mit den an ihnen haftenden Antigenen verbinden sollte«. Wenn in unseren Versuchen mit Mischungen von Immunkörper- und Ätherextrakt bezw. Benzolextrakt keine Immunkörperablenkung sich nachweisen liess, so war nach v. Liebermann die Ursache darin zu suchen, dass der Immunkörper eine grössere Affinität zu den später zugesetzten Blutkörperchenrezeptoren als zu den freien besass.

Eine solche Erklärung ist aber unzutreffend, denn Dautwitz und Landsteiner[1]) haben erwiesen, dass bei natürlich vorkommenden Immunkörpern gerade das Extrakt, bezw. der darin vorkommende Rezeptor, eine vollständige Neutralisation bewirkt, und man hat demnach Grund, anzunehmen, dass der Immunkörper sich mit dem zuerst zugesetzten Rezeptor verbindet und als Verbindung nicht mehr mit den Blutkörperchenrezeptoren zu reagieren vermag.

Auch v. Liebermanns eigene Versuche sprechen gegen seine Auffassung. Hat er doch gezeigt, dass die von ihm dargestellten Stromata keine Immunkörperfixation bewirkten, trotzdem, soweit ersichtlich, keine Blutkörperchen zugefügt waren. Die Stromata wurden nach Digestion mit dem Immunkörper abzentrifugiert, es wurde also dieselbe Versuchsanordnung gewählt, die Liebermann selbst als beweisend vorgeschlagen hatte. Andererseits ist es längst festgelegt, dass Stromata Immunkörperbildung hervorrufen.

Im übrigen sind v. Liebermanns Einwände gegen unsere Versuche mit gekochten und ungekochten Stromata jedenfalls unzutreffend; besonders die Versuchsreihe 6 unserer Arbeit spricht ganz unzweideutig gegen v. Liebermann. Auf diese und andere Verhältnisse näher einzugehen, würde hier zu weit führen.

In der letzten Zeit waren diese Dinge Gegenstand einer Polemik zwischen Ehrlich und H. Sachs[2]) einerseits und Forssman und Verf.[3]) auf der anderen Seite. Interessenten finden die Argumente für und wider in den zitierten Abhandlungen ausführlich formuliert.

Ich für meine Person gelange zu der Folgerung, dass sämtliche gegen unsere Ergebnisse erhobenen Einwände unhaltbar sind, und dass demgemäß Ehrlichs Seitenkettentheorie in Beziehung auf die Hämolysinbildung

---

[1] Dautwitz und Landsteiner, Beitr. zur chem. Physiol. u. Pathol. 9, 431. 1907
[2] Ehrlich u. Sachs, Münch. med. Wochenschr. 1909, Nr. 49 u. 50; 1910. Nr. 24.
[3] Bang u. Forssman. Münch. med. Wochenschr. 1909, Nr. 35; 1910, Nr. 16.

unzutreffend sein muss. Ist dem so, so fragt es sich, in welch anderer Weise man sich die Hämolysinbildung vorstellen soll.

Es ist ganz klar, dass das Lysinogen einen Reiz auf die Immunkörper bildenden Zellen ausüben muss. Als nächstes erwächst demnach die Aufgabe, zu erforschen, in welcher Beziehung dieser Reiz und diese Erregung zu dem stehen, was sonst über Reize und Erregungen in der Physiologie bekannt ist, und man soll nicht statt dessen eine spekulative Hypothese über den näheren Vorgang bei dieser Erregung aufstellen und damit ein Thema anschneiden, das noch nicht einmal für die physiologisch am besten studierten Erregungen aktuell geworden ist. Soviel lässt sich jedoch schon jetzt übersehen, dass die Ehrlichsche Hypothese zur Erklärung physiologischer Reizwirkungen jedenfalls ungeeignet ist, sie hat das auch niemals beansprucht. Wenn sie sich nunmehr auch für die Hämolysinbildung als unzutreffend erwiesen hat, so ist somit ein Hemmschuh für den Vergleich dieses Reizes mit den physiologisch bekannten fortgeschafft.

Die Lehre von der Erregung wird bekanntlich durch das Gesetz der spezifischen Energie beherrscht. Nicht nur den Sinnesnerven kommt eine spezifische Erregung zu, das gleiche trifft auch für die Sekretionsnerven zu und ebenso für die Sekretionszellen, deren Erregung teils indirekt durch die Nerven, teils aber auch direkt durch Einwirkung auf die Zellen (zymoplastische Substanzen — weisse Blutkörperchen, Sekretin-Pankreaszellen) stattfindet.

Das Gleiche gilt für den Reiz. Besonders für die Sekretionszellen kommen ausschliesslich adäquate Reize in Betracht, wie z. B. aus Pawlows schönen Untersuchungen ersichtlich ist.

Ganz in Übereinstimmung hiermit können wir bei der Hämolysinbildung von einem spezifischen Reiz und einer spezifischen Erregung (Immunkörperbildung) sprechen.

Aus diesem Gesichtspunkte betrachtet, stellt die Hämolysin- und überhaupt die Antikörperbildung einen physiologischen Vorgang dar und gehört nahe zu den Enzymsekretionen. Letzteres bezieht sich auch auf die chemische Natur des Reizes, denn nach A. Schmidt bedingen, wie erwähnt, Lipoidstoffe (zymoplastische Substanzen) den Reiz der Fibrinfermentbildung.

Als Unterschied ergibt sich, dass die Sekretionszelle den Reiz augenblicklich beantwortet, während bei der Lysinbildung die Sekretion Tage lang andauert und langsam ansteigt. Doch ist dieser Unterschied nur ein gradueller, denn nach sukutaner Injektion von zymoplastischen Substanzen steigt auch die Fermentbildung relativ langsam und erreicht ihren Höhepunkt nach einem Tage oder gar erst nach Tagen.

Weiter ist zu berücksichtigen, wie schwierig das Lysinogen aus den Blutkörperchen herausgelöst wird, was besonders Takakis Extraktionsversuche mit Natronlauge zeigen.

Andererseits muss man erwägen, dass die Übung bei den Sekretions-zellen wie auch den Nerven sicher eine Rolle spielen muss. Bei den physio-logisch geübten Sekretionszellen kann die Leistung bald ausgelöst werden, bei den lysinproduzierenden dagegen, welche nur ganz ausnahmsweise in Anspruch genommen werden, erfolgt die Reaktion auf den Reiz nur langsam und träge.

Es ist von Interesse, daran zu erinnern, dass Salomonsen und Madsen[1]) die Antikörperbildung schon 1897 als eine Sekretion aufgefasst und die wichtige Entdeckung gemacht haben, dass Pilokarpin gleichzeitig mit hochgradiger Speichelabsonderung eine bedeutende Steigerung der antitoxischen Wirkung des Blutes hervorbringt. Nach der Veröffent-lichung von Ehrlichs Theorie trat diese Beobachtung von Salomonsen und Madsen in den Hintergrund.

Die ungeheure Vielheit der Reize und entsprechenden Erregungen, die verschiedenen Hämo-, Bakterio- und Zytolysine, bleiben immer noch rätselhaft.

Keine Hypothese kann uns diese Rätsel verständlich machen. Der Weg, welcher nicht von einem spekulativen Ausgangspunkt ausgeht, ist aber offen: die chemische Experimentalforschung. Mit der Erkenntnis des Lysinogens als einer — zugegeben äusserst ungenügend — chemisch definierten Substanz sind die Unterschiede des Reizes definiert als bedingt durch stöchiometrische oder stereoisomere Differenzen von wahrscheinlich relativ einfach zusammengesetzten Körpern (Lipoidkörpern).

Ausser den Untersuchungen von Forssman und mir sind nur spär-liche Mitteilungen über die immunisatorische Wirkung der Lipoide veröffent-licht worden. Wie schon erwähnt, fand Bogomolez (l. c.) Anaphylaxie nach Einspritzung von Lipoidextrakten aus Eigelb.

Die alten Untersuchungen von A. Schmidt über die Fibrinferment-bildung nach subkutaner (intraperitonealer) Injektion von zymoplastischen Substanzen gehören gewissermaßen auch hierher.

Frouin[2]) erzielte nach Injektion von Azetonextrakt aus Blutkörperchen Hämolysine. Forssman und ich konnten auch durch Alkohol das Lysinogen teilweise extrahieren, obwohl es alkohol- (und azeton-)unlöslich ist. Doch waren diese Extrakte weit weniger wirksam als Ätherextrakte.

Michailow[3]) fand, unter Verwendung des Komplementablenkungs-verfahrens als Test, eine Immunkörperbildung durch Alkoholextrakt von Leber und Niere der Ratte. Das Nierenextrakt war am wirksamsten, von ihm genügten schon minimale Mengen zur Immunkörperbildung. Mit Extrakten aus dem Nervensystem liess sich keine Immunkörperbildung

---

[1]) Salomonsen u. Madsen, Ann. de l'Instit. Pasteur 1897; Nordisk med. Archiv Festband 1897
[2]) Frouin, Compt. rend. soc. biol. 62. 153. 1907
[3]) Michailow. Fol. serolog. 4, 1, 1910.

erzielen. Forssman und ich hatten, wie bemerkt, am Ätherextrakte dieser Organe das entgegengesetzte Ergebnis gefunden.

Nach Pick und Schwarz[1]) bewirkt Injektion von Lipoiden bei Kaninchen Bildung von Immunserum, das, im Gegensatz zum normalen Kaninchenserum, dieselben Lipoide ausflockte. Wie oben bemerkt, ergab Injektion von Typhusbazillen mit »Lezithin« zusammen stärkere Immunität als Injektion von Bazillen allein. K. Meyer[2]) hat die antigene Substanz aus Bothriozephalusextrakten mit einem lezithinähnlichen Lipoidstoff identifiziert. Nicolle[3]), Pick[4]), Levaditi und Mutermilch[5]) sowie Kleinschmidt[6]) haben verschiedene angeblich antigene Funktionen von Lipoiden nachgewiesen.

B. Die Bedeutung der Lipoidstoffe für die lebendige Zelle.

Die Permeabilität der Lipoidmembran.

Nach Overton ist jede lebendige Zelle von einer vorwiegend aus Phosphatiden bezw. Cholesterin bestehenden Membran begrenzt. Aller Wahrscheinlichkeit kommen noch die Zerebroside als normale Bestandteile hinzu. Diese Membran ist ein ausgesprochen lebendiges Gewebe, das nur während des Lebens besteht und nach dem Tode zerfällt. Anderseits bedingen Zerstörungen der Lipoidmembran unbedingt den Tod der Zelle.

Die Bedeutung dieser Membran besteht in erster Linie darin, dass sie semipermeabel, also für gewisse Stoffe durchlässig ist, für andere aber — unabhängig von dem osmotischen Druck — undurchlässig ist. Wird sie geschädigt, so wird sie — abweichend von ihrem Normalzustand — allgemein durchlässig und die Stoffe inner- und ausserhalb der Zelle können jetzt, ihrem osmotischen Drucke entsprechend, mit grösserer oder geringerer Schnelligkeit hindurchdiffundieren. Die Lipoidmembran ist z. B. für Salze impermeabel. Man findet demnach in der Zelle und in der umgebenden Flüssigkeit ganz verschiedene Salze. In der Zelle überwiegt Kaliumphosphat, ausserhalb derselben Kochsalz; nach Schädigung der Membran wandert Kochsalz in die Zelle ein und Kalisalze wandern aus, bis Gleichgewicht eingetreten ist. Damit ist aber das Leben der Zelle in Frage gestellt. Eine solche Schädigung kann eintreten, ohne dass sonst nachweisbare Veränderungen bemerkbar und scheinbar ohne dass schädliche Einwirkungen vorhanden sind. Wird z. B. beim Blut das Serum durch eine isotonische Rohrzuckerlösung ersetzt, so diffundieren die intrazellularen Salze bald heraus, während

[1]) Pick und Schwarz. Biochem. Zeitschr. 15. 453, 1909.
[2]) K. Meyer. Zeitschr. f. Immun.-Forschung 7, 732. 1910.
[3]) Nicolle, Ann. de l'Instit. Pasteur 12, 161. 1898.
[4]) Pick, Beitr. z. chem. Physiol. u. Path. 1. 1901.
[5]) Levaditi u. Mutermilch, Comt. rend. soc. biol. 64 u. 65. 1908.
[6]) Kleinschmidt, Berl. klin. Wochenschr. 1910. Nr. 20.

hingegen beim Muskel die Rohrzuckerlösung ganz unschädlich ist. Da beim zirkulierenden Blute kein Ausgleich der Salze zwischen Blutkörperchen und Plasma stattfindet, muss man folgern, dass der Ersatz des Serums durch Rohrzuckerlösung eine Schädigung der Lipoidmembran mit sich bringt, obwohl man keine sonstigen Veränderungen der Blutkörperchen entdecken kann.

Wenn also eine solche Membran tatsächlich existiert — und das muss unzweifelhaft der Fall sein, unter anderem wegen der erwähnten ungleichmäßigen Verteilung der Salze — dann hat es eine hervorragende biologische Bedeutung zu erforschen, welche Stoffe durch die Membran hindurchgehen und welche nicht, und welche chemische Zusammensetzung ihr zukommt.

Wir haben bemerkt, dass die Membran aus einem Cholesterinphosphatidgemisch besteht, also eine Lipoidmembran ist. Auf welche Beweise diese von Overton formulierte Folgerung sich stützt, das ist schon eingangs bei der Definition des Lipoidbegriffes (S. 5 und 6) angeführt worden.

Wenn eine halbdurchlässige Membran für einige Stoffe permeabel, für andere undurchlässig ist, so darf man fragen, welche Umstände oder Eigenschaften der Membran und des Stoffes die Permeabilität bedingen. Die Antwort lautet, dass nur solche Stoffe einzudringen vermögen, die in der Membran löslich sind. Ist z. B. eine Membran für Wasser durchlässig und für Salze impermeabel, so wird Wasser in die Membran imbibiert. Da aber die Salze auf der anderen Seite der Membran einer Volumvermehrung zustreben, so entziehen sie das imbibierte Wasser wieder der Membran. Die dadurch wieder an Wasser verarmte Membran kann dann wieder Wasser aus der Wasserlösung aufnehmen usw. In dieser Weise wandert das Wasser durch die Membran in die Salzlösung. Befinden sich auf beiden Seiten der Membran Salzlösungen, dann muss Wasser aus der verdünnteren Salzlösung wandern, bis Gleichgewicht der Salzkonzentrationen eingetreten ist.

Hier ist der Einwand möglich, dass auch die Salze der verdünnten Lösung eine wasseranziehende Kraft ausüben und demgemäß überhaupt kein Wasser in die Membran eindringen dürfte. Dies wäre richtig, wenn die Membran sich ganz passiv bei der Imbibition mit Wasser verhielte. Dies ist aber nicht der Fall, denn die Membran selbst zieht Wasser mit beträchtlicher Kraft an. Dieser »Quellungsdruck« kann nach Overton unter Umständen eine bedeutende Grösse erreichen, und selbst wenn nur sehr wenig Wasser aufgenommen wurde, müsste doch Wasser bis zur Erreichung des Gleichgewichtszustandes nach und nach hindurchgehen, nur wird in diesem Falle die Diffusion länger dauern.

Die Richtigkeit dieser Auffassung lässt sich auch in einer anderen Weise demonstrieren. Die Lipoidmembranen dieser Zellen enthalten Bestandteile, die mit Wasser quellen und also Wasser auflösen. Tatsächlich vermag auch Wasser in alle Zellen einzudringen. Anderseits ist die Membran von Tier- und Pflanzenzellen für Salze undurchlässig oder schwer durchlässig.

Die Bestandteile der Lipoidmembran, mit viel Wasser versetzt, verteilen sich
und bilden feine Suspensionen (opalisierende Lösungen), setzt man aber
Salze hinzu, so werden die Lipoide ausgeflockt, wenn sie nicht für die Salze
permeabel sind. Die Salze entziehen den extrem gequollenen Lipoiden
Wasser, bis sie als wasserarme (nicht aber wasserfreie) Verbindungen ausgeschieden werden.

Von den diffusiblen Stoffen gehen einige mit grösserer, andere mit
geringerer Geschwindigkeit in die Zelle hinein. Hierfür ist die relative
Leichtlöslichkeit der Stoffe in der Membran gegenüber der Löslichkeit in
Wasser maßgebend, d. h. der Teilungskoëffizient des Stoffes zwischen
Membran und Wasser. Dieser Teilungskoëffizient ist unabhängig von der
absoluten Menge der in Betracht kommenden Stoffe, das Verhältnis der
von der Membran aufgenommenen und der in der wässrigen Phase ge-
bliebenen Stoffmenge bleibt bei konstantem Wassergehalt immer konstant.
Für die praktische Untersuchung dieser Verhältnisse ist die Verwendung der
Lipoidmembran selbst, die eine Dimension von viel weniger als $^1/_{1000}$ mm besitzt,
ausgeschlossen. Anstatt ihrer kann man nach Overton mit ungefähr demselben Erfolg Öl benutzen. Wenn der Teilungskoëffizient zwischen Öl und
Wasser gross ist, gehen die Stoffe schnell hindurch und umgekehrt ist die
Diffusion bei kleinem Teilungskoëffizienten gering. Overton hat deshalb
in der Folge Cholesterin-Phosphatidgemisch und Wasser benutzt.

Overton[1] konnte folgende Regeln über den Zusammenhang der
chemischen Natur einer Verbindung mit ihrem Teilungskoëffizienten zwischen
Öl (bezw. Äther, Benzol u. dergl.) und Wasser bezw. mit der Geschwindigkeit
ihres Eindringens in lebende Zellen aufstellen:

1. Die Verteilung organischer Verbindungen, die nur aus C und H
   bestehen geschieht stets stark zugunsten des Öls, Äthers usw.
   Dasselbe gilt für die Halogen- und Nitroderivate der Kohlenstoff-
   verbindungen und für die meisten Nitrile. Alle diese Verbindungen
   dringen äusserst rasch in die Zellen ein.

2. Je grösser die Anhäufung von Hydroxylgruppen in einer
   Verbindung ist, um so stärker fällt der Teilungskoëffizient zugunsten des Wassers. Einen entgegengesetzten aber schwächeren
   Einfluss übt die Vermehrung der Kohlenstoffatome im Molekül aus.
   Auch die Art der Verkettung spielt dabei eine Rolle; Moleküle
   mit unverzweigten Kohlenstoffketten diffundieren schneller als
   solche mit verzweigten. Einwertige Alkohole dringen noch rasch
   in die Zellen ein, zweiwertige bedeutend langsamer, dreiwertige
   noch langsamer, insbesondere Glyzerin ist langsamer diffusibel
   als zweiwertige Alkohole.

[1] Overton, Nagels Handbuch d. Physiologie 2, 819, 1906—07.

3. Die Einführung einer Aldehydgruppe übt denselben Einfluss aus wie der Eintritt einer Hydroxylgruppe. Zuckerarten diffundieren nicht, ebenso Mannit.

4. In noch höherem Grade als Hydroxyl hat die Anhäufung von Aminogruppen die Tendenz, die Löslichkeit der betreffenden Verbindung in Wasser zu erhöhen. Auch bei diesen Verbindungen hat die Zunahme der Zahl der Kohlenstoffatome, wie überall, die entgegengesetzte Wirkung. Die Amide der niedrigsten Glieder aus der Reihe der einwertigen Säuren sind in Wasser viel löslicher als in Äther, während die höheren Glieder eine Verteilung zugunsten des Äthers aufweisen. Bei Gegenwart zweier Aminogruppen neben einer geringen Zahl C Atome ist die Ätherlöslichkeit gering, die Löslichkeit in Wasser gross. Imidogruppen haben denselben Einfluss. Harnstoff, Äthylendiamin, Kadaverin und Putreszin gehen ziemlich langsam in die Zelle über, die freien Alkaloide und die basischen Anilinfarbstoffe dagegen schnell.

5. Aminosäuren sind in Äther fast unlöslich. Sie sind auch nicht diffusibel.

6. Ersatz der H-Atome der Hydroxylgruppen durch Methyl oder allgemeiner durch Alkyle, Phenyle, Naphtyle usw. verschiebt den Teilungskoëffizienten zugunsten des Äthers. Die neutralen Ester aller Säuren sind diffusibel.

7. Der Ersatz der H-Atome der Aminogruppen durch Alkyle, Phenyle usw bedingt denselben Effekt.

8. Wenn ein Sauerstoffatom durch ein S.-Atom vertreten wird, so verschiebt sich der Teilungskoëffizient zugunsten des Äthers. CS_2 ist leichter in Äther löslich als CO_2, Thioharnstoff geht schneller in den Protoplast als Harnstoff.

9. Ersatz des H-Atoms der Karboxylgruppe durch Metalle bewirkt stets eine Verschiebung des Teilungskoëffizienten zugunsten des Wassers.

10. Von den heterozyklischen Verbindungen sind die hydrierten leicht diffusibel. Die Derivate zeigen eine ähnliche Verschiebung infolge der besonderen Konstitution der Seitenkette wie die Methanderivate.

11. Die organischen Basen, mit Ausnahme der quaternären, sind diffusibel, ihre Salze dagegen nicht.

12. Die Lipoide selbst besitzen meist einen Teilungskoëffizienten, der stark zugunsten des Öls, Äthers u. dergl. liegt, andererseits sind sie schwer löslich oder unlöslich in Wasser. Man sollte demgemäß anzunehmen berechtigt sein, dass sie leicht diffusibel wären.

Dies ist aber nur zum Teil richtig. Die Stoffe, welche etwas
wenn auch wenig — in Wasser löslich sind, diffundieren selbstverständlich schnell, sind sie aber gänzlich unlöslich in Wasser,
so können sie nicht eindringen, weil sie dazu ja erst in Wasser
gelöst werden und als wässrige Lösung mit der Lipoidmembran
in Berührung kommen müssten. Im ersten Falle wird ein Teil
der im Wasser gelöst dargebotenen Lipoide von der Lipoidmembran
gelöst, das Wasser wird ungesättigt und kann aufs neue Substanz
aufnehmen, wenn ein Überschuss des Stoffes (z. B. als Emulsion)
vorhanden ist usw. Aus der Membran diffundiert die aufgenommene Substanz weiter ins Zellinnere, bis überall das dem
Teilungskoëffizienten entsprechende Gleichgewicht eingetreten ist.
Es ist aber klar, dass ein solcher Gleichgewichtszustand niemals
dann eintreten kann, wenn die Substanz in der wässrigen Phase
unlöslich ist; in diesem Fall kann höchstens bei direkter
Berührung mit der Substanz als solcher die Membran zu fester
Lösung etwas aufnehmen, ein Vorgang, der mit Diosmose nicht
identisch ist. Cholesterin z. B. ist deshalb, weil in Wasser unlöslich, nicht diffusibel, und wahrscheinlich gilt gleiches für die gesättigten Phosphatide, während die ungesättigten Phosphatide vermutlich diffusibel sind und auch mit Wasser eine kolloidale Lösung
bilden. Für das »Handelslezithin« ist die Diffusionsfähigkeit direkt
erwiesen. Olein ist nicht diffusibel, dagegen ist die freie Ölsäure
(und noch mehr die Ölseife) etwas, wenn auch sehr wenig, in
Wasser löslich und folglich diffusibel. Hierzu kommt weiter, dass
Neutralfette ein schlechtes Lösungsmittel für Phosphatide sind und
vice versa, dagegen lösen sie Cholesterin, welches wiederum seinerseits Fett aufnehmen kann. Die Salze der basischen Farbstoffe
sind diffusibel, obwohl sie in Äther unlöslich sind. Aus eben
diesem Grunde hat Overton angenommen, dass die Membran
nicht aus Öl, sondern aus Cholesterin-Phosphatidgemisch bestehen muss.

Die physikalische Lösung des Stoffes in der Membran ist also die
Bedingung der Diffusionsfähigkeit Daneben bleibt auch noch eine andere
Eventualität zu berücksichtigen, die Diffusionsfähigkeit kann auch
durch eine chemische Affinität zwischen dem diffusiblen Stoff
und den Bestandteilen der Membran bedingt sein. Diese Möglichkeit hat, meiner Meinung nach, bisher nur allzu geringe Aufmerksamkeit auf
sich gezogen. Denkt man sich, dass der Stoff mit einer Komponente der Lipoidmembran eine dissoziierbare Verbindung eingeht, so ist das Bestehen der
Verbindung von dem Partialdrucke des Stoffes abhängig. Ist nun der

Partialdruck auf der einen Seite der Membran gleich Null, so findet eine Dissoziation der Verbindung mit nachfolgender Diffusion statt, bis der Partialdruck des Stoffes auf beiden Seiten der Membran gleich geworden ist.

Gegen diese Vorstellung könnte man einwenden, dass sie ein begrenztes, topographisches Vorkommen des beteiligten Lipoidbestandteiles voraussetzt, während man sonst (wenn überhaupt) die Komponenten in gegenseitiger Lösung sich denkt. Da wir es hier mit einer festen Lösung zu tun haben, ist eine Dissoziation ohne allgemeine Löslichkeit des Stoffes in der Membran schwer verständlich.

Einem solchen Einwand gegenüber lässt sich nachweisen, dass jedenfalls gewisse diffusible Stoffe sich absolut nicht allgemein in der Membran lösen, sondern dass sie im Gegenteil nur dank ganz bestimmter Verbindungen die Lipoidmembran passieren können.

Zum Beispiel ist die Lipoidmembran der Blutkörperchen für Wasser sehr leicht durchlässig. Werden die Blutkörperchen aber mit Osmiumsäure oder mit »Protektin«, einem Bestandteil des Kobragiftes, der nicht mit dem Hämolysin identisch ist, beladen, so sind sie für Wasser ganz undurchlässig geworden. Sie können in reines Wasser übergeführt werden, ohne dass sie platzen, während gewöhnliche Blutkörperchen dank der in ihnen enthaltenen Salze augenblicklich Wasser aufnehmen, bis sie des Überdruckes wegen alsbald platzen. Bei der Erklärung dieses Phänomens ist auch die Möglichkeit zu berücksichtigen, dass vielleicht nicht das Wasser die Fähigkeit des Eintritts verloren, sondern die Salze die Möglichkeit des Austritts gewonnen hätten. Das ist aber unzutreffend, denn Noguchi konnte für das Protektin zeigen, dass diese Substanz eine in Wasser unlösliche Verbindung mit einem Bestandteil in der Lipoidmembran eingeht. Durch Auswaschen von protektinbeladenen Blutkörperchen mit NaCl-Lösung wird dann das Protektin wieder herausgelöst und die Blutkörperchen sind wieder für Wasser permeabel geworden. In gleicher Weise bewirkt NaCl-Lösung ein Auflösen der isolierten Protektin-Lipoidverbindung.

Die einfachste Erklärung dieser Tatschen ist, dass das Wasser nur mit Hilfe ganz bestimmter Lipoidstoffe zu passieren vermag. Treten dieselben mit anderen Stoffen unter Bildung wasserunlöslicher Verbindungen zusammen, so ist damit eine Diffusion des Wassers ausgeschlossen.

Ob hierbei das Wasser als dissoziierbare Lipoid-Verbindung oder einfach gelöst hindurchgeht, diese Frage bleibt natürlich ganz offen. Dagegen lehren die Tatsachen mit Wahrscheinlichkeit, dass die Lipoidmembran keine homogene Zusammensetzung besitzt, sondern dass bestimmte Stoffe ausschliesslich an bestimmten Stellen vorkommen oder jedenfalls dort vorherrschen. Nur die Bezirke, in denen die für Wasser permeablen Lipoide auftreten, vermitteln die Osmose des Wassers.

Für andere diffusible Verbindungen lässt sich mit grösserer Bestimmtheit behaupten, dass sie mit Bestandteilen der Membran dissoziierbare Verbindungen eingehen und diesem Umstande ihre Eintrittsmöglichkeit verdanken.

Die Lipoidmembran ist überall für Säuren durchlässig, die Permeabilität für Säuren ist aber dem Grade nach sehr verschieden. Die organischen Säuren treten meist leicht durch, besonders die normalen und ungesättigten Fettsäuren, viel weniger dagegen die Oxysäuren (siehe oben). Von den Mineralsäuren sind Borsäure und Kohlensäure leicht, die übrigen viel langsamer und schwieriger diffusibel. Demgemäß sind die schwachen Säuren, wie Borsäure und Fettsäuren, viel stärkere Protoplasmagifte als die starken Mineralsäuren.

Wird Rohrzuckerblut, das von den Serumsalzen vollständig befreit ist, mit Säuren versetzt, so tritt Agglutination ein. Diese Agglutination geht wieder zurück, wenn alle Säure wieder herausdiffundiert ist, bei salzsäurebeladenen Blutkörperchen tritt aber die Desagglutination viel langsamer ein als bei CO_2-haltigen. Man kann die Säuren durch Behandlung mit sehr schwachen Alkalien wieder herauslösen. Da nun die meiste aufgenommene Säure von dem überschüssigen Alkali im Innern der Blutkörperchen neutralisiert ist und dennoch nach dem Zusatz von (impermeablem) Alkali zur Aussenflüssigkeit wieder so gut wie vollständig und sehr rasch herausgelöst wird, so besteht nur eine Möglichkeit: Die Säuren werden zwar grösstenteils von dem intrazellularen Alkali aufgenommen, ein Teil aber bleibt mit einem (oder mehreren) Bestandteilen der Membran, welcher basische Eigenschaften besitzen muss, in Verbindung. Setzt man jetzt Alkali zu, so wird die Säure aus der Lipoidverbindung gelöst, der Lipoidstoff nimmt aufs neue etwas Säure aus dem Innern, wo also weniger Alkali vorkommt, auf, diese Säure wird dann ihrerseits durch das Alkali der Aussenflüssigkeit neutralisiert usw., bis die Alkalikonzentration auf beiden Seiten der Membran gleich geworden ist. Das zurückgebildete Alkali im Zellinnern bleibt aber nicht frei, sondern geht augenblicklich mit dem Eiweiss eine Verbindung ein, und demgemäß muss alle Säure wieder auswandern, bis sämtliche Affinitäten im Innern der Zelle gesättigt sind. Diese Erklärung des tatsächlichen Verhaltens bei der Auswanderung der aufgenommenen Säure setzt also voraus, dass die Säuren mit den Lipoiden der Membran Verbindungen eingehen. Wenn also die verschiedenen Säuren mehr oder weniger leicht diffusibel sind, so muss dies aus der mehr oder minder starken Dissoziation der Säure-Lipoidverbindung erklärt werden, und dass gerade die starken Säuren minder dissoziierte Verbindungen bilden, stimmt gut mit dem überein, was auch sonst bekannt ist. Z. B. ist Salmiak nicht oder äusserst wenig hydrolytisch dissoziiert, Ammoniumkarbonat dagegen stark.

Diese Auffassung, welche nach meiner Überzeugung die einzig mögliche ist, lässt sich noch weiter sichern. Kobragift wird von Rohrzuckerblut aufgenommen und bewirkt hier Hämolyse; das Hämolysin ist wahrscheinlich eine Säure. Dagegen wird das Gift nicht von der Lipoidmembran salzsäurebeladener Blutkörperchen fixiert und von CO_2-Blut nur dann, wenn darin wenig Kohlensäure vorkommt. Die Salzsäure legt also die Lipoidverbindung mit Beschlag, die ihrerseits sonst die Aufnahme des Giftes vermittelt hätte. Dass diese tatsächlich in der Membran selbst vorkommt, geht aus der Tatsache hervor, dass das Gift durch Auswaschen mit Kochsalzlösung wieder schnell entfernt werden kann, was sonst unmöglich stattfinden könnte. Dasselbe gelingt auch durch Auswaschen mit äusserst verdünnter Salzsäure oder durch Durchleiten von CO_2. Andererseits ist es ausgeschlossen, dass die Säure eine solche Änderung in der Zusammensetzung der Lipoidmembran hervorrufen kann, dass das Gift nicht mehr fixiert werden könnte, ohne mit ihr in chemische Verbindung zu treten, denn die Blutkörperchen werden nach Entfernung der Säure durch Alkali wieder für Kobragift empfindlich. Umgekehrt kann man auch durch Alkali die »Kobrasäure« selbst entfernen.

Ich halte deswegen die Folgerung für berechtigt, dass Säuren mit Bestandteilen der Lipoidmembran dissoziierbare Verbindungen eingehen, welche jedenfalls zum Teil die Einwanderung der Säuren ins Innere der Zelle vermitteln.

Wie schon bemerkt, geben kohlensäurebeladene Blutkörperchen in Kochsalzlösung Kohlensäure ab, die ihrerseits durch Salzsäure ersetzt wird. Man kann das auch so ausdrücken, dass man sagt, die stärkere Säure treibt die schwächere aus, weil die letztere eine stärker dissoziierte Verbindung mit den Lipoiden bildet. Damit ist auch das Verhalten des Kobragiftes als einer schwachen Säure erklärt. Wenn aber salzsäurebeladene Blutkörperchen in eine Salzlösung mit einer anderen starken Säure übergeführt würden, dürfte man nach dem Massenwirkungsgesetze erwarten, dass ein aliquoter Teil der Salzsäure mit der betreffenden Säure des Salzes ausgetauscht werde. Das ist auch der Fall. Digeriert man salzsäurebeladene Blutkörperchen mit einer isotonischen Lösung von Kaliumsulfat, so treten beträchtliche Mengen Chlor in die Lösung über und es wird eine, wahrscheinlich geringere Menge Schwefelsäure aufgenommen. Während aber der Umtausch von CO_2 und HCl sehr rasch stattfindet, braucht derjenige von HCl gegen H_2SO_4 viel längere Zeit (ca. 24 Stunden), und die Erklärung dafür ist, dass die HCl-Verbindung viel schwerer dissoziierbar ist.

Die neuesten Untersuchungen von Overton und mir haben nun erwiesen, dass auch etwas Kobragift in säurebeladene Blutkörperchen hineindiffundieren kann, jedoch viel weniger als beim Rohrzuckerblut. Das ist auch wegen der Verteilung des Giftes zwischen Öl und Wasser, die zugunsten des ersteren erfolgt, anzunehmen. Bei säurebeladenen Blutkörperchen ist der Teilungskoëffizient etwa 1:10, beim Rohrzuckerblut dagegen 1:100. Bei Rohrzuckerblut kommt also dank der speziellen Affinität zur basischen Komponente

eine Anhäufung des Giftes in der Membran und vielleicht auch in den intrazellularen Lipoiden vor, und die entstehende Verbindung muss, da das Gift
wieder entfernt werden kann, eine dissoziierbare sein. Demgemäss haben wir
es auch hier wahrscheinlich mit zwei Vorgängen zu tun, mit der physikalischen
Lösung des Giftes, und zweitens, mit der dissoziierbaren Verbindung des Giftes
mit gewissen Zellbestandteilen, vor allem den Alkalien. Führt man solche
kobrabeladenen Blutkörperchen in neue Rohrzuckerlösung über, so diffundiert
das Gift teilweise, nämlich nach Erreichung des Gleichgewichtes, in relativ
kurzer Zeit wieder aus. In noch andere Rohrzuckerlösung übergeführt, geben
sie wieder etwas Gift her usw., immer entsprechend dem Teilungskoëffizienten.
Bringt man die beladenen Körperchen in Kochsalzlösung, so verlieren sie
mehr Gift als in Rohrzuckerlösung. Hier haben wir also ein Toxin, welches,
dem Partialdrucke entsprechend, bald in der einen, bald in der anderen
Richtung diffundiert, während, der gewöhnlichen Ehrlichschen Theorie
zufolge, die Toxine mit den »Zellrezeptoren« eine feste Bindung eingehen
sollen. Ganz ebenso verhält sich das Kobragift dem Zentralnervensystem
gegenüber (siehe unten). Auch für die oben erwähnten Alkaloide, und
überhaupt für die differenten Verbindungen, haben wir es, aller Wahrscheinlichkeit nach, nicht allein mit einer physikalischen Löslichkeit zu tun,
sondern gleichfalls mit der Bildung dissoziierbarer chemischer Verbindungen. Das ist auch leicht verständlich, da die Phosphatide sowohl mit
sauren wie mit basischen Körpern reagieren können. Bei alledem bleibt die
Frage offen, ob nicht auch bei den indifferenten Stoffen, den Narkotika, eine
auswählende Löslichkeit oder eine dissoziierbare chemische Verbindung mit
im Spiele ist (siehe später).

Es ist nicht ausgeschlossen, dass auch andere Gase als Kohlensäure und
andere Stoffe, als Wasser und Säuren, infolge Bildung von dissoziierbaren
Verbindungen mit Lipoidmembranbestandteilen aufgenommen werden. Bekanntlich bildet Sauerstoff mit Hämoglobin eine dissoziierbare Verbindung,
er diffundiert in die Blutkörperchen hinein und wird hier von dem Hämoglobin aufgenommen. Die Lipoidmembran enthält nun Phosphatide, von
denen einige Affinität zum Sauerstoff besitzen, nämlich wenn sie ungesättigte
Fettsäuren enthalten, und es wäre denkbar, dass diese Phosphatide als Sauerstoffüberträger wirken können. Tatsächlich habe ich unter den Lipoiden der
Blutkörperchen eine Verbindung nachgewiesen, die als Sauerstoffüberträger
bei der Guajakreaktion fungieren kann. Immer hätten wir es also mit zwei
Phänomenen zu tun: physikalische Löslichkeit und chemische Verbindung
von dissoziierbarer Beschaffenheit.

Während Overton u. a. die Lipoidmembran der meisten Zellen für
Alkali impermeabel gefunden hat, glaubt Hamburger erwiesen zu haben,
dass die Blutkörperchen für Alkali durchlässig sind. Der Verfasser[1] hat

---

[1] Bang. Biochem. Zeitschr. 16, 255, 1909.

aber gezeigt, dass die Versuche Hamburgers ganz bestimmt gegen seine Auffassung sprechen und einige Versuche von mir haben das, wie ich glaube, endgültig festgelegt.

Nach den übereinstimmenden Angaben aller Untersucher sind die Salze gänzlich ausserstande, einzudringen, mit Ausnahme des Ammoniumkarbonats, welches schnell durchgeht. Für die Blutkörperchen glaubt man aber auch eine schnelle Permeabilität für Salmiak nachgewiesen zu haben, nach meiner Anschauung aber mit Unrecht. Man hat bei diesen Versuchen das Blut in einer isotonischen Salmiaklösung aufgefangen. Hierbei diffundiert die Kohlensäure aus und es bildet sich Ammoniumkarbonat, während Salzsäure einwandert, und das gebildete Karbonat bewirkt nun eine schnelle Hämolyse. Diese Auffassung lässt sich experimentell bestätigen. Wird das Blut zuerst mit Rohrzuckerlösung zur Entfernung der CO ausgewaschen und nun in Salmiaklösung übergeführt, so bleiben die Blutkörperchen recht lange (oft länger als eine Stunde) unverändert. Schliesslich tritt doch Hämolyse ein. Wird dagegen das Blut direkt mit Salmiaklösung verdünnt, so lösen sich die Blutkörperchen augenblicklich auf: das Karbonat geht schnell, das Chlorid nur langsam hindurch.

Diese Tatsache besitzt eine gewisse Bedeutung. Bekanntlich wird in den Zellen das Eiweiss bis zum Ammoniak verbrannt und das Ammoniak geht als Karbonat oder Karbamat, welches ja dem Karbonate sehr nahe steht, zu der Leber, wo die hauptsächliche Harnstoffsynthese stattfindet. Dass das Ammoniumkarbonat schnell ausdiffundieren kann, ist deshalb wichtig, weil sonst eine Ammoniakvergiftung nicht zu vermeiden wäre.

Aus den vorangehenden Auseinandersetzungen geht hervor, dass die Zuckerarten sowie die Aminosäuren, also auch das Eiweiss, nicht einzudringen vermögen.

Wenn es trotzdem als sicher gelten muss, dass sowohl Zucker als Eiweiss aufgenommen werden, so muss entweder die Lipoidmembran kein unveränderliches Gebilde darstellen, oder die Nahrungsstoffe müssen in einer veränderten Form als lösliche Verbindungen resorbiert werden.

Besonders mit Beziehung auf den Zucker hat man darüber gestritten, ob er frei oder als komplexe Verbindung im Blute vorkommt. Obwohl man jetzt allgemein der Auffassung zuneigt, dass der Blutzucker ausschliesslich im freien Zustande sich vorfindet, so ist dennoch die Möglichkeit nicht gänzlich von der Hand zu weisen, dass er als labile Verbindung im Blute auftritt. Besonders spricht hierfür die Tatsache, dass man bei seiner Isolierung immer etwas Zucker als Lipoidverbindung (»Jekorin«, Lezithinglukose) erhält. Ist auch zuzugeben, dass diese Lezithinglukose ein Produkt der mit der Isolierung verknüpften Operationen sein kann, so bleibt es doch auch denkbar, dass eine derartige labile Verbindung präexistiert, und dass der

Zucker durch Paarung mit dem Lipoide die Fähigkeit erlangen könnte, durch die Lipoidmembran zu wandern.

Aber auch die andere Möglichkeit bleibt zu berücksichtigen, dass die Zellen die Fähigkeit besitzen könnten, ihre Lipoidmembran im Moment der Nahrungsaufnahme derart zu verändern, dass sie für den Nahrungsstoff durchlässig wird. Wie später gezeigt werden soll, muss man bei gewissen Zellen mit einer solchen periodischen Veränderung der Durchlässigkeit rechnen.

Soviel geht jedenfalls aus den hier angestellten Betrachtungen hervor, dass wir über einen prinzipiell wichtigen Teil der Stoffwechsellehre nur sehr unvollständig unterrichtet sind. Auch über die Verhältnisse bei der Sekretion und Exkretion der Zelle sind wir nicht besser unterrichtet. Hier sind die Schwierigkeiten noch viel grösser, denn die Sekrete enthalten oft Salze und zwar in einer Konzentration, die ganz erheblich von der normalen Konzentration der Zellsäfte abweicht. Wie die Zellen die zur Überwindung des grossen osmotischen Druckunterschiedes notwendige Arbeit leisten können, ist ganz unbekannt; vielleicht hat man hierbei an den Quellungsdruck der Lipoidmembran zu denken.

Die Aufnahme der diffusibeln Stoffe in die Zelle bedingt gewisse Änderungen des Zell Lebens, die bei verschiedenen Substanzen etwas verschieden sind. Man kann hierbei zwischen den indifferenten Narkotika und dem mehr lokal wirkenden Alkaloiden unterscheiden. Da die Bakterientoxine ähnliche Wirkungen wie die Alkaloide hervorrufen, liegt der Gedanke nahe, dass auch die Toxine zu den diffusibeln Stoffen gehören. Doch wäre eine solche Schlussfolgerung verfrüht. Müssen wir doch auch annehmen, dass z. B. die Eiweisskörper in die Zellen eindringen, obwohl ihnen tatsächlich in der Norm die Fähigkeit hierzu abgeht, und ähnliches wäre auch bei den Toxinen denkbar, die man bekanntlich von mancher Seite den Eiweisskörpern zurechnet (Toxalbumine). Demgegenüber fordert andererseits das Vergiftungsbild bei Toxin-Intoxikation entschieden zu der Prüfung der Frage heraus, ob sie tatsächlich die Fähigkeit des Eindringens besitzen oder nicht. Wären sie diffusibel, so dürfte die Toxinvergiftung in der Tat mit der Wirkung der Alkaloide nahe verwandt sein, was festzustellen in theoretischer Beziehung von Interesse wäre. In diesem Falle erschiene auch die Antitoxinbildung in einem neuen Lichte, und die von Forssman und mir verteidigte Auffassung, derzufolge ein Unterschied zwischen den toxischen und immunisierenden Substanzen bestünde, hätte damit eine wesentliche Stütze gewonnen. Die Durchführung einer derartigen Untersuchung über die Fähigkeit der Toxine zu diffundieren ist keineswegs unmöglich, auch erlauben einige bereits vorliegende Beobachtungen gewisse Folgerungen in dieser Beziehung.

Im folgenden werde ich zunächst die indifferenten Narkotika, dann die Alkaloide und zuletzt die Toxine besprechen.

Die indifferenten Narkotika.

Nach der Theorie von Overton und H. Meyer sind alle indifferenten Stoffe, die in Lipoiden löslich sind, Narkotika, und die Intensität der Wirkung eines Narkotikums wird durch den Teilungskoëffizienten desselben zwischen Öl und Wasser bestimmt. Je mehr die Verteilung zugunsten des Öls stattfindet, um so stärker ist das Narkotikum. Die narkotische Wirkung ist durch die physikalische Lösung des Narkotikums in den Zell-Lipoiden bedingt.

Das gelöste Narkotikum verteilt sich zwischen der Interzellularflüssigkeit und den Zellen. Wenn seine Konzentration in der Interzellularflüssigkeit abnimmt, diffundiert es wieder aus den Zellen heraus bis zur Erreichung eines neuen Gleichgewichtes; wenn also das Narkotikum durch die Tätigkeit der Lunge oder Niere immer wieder aus dem Blute entfernt wird, so geht damit das Herausdiffundieren aus den Zellen parallel, bis der ursprüngliche Zustand wiederhergestellt ist. Ferner ergibt sich, dass die lipoidreichsten Zellen mehr Narkotikum aufnehmen müssen als andere, in ihnen muss also die erste und stärkste Wirkung hervortreten. in erster Linie also im Nervensystem. Die allerdings nur approximativen Bestimmungen von Pohl [1]) ergaben z. B. bei einem mit Chloroform tief narkotisierten Hunde im Blut 0,015 % Chloroform, im Gehirn aber 0,042 % In einem anderen Versuche enthielt das Blut 0,06 %, die Leber 0,04 % Chloroform. Man sollte hiernach erwarten, dass die absolut lipoidreichsten Zellen, die Fettzellen, noch mehr aufnehmen als das Gehirn, aber tatsächlich fand Pohl in einem Versuch im Blut 0,037 %, dagegen im Fettgewebe nur 0,01 % Chloroform. Dieser Befund erklärt sich wohl daraus, dass das Fettgewebe gefäss- und blutarm ist. Franz [2]) fand bei Äthernarkose den Prozentgehalt an Äther im Gehirn stets beträchtlich höher als im Blute; Nicloux und Frison [3]) stellten fest, dass bei Chloroformnarkose die graue Substanz 38—39 mgr in 100 g Gewebe, die weisse Substanz des Gehirns 60—70 mgr enthielt. In zahlreichen, gut übereinstimmenden Versuchen hat Overton [4]) den Parallelismus zwischen der narkotischen Wirkung eines Narkotikums und seinem Teilungskoëffizient zwischen Öl und Wasser nachgewiesen. Er bedient sich hierzu der »physiologischen Methode«, bei welcher die »kritische Konzentration«, d. h. die geringste Konzentration der Narkotika festgestellt wird, durch welche Kaulquappen narkotisiert werden konnten, die im Wasserbehälter eines Aquariums gehalten werden Overton und H. Meyer).

Trotz der vorzüglichen Übereinstimmung der Ergebnisse dieser Versuche, durch welche die Grundlage der Theorie als erwiesen gelten kann, darf

---

[1]) Pohl, Archiv. f experm. Path. u. Pharm. 28, 239, 1891.
[2]) Franz, Dissert. Würzburg, 1895.
[3]) Nicloux und Frison, Compt rend. soc. biol. 63, Nr. 17, 1907.
[4]) Overton, Studien über die Narkose, Jena 1901.

man nicht übersehen, dass einige speziellen Verhältnisse nicht gut mit denselben harmonieren. So findet man z. B. bei den verschiedenen Narkotika eine recht verschiedene Breite der Stadien, bei einigen währt das Exzitationsstadium länger, bei anderen kürzer, und, was für die Praxis besonders wichtig ist, die Reaktionsbreite zwischen der Lähmung des Rückenmarks und der Oblongata ist bei den verschiedenen Narkotika ungleich. Derartige Unterschiede lassen sich nicht aus dem Teilungskoëffizienten zwischen Öl und Wasser erklären. Ferner wird z. B. das vasomotorische Zentrum durch Chloral sehr früh gelähmt, durch Urethan dagegen spät, was ebenfalls nicht gut mit der Annahme einer einfachen physikalischen Absorption harmoniert.

Diese Unterschiede lassen sich dagegen sehr einfach erklären, wenn man davon ausgeht, dass das Narkotikum nicht physikalisch, sondern chemisch mit den Lipoiden reagiert und zwar in der Weise, dass eine dissoziierbare chemische Verbindung entsteht. Hierbei haben wir einerseits die chemische Affinität der reagierenden Körper, auf der anderen Seite aber die Dissoziation der entstandenen Verbindung zu berücksichtigen. Auch hier ist die Bildung der Verbindung, bezw. ihr Zerfall, von dem Partialdruck ihrer Komponenten in den Lösungen abhängig. Sinkt der Partialdruck des Narkotikums im Blute, so müssen neue Anteile desselben aus den Zellen wieder herausdiffundieren, ganz in derselben Weise, als ob eine einfache physikalische Lösung vorgelegen hätte. Tatsächlich ist der Übergang von einer dissoziierbaren Verbindung zu einer physikalischen Lösung nur ein gradueller und bei den stark dissoziierten Verbindungen dürfte es oft schwer sein festzustellen, ob das eine oder das andere Phänomen vorliegt, besonders wenn die Konzentration, wie hier bei der Narkose, gering ist. Anderseits bedingen die dissoziierbaren Verbindungen schon bei relativ geringem Partialdruck eine stärkere Verteilung zugunsten der chemischen Phase, als sie der Teilungskoëffizient verlangt, und gerade das findet man bei den Narkotika. Z. B. fand Nicloux[1]) in einem Versuche im Blute während der Narkose 0,054 % Chloroform, 5 Minuten nach Schluss der Narkose 0,026 %, also nur noch die Hälfte, 15 Minuten später 0,021 % und nach einer Stunde 0,016 %. Bei Sinken des Partialdruckes in der Lunge diffundiert also erst schnell und reichlich, später aber langsam und wenig Chloroform ab. Dieses Verhalten spricht entschieden gegen eine physikalische Absorption.

Das verschiedene Verhalten der substituierten Narkotika kann gleichfalls im Sinne der hier vertretenen Auffassung herangezogen werden, indem es anzudeuten scheint, dass die Seitenketten des Moleküls, die Aminogruppen usw., nicht ohne Bedeutung sind, und vielleicht tatsächlich durch ihre chemische Affinität dazu beitragen, der Narkose ihren spezifischen Charakter zu erteilen. Hiernach sollten also bestimmte Narkotika grössere Affinität zu

[1]) Nicloux, Les Anesthésigues généraux, Paris 1908.

gewissen Lipoidstoffen besitzen als andere, und weiter sollten diese bestimmten Lipoide nicht überall in den Zellen vorkommen, sondern auf gewisse Ganglienzellen beschränkt sein. Es wäre allerdings auch denkbar, dass sie in diesen nur reichlich und anderwärts spärlich vorkommen könnten. Diese Auffassung, dass also auch die indifferenten Narkotika vielleicht mit den Zell-Lipoiden chemische, dissoziierbare Verbindungen eingehen, hat meiner Ansicht nach eine gewisse Bedeutung, weil dadurch der Übergang zur Theorie der Alkaloidwirkungen gebahnt wird. In beiden Fällen hätten wir es prinzipiell mit denselben Erscheinungen zu tun. Für die Alkaloide ist es bereits als wahrscheinlich erwiesen worden, dass sie mit bestimmten Teilen des Nervensystems reagieren, z. B. wird Strychnin vorwiegend von den motorischen Elementen, Kokaïn dagegen von der sensorischen Sphäre des Rückenmarks entgiftet. Denkbar wäre auch, dass beide Vorgänge, Diffusion und dissoziierbare chemische Bindung, neben einander vorkämen.

Mit dem Herausdiffundieren der Narkotika ist eine Wiederherstellung der Norm in der Zelle verknüpft, und um dieser Tatsache willen ist die alte Theorie, dass die Narkose durch Herauslösung von Lipoiden aus der Zelle bedingt wird, endgiltig aufzugeben, obwohl sie merkwürdigerweise noch einige Verteidiger findet. Kommen Narkotika in grösserer Konzentration zu Wirkung, so können sie irreversible Veränderungen der Zelle hervorrufen, die das Leben derselben in Frage stellen können. Bei etwa 80 mal so grosser Konzentration, als der für die Narkose erforderlichen, werden nach Fühner und Naubauer[1] Blutkörperchen hämolysiert. Der Gedanke liegt nahe, dass diese Hämolyse auf einer Auflösung der Lipoidmembran beruht, doch erscheint es auf der anderen Seite auch möglich, dass die Überschreitung der narkotischen Grenzkonzentration den Tod der Zelle mit nachfolgendem Zerfall derselben hervorrufen könnte. Die oben erwähnten Untersuchungen von Reicher und Wolfsohn sprechen vielleicht für die erste Möglichkeit. Bei ihnen wurde in 22% aller Fälle nach tiefer Narkose eine positive Wassermannsche Reaktion gefunden, was andeuten könnte, dass gewisse Lipoide aus den Zellen herausgelöst wurden und nunmehr im Blute zirkulieren. Reicher fand auch den Phosphatidgehalt des Blutes vermehrt. Weiter ist bekannt, dass nach tiefer, langdauernder Narkose oft Fettdegeneration der Organe eintritt.

Die fettdegenerierten Organe (Herzmuskel, Leber, Niere usw.) scheinen bei makro- und mikroskopischer Betrachtung einen auffallenden Reichtum an Fett zu besitzen, doch hat die chemische Analyse gezeigt, dass das durchaus nicht in dem erwarteten Maße zutrifft. Rubow[2] fand für normale Hundeherzen $10,7—14,6\%$ Ätherextrakt, darunter $7,05—8,80\%$ Phosphatide und

[1] Fühner und Naubauer, Arch. f. experim. Path. u. Pharm. 56, 333, 1907.
[2] Rubow, Archiv f. experim. Path. u. Pharm. 52, 173. 1910.

3,03—6,12% Fett; nach Chloroformvergiftung betrug das Ätherextrakt in zwei Versuchen 13,5 bezw. 14,7%, davon 8,60 bezw. 8,91% Phosphatide und 4,88 bezw. 5,71% Fett. Orgler[1]) fand bei gesunden und kranken Nieren den gleichen Lipoidgehalt, und Saxl[2]) erklärt, dass nach Phosphorvergiftung keine Fettneubildung oder Fettablagerung stattfindet, sondern »nur eine Sichtbarmachung des früher nicht wahrnehmbaren Fettes«. Eben diese »Sichtbarmachung« lässt den Schluss als zulässig erscheinen, dass eine die Norm verletzende Veränderung des Verbindungszustandes der Lipoide, vor allem der Phosphatide, mit den übrigen Zellbestandteilen durch die Intoxikation eingetreten ist. Diese Veränderung ist irreversibel. Der Gedanke liegt recht nahe, dass ähnliche, weniger eingreifende Änderungen auch bei der normalen Narkose stattfinden, welche dann noch reversibel sind.

In der letzten Zeit ist man auf die Möglichkeit verschieden gearteter Fettdegeneration aufmerksam geworden und hat versucht, eine reine Fettdegeneration, eine Phosphatiddegeneration u. s. w. zu unterscheiden. Besonders für die Fettdegeneration der Niere hat Windaus[3]) eine bedeutende Vermehrung des Gehaltes an Cholesterinestern erwiesen.

Die Alkaloide.

Die basischen organischen Verbindungen — nicht aber ihre Salze — sind, wie die indifferenten Narkotika, in Cholesterin-Phosphatidgemisch, bzw. in Öl, mehr oder weniger leicht löslich, auch vermögen sie die Lipoidmembran zu passieren, wie man nach Overton durch Versuche an Pflanzenzellen und Kaulquappen nachweisen kann. Wie bei den Narkotika, so handelt es sich auch bei den Alkaloiden um Wirkungen, die durch eine Herabsetzung der Konzentration der Verbindung in der umgebenden Lösung rückgängig gemacht werden können. Doch bleibt als Unterschied, dass der Rückgang zu normalen Lebenserscheinungen nach Entfernung der Verbindung aus der Lösung bei den indifferenten Narkotika schnell vor sich geht, bei der Alkaloidvergiftung aber einer viel längeren Zeit bedarf. Die Ursache hierfür ist, dass die Verbindungen der Alkaloide mit den Zellbestandteilen viel weniger stark dissoziierbar sind. Nach Overton[4]) soll sogar der prinzipielle Unterschied bestehen, dass die indifferenten Narkotika im Gegensatz zu den Alkaloidverbindungen rein physikalisch gelöst sind. Tatsächlich kommen aber, nach Overton selbst, auch schnell zurückgehende Alkaloidvergiftungen vor, besonders für Pflanzenzellen hat Overton erwiesen, dass die Alkaloide nach erfolgter Endosmose sich mit Gerbsäure verbinden. Die leicht lösliche Koffeïn-

[1]) Orgler, Virchows Archiv 176, 413.
[2]) Saxl, Beiträge z chem. Physiol. u. Path. 10, 447, 1907.
[3]) Windaus, Zeitschr. f. physiol. Chemie 65, 110, 1910.
[4]) Overton, Studien über die Narkose, Jena 1901.

gerbstoffverbindung ist einer erheblichen Dissoziation fähig; nach Überführung in Wasser werden mit ihr beladene Zellen deshalb schnell koffeinfrei, während umgekehrt nach Strychninvergiftung die Entfernung des Giftes aus den Zellen ausserordentlich lange (Tage oder Wochen) dauert, da die Strychningerbsäure-verbindung äusserst schwer löslich ist. Der Unterschied gegen die indifferenten Narkotika ist also nur ein gradueller und in der Tat spricht nichts gegen die Annahme, dass auch diese leicht dissoziierbare Verbindungen eingehen. Man kann beispielsweise die Alkaloidvergiftung mit der CO-Vergiftung vergleichen und die Narkose mit der Aufnahme von Sauerstoff durch Hämoglobin. In beiden Fällen entstehen dissoziierbare Verbindungen, doch ist der quantitative Unterschied gross.

Die zweite Differenz zwischen den Alkaloiden und den Narkotika besteht nach Overton darin, dass bei den letzteren die zur Narkose erforderliche Konzentration überall bei Tieren und Pflanzen, abgesehen von den Pilzen, annähernd gleich gross ist. Ganz anders verhalten sich in dieser Beziehung die Alkaloide, für welche die Konzentrationen, die zu einer bestimmten Wirkung erforderlich sind, bei nahe verwandten Organismen ausserordentlich weit aus-einander liegen können. So verhalten sich nach Overton die Spirogyra-Arten sehr verschieden gegenüber Alkaloiden, Spirogyra orthospira bedarf be-deutend geringerer Konzentrationen fast aller Alkaloide als Spirogyra communis. Ferner sind Kaulquappen gegen Morphin sehr resistent, während der Mensch und die meisten Säugetiere recht empfindlich gegen dasselbe sind. Derartige Abweichungen, die sogar bei nahe verwandten Arten vorliegen können, haben nichts befremdendes. Als diffusible Stoffe müssen die Alkaloide mit den Lipoiden reagieren, und es ist andererseits bekannt, dass die Lipoide sowohl bei verschiedenen Tierarten als auch in den verschiedenen Organen desselben Tieres teilweise von abweichender Beschaffenheit sind, wie das z. B. aus dem oben über die Phosphatide mitgeteilten hervorgeht. Nimmt man nun an, dass die Alkaloide mit bestimmten Lipoid- (vielleicht auch Eiweiss-)Verbindungen reagieren, so kann die maßgebende, die Vergiftung bedingende Reaktion nur dort stattfinden, wo diese Verbindungen vorhanden sind. Die Untersuchungen von Brunner, Widal und Nobecourt, Czylharz und Donath, sowie von Sano[1]) haben gezeigt, dass Gehirn und Rückenmark die Giftwirkung des Strychnins abzuschwächen vermögen, und Sano fand ausserdem, dass die motorischen Elemente vorwiegend auf Strychnin entgiftend wirken, während anderseits für Kokaïn die sensorische Sphäre des Rückenmarks stärker ent-giftende Eigenschaften besitzt.

Die besprochenen beiden Phänomene sind aber nicht für die Alkaloide spezifisch, man findet vielmehr, wie schon oben bemerkt wurde, auch bei den

---

[1]) Sano, Arch. f. d. gesamt. Physiol. 124, 369 und 381, 1908; Archiv f. experim. Path. und Pharm. 59, 140, 1908.

indifferenten Narkotika ein etwas verschiedenartiges Vergiftungsbild, indem einige mehr erregend, andere mehr antipyretisch etc. wirken. Ferner ist die Reaktionsbreite oft verschieden, einige greifen z. B. die Oblongata früher an als andere. Alle diese Erscheinungen erinnern etwas an die verschiedenen Wirkungen der Alkaloide, und für beide Gruppen kann man als die einfachste Erklärung die chemische Affinität zu gewissen Zellbestandteilen, vor allem zu den Lipoidstoffen, heranziehen. Das setzt weiter voraus, dass in beiden Fällen dissoziierbare Verbindungen eingegangen werden. Für die Alkaloide schon streng bewiesen, trifft diese Eventualität mit grosser Wahrscheinlichkeit auch für die schwach basischen Verbindungen zu, die anderseits ebenso schnell abdissoziieren können, wie die Narkotika. Man hat also gute Gründe anzunehmen, dass auch die letztgenannten durch Bildung dissoziierbarer Verbindungen ihre Wirkung ausüben.

Eine andere Übereinstimmung findet man bei der toxischen Wirkung grösserer Giftmengen. Sowohl für die Alkaloide, wie für die indifferenten Narkotika treten hierbei irreversible Änderungen der Zelle ein, welche Zelltod und Zersetzung nach sich ziehen.

Die wichtigste Übereinstimmung bleibt aber, dass bei passender Konzentration eine Zurückführung zur Norm eintritt, wenn das Gift durch Herabsetzung des Partialdruckes wieder schneller oder langsamer herausdiffundieren kann.

Die hier verteidigte Auffassung, dass die Dissoziation das wesentliche sei, schliesst anderseits die physikalische Diffusion garnicht aus. Im Gegenteil, es ist anzunehmen, dass sowohl bei den Alkaloiden wie bei den Narkotika auch eine solche vorkommt. Die ersteren wie die letzteren sind in der Lipoidmembran löslich und diffundieren demgemäß durch dieselbe, und diese Löslichkeit ist geradezu die Voraussetzung dafür, dass eine dissoziierbare Verbindung mit bestimmten Bestandteilen der Zelle eintreten kann.

Die Toxine.

Der ziemlich allgemein unter den Immunitätsforschern herrschenden Auffassung zufolge, gehen die Toxine mit den Zellbestandteilen eine feste Verbindung ein. Eben diese feste Bindung soll nach Ehrlich die Voraussetzung der Antitoxinproduktion sein, durch welch letztere Fähigkeit die Toxine sich von den »banalen« Giften oder den Alkaloiden unterscheiden.

Gegen diese Auffassung spricht ganz entschieden die Tatsache, dass man nach eingetretener Vergiftung dieselbe durch Einspritzung von Antitoxin oft aufzuheben vermag. So berichtet z. B. Calmette, dass man sogar moribunde Menschen nach Kobravergiftung durch Antivenenin retten kann. Auch gelingt es bisweilen nach ausgebildetem Tetanus durch grosse Tetanus-Antitoxindosen den Tetanus aufzuheben. Dies ist aber nur möglich wenn die Toxine mit den Zellbestandteilen dissoziierbare Verbindungen eingehen. Nach Einführung des Antitoxins verteilt sich das Toxin nach der Avidität zwischen diesem und den Zellen. Wird nun das Antitoxin in grösserer Menge dargeboten oder ist die Verbindung mit Antitoxin nicht dissoziierbar, so erfolgt die Verteilung zugunsten des Antitoxins und es kann eine Entgiftung stattfinden. Die oben erwähnte Beobachtung Besredkas, dass man der Tetanustoxin-Gehirnverbindung durch Zusatz von Antitoxin das Toxin quantitativ entziehen kann, spricht ganz deutlich für diese Auffassung. Ebenso zeigt die von Danyzs entdeckte Tatsache, dass eine 10 proz. NaCl-Lösung das Tetanustoxin aus der Gehirnverbindung herauslösen, nicht aber die Toxin-Antitoxinverbindung zerlegen kann, entschieden, dass das Toxin mit dem Antitoxin eine nicht dissoziierte, mit den Gehirnlipoiden dagegen eine dissoziierbare Verbindung eingeht. Auch immunkörperbeladene Blutkörperchen geben den Immunkörper an später zugesetzte normale Blutkörperchen und an Kochsalzlösung wieder zum Teil ab.

Wenn ferner die Toxine in die Zellen einwandern können, so müssen sie entweder in der Lipoidmembran löslich sein oder mit ihr dissoziierbare Verbindungen eingehen können. Dass in erster Linie hierbei die chemische Affinität in Betracht kommt, das erweist die spezifische Wirkung der Toxine, sowie das protrahierte Auftreten und Aufhören der Intoxikation. Die Tetanusintoxikation z. B. tritt sehr langsam ein; bei ihr ist auch die Antitoxinwirkung sehr unsicher, so dass die meisten Infizierten trotz Antitoxinbehandlung unterliegen müssen. Das erklärt sich leicht daraus, dass die Toxinverbindung relativ wenig dissoziiert ist, also das Toxin sowohl langsam in die Zelle einwie auch aus derselben herauswandert, so dass die Entgiftung durch Antitoxin erst in längerer Zeit ermöglicht ist, derart, dass inzwischen der Tod eintritt. Umgekehrt muss das Kobragift als eine relativ stark dissoziierte Verbindung gelten, weil erstens die Vergiftung schnell eintritt und zweitens die Entgiftung nur kurze Zeit erfordert. Auf diese Verhältnisse gestützt, kann man sich ganz allgemein, je nach dem schnelleren oder langsameren Eintritt der Intoxikation, ein Urteil bilden, wie weit die verschiedenen Toxine mehr oder weniger stark dissoziierbare Verbindungen mit den Zellbestandteilen (vor allen den Lipoiden) einzugehen vermögen bezw. schneller oder langsamer diffusibel sind. Aus Overtons Regeln über den Zusammenhang zwischen der chemischen Natur einer Verbindung, ihrem Teilungskoëffizient für Öl, Wasser und der Permeabilität der Zellen für die Verbindung (S. 160) können wir weiter mit einiger Wahrscheinlichkeit folgern, dass die permeablen Toxine keine Aminogruppen und nur wenig Hydroxylgruppen enthalten können. Also sind sie wahrscheinlich keine Eiweisskörper.

Die soeben entwickelte Auffassung, die allerdings in schroffem Gegensatz zu der üblichen Anschauung steht, findet eine wichtige Bestätigung durch

Versuche von Overton und mir. Für Rinderblutkörperchen habe ich nachgewiesen, dass sie in Rohrzuckerlösung Kobragift aufnehmen, und dass das
Gift nach Überführung der Blutkörperchen in Kochsalzlösung wieder herausgelöst wird. Overton und ich haben auch gezeigt, dass sie auch nach
Überführung in Rohrzuckerlösung etwas Gift an diese abgeben, und zwar
ungefähr ebenso viel, als in der ursprünglichen Rohrzuckerlösung zurück-
geblieben war. Der Teilungskoëffizient zwischen Rohrzuckerlösung und Blutkörperchen ist etwa 1 : 200—300; führt man kobragiftbeladene Blutkörperchen in
eine Rohrzuckerlösung über, so muss so lange Gift austreten, bis Gleichgewicht
des Kobragiftdruckes in beiden Phasen eingetreten ist. Der Teilungskoëffizient
zwischen Kochsalzlösung und Blutkörperchen ist dagegen etwa 1 : 10—15; nach
Überführung in NaCl-Lösung muss also viel mehr Gift herausgelöst werden,
und zwar so viel, dass der zurückbleibende Teil nicht mehr zur Hämolyse ausreicht. Dass hierbei keine rein physikalische Verteilung, sondern die Bildung
einer dissoziierbaren, von dem Partialdruck des Kobragiftes in der Lösung
abhängige Verbindung vorliegt, zeigen die schon erwähnten Untersuchungen
des Verfs. Die entgiftende Wirkung des Kalkes gegen die Kobragifthämolyse
ist demnach so zu verstehen, dass Kobragift mit Kalk eine nur wenig
dissoziierbare Verbindung eingeht, so dass nach Zusatz von Kalk der
Kobragiftdruck der Lösung erheblich herabgesetzt wird und nur ganz wenig
Gift aus derselben aufgenommen werden kann.

Die Versuche von Overton sowie von Overton und mir an Kaulquappen haben erwiesen, dass diese durch Zusatz von Kobragift zu dem
Wasser, in dem sie sich befinden, narkotisiert werden können. Solche
völlig gelähmten Kaulquappen erholen sich aber vollständig und relativ
schnell (nach 24—48 Stunden), wenn sie in kobragiftfreies Wasser übergeführt werden. Das Kobragift diffundiert schneller als Harnstoff. Die Vergiftung ist also von dem Partialdruck des Giftes abhängig und geht mit
sinkendem Partialdruck zurück. Der Teilungskoëffizient zwischen Wasser und
Kaulquappen ist auch etwa 1 : 100. Ebenso wie bei den Blutkörperchen kann
man auch bei Kaulquappen die Vergiftung verhindern, wenn man etwas
Kalk zur Giftlösung hinzufügt. Denselben Effekt erzielen Antivenenin, Öl,
Cholesterin (bei bestimmter Versuchsanordnung) und Blutkörperchen in
Rohrzuckerlösung; dagegen kann Kochsalzblut die Vergiftung der Kaulquappen
nicht verhindern [1]). Zur Narkose genügt 1 : 500 000 bis 1 : 1 500 000 Kobragift.
Vermehrt man die Giftmenge, so sterben die Kaulquappen, weil eventuell
bei etwas grösserer Giftkonzentration die Epithelien aufgelöst werden, also
eine mit der Hämolyse vergleichbare Zytolyse stattfindet und die lokale

---

[1]) Bei Säugetieren verhindert das Antivenenin die Giftwirkung nach Einspritzung
vollständig, $CaCl_2$ bedingt dagegen nur eine Verzögerung der Wirkung. Der Kalk verschwindet
aber hier sehr schnell aus dem Blute und die Verhältnisse liegen demnach ganz anders als bei
den Kaulquappen, bei denen kalkhaltiges Wasser als Aussenflüssigkeit verwendet wurde.

Wirkung der resorptiven gegenüber in den Vordergrund tritt. Vergleicht man weiter die zur Erzielung der Narkose ausreichende Giftquantität mit der zur Hämolyse von Froschblutkörperchen erforderlichen, so ergibt sich, dass man zur Hämolyse etwa 1 : 5000 bis 1 : 10 000 Gift zusetzen muss. Bei Verwendung von weniger Gift tritt keine Hämolyse ein, aber eine 100 fach kleinere Giftmenge bewirkt ausgesprochene Intoxikation des Zentralnervensystems. Diese Tatsache lehrt besonders deutlich, dass man die mit Hilfe hämolytischer Untersuchungen gewonnenen Ergebnisse nur mit Vorsicht aufnehmen darf. Der »Reagenzglasversuch« ist unbestreitbar ein wichtiger Fortschritt in der Immunitätsforschung, doch darf man seine Bedeutung nicht überschätzen. — Andererseits lassen sich auch Froschmuskeln durch Kobragift vergiften und hierzu genügte ungefähr dieselbe Kobragiftmenge wie zur Narkose der Kaulquappen (Overton und Bang). Interessant ist, dass die Muskeln in Kobragiftlösung gleich in Zuckungen versetzt werden. Schliesslich werden auch Fische (Elritzen) durch Aufenthalt in Kobragiftlösung vergiftet; die kritische Konzentration ist hierbei dieselbe, wie bei den Kaulquappen.

Wir haben also gesehen, dass das Kobragift genau wie die »banalen« Gifte eine dissoziierbare Verbindung mit den Zellbestandteilen des Nervensystems und den Blutkörperchen eingeht. Ferner darf man behaupten, dass seine Verbindung mit dem Antivenenin kaum dissoziierbar ist. Wenn auch Morgenroth glaubte, durch Einwirkung von Salzsäure diese Verbindung zerlegen zu können, so ist es doch wahrscheinlich, dass hierbei das Antivenenin zerstört wird.

Unter diesen Umständen kann man unmöglich annehmen, dass die Toxin-Intoxikation sich wesentlich von der Alkaloidvergiftung unterscheidet. Im Gegenteil, beide stimmen genau überein. Wenn nun weiter die Alkaloidvergiftung keine Antitoxinproduktion mit sich führt, so darf man dementsprechend mit Wahrscheinlichkeit folgern, dass die Antitoxinproduktion nicht von dem Toxin selbst, sondern von einer anderen, davon verschiedenen, in der Toxinmischung vorkommenden Verbindung herrührt, und man befindet sich damit in Übereinstimmung mit der von Forssman und Bang aus ihren Versuchen gezogenen Folgerung. Es ist das auch aus anderen Gründen wahrscheinlich; man kann nämlich durch Jod und andere oxydierende Agentien das Toxin ohne Aufhebung der antigenen Wirkung zerstören. Ehrlich hat allerdings aus dieser Tatsache einen anderen Schluss gezogen, er hat gefolgert, dass das Toxin in eine ungiftige Modifikation mit erhaltener antigener Fähigkeit übergeht. Die Erklärung, dass zwar Toxin, nicht aber das davon verschiedene Antigen zerstört wird, ist jedoch viel einfacher. Bienengift bewirkt bei Kaulquappen nur lokale Wirkung (vorläufige Untersuchungen von Overton und Bang). Als das wesentliche Resultat der vorstehenden Darstellung ergibt sich die Auffassung, dass sämtliche Intoxikationen durch Narkotika, Alkaloide und Toxine demselben Gesetz gehorchen.

Die Erregbarkeit der Lipoidmembran.

Oben ist dargetan, dass diffusible Stoffe Veränderungen der Lipoidmembran und der Zelllipoide überhaupt bewirken können. Durch die Aufnahme der Narkotika in die Zell-Lipoide tritt eine zur Narkose führende
Änderung ein, durch die Strychnin- und Tetanustoxinaufnahme Tetanus usw.,
durch Einwirkung des Kobragiftes auf die Muskeln werden Muskelzuckungen
ausgelöst. Diese Veränderungen sind reversibel oder irreversibel. Wahrscheinlich spielen die Lipoide hierbei eine mehr passive Rolle. Andererseits
können auch nicht diffusible Stoffe, vor allem die Salze, auf die Membran
einwirken, trotzdem sie nicht aufgenommen werden und nicht durchgehen
können.

Auf einem bestimmten Gebiete verfügen wir über Beobachtungen, die
interessante Wirkungen von verschiedenen Stoffen auf die Lipoidmembran
erweisen; ich meine Loebs Untersuchungen über den Einfluss verschiedener
Salze auf die Entwickelung von Eiern der Meertiere.

Der Teleostier Fundulus heteroclitus ist sehr unempfindlich gegen
Schwankungen des osmotischen Druckes und lebt im Meerwasser ebenso gut
wie in destilliertem Wasser, dagegen geht er in reiner Kochsalzlösung rasch
zugrunde. Funduluseier verhalten sich ganz ebenso. Setzt man aber der
Kochsalzlösung Calcium-, Zink- oder Aluminiumsalze zu, so wird die Giftwirkung des Kochsalzes aufgehoben. Das Kochsalz kann umgekehrt die
Giftwirkung der reinen Zinksulfat- oder Calciumsulfatlösung aufheben, und
es liegt demnach hier eine antagonistische Salzwirkung vor. Das Substrat
dieser Wirkung muss die Lipoidmembran sein, denn dass es sich hier nicht
um Aufnahme von Salzen handelt, geht daraus hervor, dass die frisch
befruchteten Funduluseier sich in destilliertem Wasser ebenso entwickeln
wie in Seewasser. Eine ähnliche Wirkung, wie die Salze der mehrwertigen
Metalle, besitzen auch Säuren und Alkalien.

Weiter ist es Loeb gelungen, verschiedene Eier durch Zusatz bestimmter
Salze zu ihrem Aufenthaltsmedium nicht nur zur parthenogenetischen Teilung
anzuregen, sondern auch ihre ganze Entwickelung in bestimmter Weise zu
beeinflussen. Beispielsweise werden unbefruchtete Eier von Anneliden zur
Entwickelung gebracht, wenn man dem Seewasser kleine Mengen von Kali-
salz beigefügt. Es entstehen schwimmende, anscheinend normale Larven.
Es ist gänzlich ausgeschlossen, dass hierbei die Kalisalze durch Diffusion
einwandern, denn die Kalikonzentration ist im Innern des Eies viel grösser,
als in der Aussenflüssigkeit.

Ist aber die Diffussion ausgeschlossen, so muss eine unmittelbare Wirkung
auf die Membran selbst angenommen werden und die Salzwirkung ist als
Reiz auf die Membran aufzufassen, der durch eine Erregung der Lipoidmembran die folgende Entwickelung zu stande bringt. Die Membran fungiert

also hier etwa analog dem Nervensystem, und es verdient Beachtung, dass beide, Membran und Nervensystem, reich an Lipoiden sind. Die supponierte **Erregung** muss in bestimmten, entweder vorübergehenden oder dauernden Änderungen der chemischen Zusammensetzung bestehen. Dass dies tatsächlich zutrifft, lehren die Befunde von O. und R. Hertwig, Herbst und Loeb, dass Seeigeleier unter der Einwirkung von Chloroform, Benzol, Toluol u. a. fettlösenden Stoffen Befruchtungsmembranen bilden können.

Die Einwirkung auf die Zell-Lipoide bedingt also einen **Wachstumsreiz**. Diese Wahrnehmung ist nicht auf die parthenogenetische Entwickelung gewisser Eier beschränkt, sondern wir wissen auch, dass man bei Pflanzen durch Ätherdämpfe die »Winterruhe« überwinden kann (Johannesen). Bei Kaltblütern und Säugetieren sind ähnliche Erscheinungen bekannt.

Reinke[1]) injizierte 4 prozentiges Ätherwasser in das Gehirn der Larven von Salamandra maculosa und fand hierbei eine stürmische Teilung der Zellen, die einige Zeit nach der Einspritzung zu einer atypischen Entwickelung und Missbildung des Gehirns mit teilweiser Neubildung führte. Wurden Linsen von erwachsenen Individuen mit 4 proz. Ätherwasser behandelt und in das Peritoneum von Kaninchen übergeführt, so wuchsen sie atypisch weiter. Gegen Reinkes Schlussfolgerung aus diesen Versuchen, dass die Einwirkung des Äthers auf die Zell-Lipoide mitotische Zellteilung bewirke, und dass diese Lipoide in der Norm eine Regulation der Wachstumsvorgänge ausüben, kann man einwenden, dass 4 proz. Ätherwasser die Zellen einfach töte. Der Vorgang muss also jedenfalls hier sehr kompliziert sein. Da aber Reinke das Wachstum der ätherbehandelten Linse durch Zusatz von Ätherextrakt aus Linsenzellen verhindern konnte, so ist die Möglichkeit nicht ausgeschlossen, dass tatsächlich eine solche Regulationsvorrichtung in den Zellen vorkommt, und dass die Lipoide sowohl eine Hemmung als auch einen Wachstumsreiz ausüben. Wäre dies der Fall — und die Untersuchungen über Parthenogenese sprechen gar nicht dagegen — so ist ein neuer Weg zur Erforschung der Neubildungen erschlossen, der grosse Perspektiven eröffnet. Dass ein Zusammenhang zwischen Geschwulstbildung und Zellreiz existiert, ist längst erwiesen, nur hat man augenblicklich noch keine Ahnung über die rationelle Verbindung zwischen diesen, einander parallel laufenden Phänomenen. Wenn tatsächlich der Zellreiz eine Veränderung der Zell-Lipoide bedeutet, und wenn weiter eine gewisse Veränderung der Lipoide auf die Wachstumsenergie der Zellen einwirken sollte, so wären wir entschieden der Erkenntnis der ursächlichen Momente dieser Vorgänge nähergekommen. Man muss der fortgesetzten Erforschung dieses Gebietes mit Spannung und Hoffnung entgegensehen. Askanazy[2]) fand bei der

[1]) Reinke, Archiv für Entwickelungsmechanik d. O. 24, 1907, 26, 1908; Archiv für mikroskop. Anat. u. Entw. 68, 1906.

[2]) Askanazy, Wien. klin. Wochenschr. 1909, Nr. 43 u. 44.

Erzeugung experimenteller Teratoidentwickelung eine Steigerung des Wachstums der embryonalen Organe nach ihrer Behandlung mit 4 proz. Ätherwasser und lieferte damit eine wertvolle Bestätigung von Reinkes Ergebnissen[1]).

Wie für die Eier, ist auch für den Muskel reine Kochsalzlösung ein Gift. Die Giftwirkung wird durch eine kleine Calciummenge aufgehoben; denselben Effekt kann man durch Kaliumsalze erzielen. Das einwertige Kaliumion hat eine dem Natrium entgegengesetzte Wirkung.

Andererseits verliert der Muskel in Lösungen von Kalium- sowie auch von Rubidium-, Cäsium- und Ammoniumsalzen seine Erregbarkeit (Overton). Ebenso bleibt der Demarkationsstrom aus. Setzt man aber ein wenig Natriumsalz hinzu, so kehrt die Erregbarkeit wieder zurück. Es ist ausgeschlossen, dass diese kleine Natriummenge hineindiffundiert. Die Muskelfibrillen selbst enthalten hauptsächlich Kaliumsalze, welche durch die Lipoidmembran von den Natriumsalzen der Aussenflüssigkeit getrennt sind. Für die Etablierung der Erregbarkeit ist es demnach notwendig, dass sich verschiedene Kationen auf beiden Seiten der Lipoidmembran befinden. Dabei ist die Verschiedenheit an sich noch nicht einmal das ausreichende Moment, denn nach Overton[2]) können Ammonium-, Rubidium- oder Cäsiumsalze das Natriumsalz nicht ersetzen, sondern es handelt sich um Kationen mit verschiedener Wanderungsgeschwindigkeit. Dementsprechend kann salzsaures Trimethylamin das Kochsalz sehr wohl ersetzen, und das gleiche gilt für Lithiumsalze, deren Kationen beide dieselbe Wanderungsgeschwindigkeit wie das Natium besitzen. Eine solche verschiedene Wanderungsgeschwindigkeit muss zur Bildung von Konzentrationsketten, und demnach zur Erregung von Elektrizität führen, wenn wir uns denken, dass die Membran einen Augenblick für Kationen permeabel würde (Overton). Der aktuelle Zustand der Membran in Beziehung auf die Permeabilität ist folglich maßgebend für die Erregbarkeit. Im Ruhezustand für die Salze impermeabel, wird ihr durch den Reiz eine schnell vorübergehende Permeabilität verliehen, und die verschiedene Wanderungsgeschwindigkeit der Ionen kann sich geltend machen.

Wie der Muskel durch Mangel an Natriumsalzen in der umgebenden Flüssigkeit die Erregbarkeit vorläufig verliert, so geht nach Overton[3]) auch die Erregbarkeit und das Leitungsvermögen des Nervensystems bei Mangel an Natriumsalzen in der Aussenflüssigkeit verloren. Auch hier ist das Phänomen reversibel: das Leitungsvermögen kehrt nach Zusatz von

---

[1]) In dieser Beziehung ist auch an die Wirkung der Kathodenstrahlen auf Testes und Neubildungen zu erinnern, als deren Folge Azoospermie bezw. Rückbildung oder aufgehobene Proliferation der Geschwulstzellen beobachtet werden.

[2]) Overton, Arch. f. d. gesamt. Physiol. 105, 251, 1904.

[3]) Overton, Verh. Gesellsch. Deutsch. Naturf. 1908, II.

Na-Salzen wieder zurück. Demgemäß ist anzunehmen, dass eine schnell vorübergehende Änderung der Permeabilität den elektrisch bedingten Nervenstrom verursacht (Overton). Diese Änderung wird durch den Reiz zustande gebracht. Nach Overton pflanzt sich der Nervenstrom durch Vermittlung der semipermeablen Membran fort. Der Reiz bedingt an einer Stelle eine elektrische Potentialdifferenz, die ihrerseits den Reiz für den anliegenden Teil der Membran ausmacht, so dass jetzt hier die Membran momentan permeabel wird usw. Nach Höber[1]) soll der Einfluss der Ionen auf die Plasmahaut durch Narkotisierung gehemmt werden.

Wir haben gesehen, dass die Salze usw. einerseits eine Reizwirkung auf die Lipoidmembran ausüben können, die sich auf die intrazellularen Lipoide fortpflanzen kann. Anderseits treten sie nach Erregung der Membran wirksam auf. In beiden Fällen ist aber die Wirkung von der Existenz der Lipoidmembran abhängig, deren biologische Bedeutung hierdurch ersichtlich wird.

Durch die Erregung der Lipoidmembran entstehen, wie wir erkannten, gewisse Änderungen in der Zusammensetzung der Lipoide, die z. B. eine parthenogenetische Entwicklung des Eies mit sich bringen können. Die Erregung der Membran pflanzt sich also nach dem Zellinneren fort, wie sie auch, nach Overton, in der Plasmahaut selbst fortschreiten kann.

Durch Erregung der Plasmahaut können auch Veränderungen der intrazellularen Enzyme entstehen. Nach v. Knaffl-Lenz[2]) rufen mehrere der Stoffe, welche nach O. und R. Hertwig, Loeb u. a. die Bildung einer Befruchtungsmembran bewirken können, Lipoidverflüssigung und Zytolyse hervor. Fettsäuren, Chloralhydrat, Saponin, Galle, Alkalien und Wasser wirken in diesem Sinne, während Azeton und Säuren unwirksam sind und Alkohol nur wenig wirksam ist. v Knaffl-Lenz meint, dass das wesentliche hierbei die Einwirkung auf die Zell-Lipoide ist, so dass es als wahrscheinlich gelten darf, dass infolge einer Einwirkung, die in erster Linie sich auf die Lipoide erstreckt, ein Auftreten autolytischer Fermente zustande kommt. Die Folgerung liegt dann sehr nahe, dass die intrazellularen Ferment-wirkungen auch in der Norm von dem Erregungszustand der Lipoide ab-hängig sind Schon früher haben wir gesehen, dass die Lipoidstoffe die Fermentwirkungen in verschiedener Weise durch Hemmung, Aktivierung usw. beeinflussen können. Ferner wurde oben erwiesen, dass die Zell-Lipoide durch verschiedenartige Einwirkungen tatsächlich verändert werden können, sowie, dass die Erregung der Lipoidmembran sich zu den Lipoiden im Zell-inneren fortpflanzen kann, und endlich dass der Nervenstrom durch die

---

[1]) Höber, C. Phys. **30**, 390, 1905.
[2]) v. Knaffl-Lenz. Arch. f. d. gesamt. Physiol. **123**, 279, 1908.

Veränderungen der Lipoidmembran bedingt ist. Der Gedanke liegt dann nahe, dass auch die normale physiologische Regulation der Fermentwirkungen durch die gegebene Lipoidzusammensetzung bedingt ist. Der Nervenreiz geht auf die Lipoidmembran über und wird durch die Zell-Lipoide weitergeleitet. Die dadurch hervorgerufene Veränderung bedingt eine Wirkung auf die Fermente. Die Lipoide stellen hiernach so zu sagen das Nervensystem der Zelle dar.

Es mag sein, dass eine solche Vorstellung zur Zeit nur erst eine unbewiesene Hypothese ist; dass aber die Erregung der Zellen und des Nervensystems zu den Lipoiden in Beziehung steht, ist nicht von der Hand zu weisen. Mit der Erregung aber sind die Lebensäusserungen und Zellfunktionen nahe verbunden, und es ist ausser Zweifel, dass die Lipoidstoffe der Plasmahaut für das Leben der Zelle von maßgebender Bedeutung sind.

Sowohl für das Zell-Leben, wie für die speziellen Zellfunktionen spielen also die Lipoidstoffe eine äusserst wichtige Rolle. Vergleicht man ihre Bedeutung mit derjenigen des Eiweisses, so kann man kaum diesem letzteren den Vorrang geben. Ich glaube demnach, dass ich durch die vorliegende Darstellung der Bedeutung der Zell-Lipoide den Beweis für die Richtigkeit der Auffassung geliefert habe, die in der Einleitung formuliert wurde, dass nicht »nur das Eiweiss lebendig ist«, dass die Erforschung des Lebens nicht allein mit dem Studium des »lebendigen« Eiweisses identisch ist.

Vielmehr sind die Lipoide nicht nur mindestens ebenso wichtig für das Leben; sie beanspruchen sogar gewissermaßen den Vorrang, unter anderem deshalb, weil die biologische Lipoidforschung der experimentellen Bearbeitung viel leichter zugänglich ist.

Autorenregister.

A.

Abderhalden 10, 20, 23, 142.
Albrecht 87.
Altmann 133, 145, 146.
Altmann 30.
Antony 96.
Aronheim 63.
Aronson 86.
Arrhenius 112, 113, 118, 122, 124, 135, 142.
Aschoff 21, 26, 27, 86.
Asher 59.
Askanazy 179.

B.

Baldi 60, 62.
Bang 7, 25, 38—40, 78, 83, 86, 93, 95, 101,
    110, 113, 117, 119, 120, 122, 124, 125, 127,
    136, 137, 140, 144, 150—152, 153, 155, 157,
    158, 165—168, 176, 177.
Baskoff 43, 49, 52, 53, 61, 62, 70.
Bassenge 111.
Batelli 104.
Bauer 147.
Baumhauer 63.
Bedford 16.
Belonowski 105.
Benedikt 13.
Bergell 33, 50—52, 58, 91.
Besredka 139, 175.
Bibra 6.
Bing 56—60, 88.
Blankenhorn 77.
Bock 50.
Bogdanow 36.
Bogomolez 105, 157.
Bohm 101.
Bokay 91.

Bondzynski 21.
Bordet 126, 127, 136, 137, 151.
Botteri 138.
Boudet 25.
Brand 131.
Briot 126.
Brunner 173.
Buchner 95, 96, 130.
Buffallo 75.
Bunge 63.
Burchard 22, 24.
Burkhardt 111.

C.

Calmette 107, 115, 117, 174.
Campbell 63.
Carpi 57, 125.
Chevreul 13, 20.
Chittenden 77.
Coca 106, 116, 119, 120, 121, 123, 125, 128,
    132, 133, 138, 144, 146, 147, 150, 152.
Cohn 133, 158.
Conradi 83, 89, 101, 111.
Conradi 20.
Cousin 15, 16, 47, 49, 66, 68.
Cramer 42, 46, 77.
Czylharz 173.

D.

Danyzs 139, 175.
Dautwitz 129, 137, 151, 152, 155.
Delezenne 97, 108.
Deprez 90.
Detre 112.
De Waele 140.
Diakonow 28, 35, 47, 48, 54, 74, 119.
Diels 23.
Dirnitz 66.

Donath 173.
Donati 146, 147, 149.
Dorée 21.
Dorner 153, 154.
Drechsel 57, 60, 62.
Duchacek 96.
v. Dungern 106, 116, 119, 120, 128, 132, 133,
    150, 152.
Dunhem 76.

E.

Ehrenfeld 56.
Ehrlich 114, 119, 127, 131, 135—137, 139, 142,
    150, 153—155, 165—167, 174, 176, 177.
v. Eisler 84, 137, 138.
Elias 78.
Ellermann 88.
Erdmann 16.
Erlandsen 13, 29—35, 37—55, 62, 64, 65, 68,
    69, 71, 73—75, 78, 82, 93.
Euler 93.

F.

Falk 66.
Farnsteiner 15.
Fasiani 89, 101.
Faust 106, 109, 110, 114, 140—142, 144, 145.
v. Fenyvessy 127, 128, 130, 133.
Fermi 140.
Ferrata 131.
Fleischmann 146.
Flexner 115, 116, 121, 123, 125.
Forssman 7, 38—40, 78, 83, 86, 127, 136, 137,
    150—155, 157, 158, 168, 177.
Franz 169.
Fränkel 30, 34, 39, 41, 42, 46, 52, 53, 66, 69,
    71, 72, 75, 76, 78.
Franchini 91.
Freund 84, 110.
Fremy 62.
Freytag 81, 82.
Friedberger 130, 153, 154.
Friedemann 108, 114, 128, 133.
Frison 169.
Frisselt 77.
Frouin 157.
Fuld 97.
Fukuhara 140.
Fühner 171.

G.

Gad 86.
Gamgee 77.

H.

Hahn 66.
Hamburger 166, 167.
Hammarsten 17, 24, 29, 53, 55, 61—64, 78,
    121.
Hansen 13, 47, 49, 90.
Harden 95—97.
Harless 6.
Hartley 12, 15, 16.
Hasebrock 55, 91.
Hausmann 142, 143.
Hazura 15, 16.
Hecker 131, 133.
Heffter 29, 30, 90, 91.
Hektoen 134.
Henriques 13, 47, 49, 57, 62, 90.
Henze 21.
Herbst 179.
Hermann 6.
O. Hertwig 179, 181.
R. Hertwig 179, 181.
Hessberg 108.
Heubner 32, 34.
Hewlett 97, 132.
Heymans 86.
Hiestand 79.
Hofbauer 111.
Holzmann 151.
Hoppe-Seyler 19, 28—31, 35, 51, 52, 63, 64, 82.
Höber 181.
Humnicki 21.
Hürthle 25, 26.

Gaudner 21.
Gies 77.
Gilson 47, 56.
Glikin 18, 29, 36, 41, 56, 91.
Gobley 47.
Gottlieb 104.
Gren 20.
Gross 64.

I.

Ignatowski 138.

J.

Jacobson 75.
Jacoby 109, 147, 153.
Jagic 112.
Jakobsen 60.
Joannovics 109.
Johannesen 179.

K.

Kalaboukoff 55, 91, 94, 108.
Kaminer 84, 110.
Keller 52.
Kiss 134.
Kitagawa 73, 77. 81.
Klatte 96, 130.
Klebs 86.
Kleinschmidt 158.
v. Knaffl-Lenz 133, 181.
Kobert 142.
Koch 30, 48, 53, 55, 66, 67, 68, 86, 93.
Korschun 83, 107, 108.
Kossel 81, 82.
Kraus 140.
Kumagawa 17, 18.
Kurbatoff 15.
Küttner 93—95, 99, 101.
Kyes 57, 85, 107, 115—121, 125, 127, 128, 145, 149, 150.

L.

Landsteiner 84, 111, 112, 129, 137—139, 145, 146, 151, 152, 155.
Lapidus 94, 100, 147.
Le Count 142.
Lefmann 104.
Lesem 77.
Letsche 62.
Levaditi 146, 158.
Levene 78.
Levites 21.
Liebermann 17, 22, 24, 63—65.
v. Liebermann 107, 110, 127, 128, 130, 133, 134, 154, 155.
Liebreich 20, 47.
Liefmann 133, 158.
Lifschütz 15.
Ljungdahl 101.
L. Loeb 97.
Loeb 178, 179, 181.
Loening 81.
Lüdecke 48, 54.

M.

Mac Lean 43, 49, 50, 55, 66, 67, 71.
Madsen 142, 157.
Manasse 53, 57, 60, 61, 62.
Manwaring 106, 119, 132, 134.
Marie 139.
Mark 60, 61.
Marroni 86.

Maruzzi 55.
Maxwell 91.
P. Mayer 48, 49, 50, 54, 55, 58—60, 62, 91.
Meinertz 60—62.
Metschnikoff 107.
H. Meyer 5, 6, 142, 169.
K. Meyer 100, 126, 141, 158.
Meyer 148.
Meyerstein 118, 120, 143—145.
Michaelis 59, 135, 152.
Michailow 157.
Miescher 2.
Mioni 104.
Minz 144, 148.
Molisch 152.
Monaco 86.
Morawitz 97, 101.
Morgenroth 57, 83, 107, 108, 111, 125, 140, 141, 144, 150.
Mori 132.
Much 151.
Müller 146.
P. Müller 111, 139.
Mutermilch 158.

N.

Naubauer 171.
Nerking 31, 56.
Neubauer 66.
Neuberg 22, 109, 110, 114, 115.
Neumann 99, 100.
Nicloux 169, 170.
Nicolle 158.
Nobecourt 173.
Noguéira 72.
Noguchi 106—108, 110, 111, 114—118, 120, 121, 123, 125, 129, 132—134, 138, 144, 146, 147, 150, 163.
Nolf 97.

O.

Obermüller 22.
Offer 60, 75.
Ohkubo 111.
Orgler 172.
Osborne 63.
Otolski 49, 52, 62.
Ottolenghi 132.
Overton 3, 5—8, 57, 84, 86—88, 115, 123—125, 140, 144, 158—160, 162, 165, 166, 169, 172, 173, 175—177, 179, 180.

P.

Palladin 93.
Panzer 26.
Parcus 81.
Pari 69.
Parke 28, 90.
Parnas 15, 41, 44, 66—68, 120.
Pascucci 39, 40, 82, 86, 114, 140, 142.
Pawlow 95.
Pelouze 47.
Peritz 148.
Peskind 85.
Pettenkofer 90.
Petterson 83, 111.
Pflüger 1.
Pick 99, 105, 109, 111, 147—149, 151—153, 158.
Plimmer 91.
Plötzl 136.
Pohl 169.
Porges 146, 148.
Preti 110.
Přibram 21, 90, 99, 111, 147—149.

R.

Ransom 85, 140—142.
Raspail 14, 80.
Raubitschek 111, 139.
Rauchwerger 22.
Reicher 109, 111, 140, 141, 144, 148, 171.
Reinke 179, 180.
Riedel 11.
Rollet 15, 19, 49, 54.
Rona 59, 152.
Rosenberg 109, 114
Rosenfeld 18, 19, 30.
Rosenheim 26, 44, 72, 73, 77, 78.
Rubow 18, 29, 30, 36, 37, 90, 91, 171.
Russ 111.
Röhmann 91.

S.

F. Sachs 128, 147.
H. Sachs 107, 112, 115—121, 127, 128, 130, 131, 133, 134, 137, 145, 146, 149, 150, 153—155.
Salkowski 22.
Salomonsen 157.
Sano 173.
Satta 89, 101, 146, 147, 149.
Saxl 172.

Schäfer 108.
Schaumann 109.
Schenk 59.
Schiff 22, 24.
A. Schmidt 83, 92, 95, 98—101, 103, 104, 131, 156, 157.
Schmiedeberg 2.
E. Schulze 21, 33, 51, 53, 79.
Schumoff-Simanowski 91.
Schwarz 100, 111, 158.
Scott 91.
Sellei 112.
Serono 90.
Sidersky 41.
Sieber 91.
Siegfried 60, 61, 82.
Siwertzeff 91.
Sjövall 87.
Skwirski 135.
Slowtzoff 90, 91.
Smolenski 79.
Soxhlet 18, 36, 63.
Spiro 97.
Stanewitsch 93.
Stankovic 145, 158.
Starkenstein 101, 102.
Stegmann 79.
Stein 23.
Stepp 90, 91.
Stern 38, 42, 49, 50, 52, 53, 56, 66, 74, 120.
Stewart 85.
Strecker 31, 33, 47, 52.
Suto 17, 18.

T.

Takaki 78, 138, 139, 148, 152, 153, 157.
Takemura 148.
Tallquist 106, 109, 110, 128, 145.
Tarrasewitz 107, 108.
Tebb 26, 44, 72, 73, 77, 78.
Terroine 55, 91, 94, 108.
Teruuchi 30, 130, 131, 148.
Thierfelder 19, 38, 41, 42, 49, 50, 52, 53, 56, 66, 73, 74, 77, 81, 120.
Thudichum 21, 29—34, 36, 38, 39, 44—49, 51—56, 59, 66—68, 72—74, 76—78, 80, 81, 90.
Tiffeneau 139.
Tischomiroff 91, 107, 108.
Toyoda 148.
Tschugaeff 22.
Tsurusaki 130.
Tutin 66.

U.

v. Udránszky 22.
Ulpiani 33, 48, 51, 52, 54.
Ulzer 13.

V.

Valenciennes 62.
Voit 18, 36.

W.

Wassermann 138, 145, 147, 148, 150, 171.
Weinberg 110.
Weinland 100.
Widal 173.
Willstätter 48, 54.
Wilson 42, 77.
Windaus 16, 20—25, 27, 143, 144, 172.

Winterstein 30, 33, 51, 53, 79.
Wintgen 52.
Wohlgemuth 108, 114, 120.
Wolff 25.
Wolfsohn 148, 171.
Wooldridge 92, 95.
Wörner 81.

Y.

Yamanouchi 105, 146.
Yoshimoto 90.
Young 95—97.

Z.

Zaky 90.
Zegla 102.
Zuelzer 30, 66.